独仏指図の法理論

資金移動取引の基礎理論

隅谷史人
Fumito Sumitani

慶應義塾大学出版会

本書は公益財団法人 全国銀行学術研究振興財団の
助成を得て刊行された。

Publication of this book was supported by a grant-in-aid
from Zengin Foundation for Studies on Economics and Finance.

はしがき

　本書は、独仏法における「指図」理論を対象とした研究書である。
　わが民商法中、指図という文言はいくつかの条文中に見出すことができるけれども、本書で対象としている指図とはローマ法を濫觴とする独立の法的範疇のことであり、主として三者間での給付の簡略化のために用いられる法律行為のことを指す。わが国における指図研究の先駆者の一人として知られる伊澤孝平博士によれば、指図の現代における利用例は、枚挙に遑がない程多く、為替手形・小切手・銀行振込・信用状等は指図をその源流とし、現在では各々が内的発展を遂げ自足的統一体となって指図の名称を脱ぎ捨て、一個独立の支払制度として取引界に活躍するに至っているが、その故に指図としての属性を失っているわけではなく、これらの取引は、いわば指図という本家から分岐した分家であるという。
　従来、わが国の民商法には指図に関する規定が置かれていないと理解されており、それゆえ私法学上の基礎法理としての一般的指図理論構築という視点が欠落していた。それにもかかわらず、わが国の先行業績の中でも、個々の資金移動取引の法的性質論において、このような意味での指図が論じられているさまを見出すことができる。
　これらの研究の価値の高さは多言を要しないが、その反面で、個々的取引ばかりに目を向けることは、各種の資金移動取引一般に共通する機能や性質を分析・検討するという視点を漏脱する危険もありはしまいか。また、わが国でも各種の資金移動取引の局面で指図が論じられているのは、指図そのものが他の法制度に還元できない特質を有しているからに相違ないのではないか。
　他方、わが国への影響という点で決定的役割を演じている独仏法の指図は──これは本論中に詳しく見てゆくことになるが──非常に懸け隔たったものとなっている。これらをあくまでも根を同じくする同一概念であるとするならば、懸隔を生ずる原因はいかなるものであり、指図という枠組みの中でこれらをいかに体系的整合的に把握しうるのかを明らかにしておくことは、今後のわが国における指図研究のために必須の前提作業となるのではないだろうか。
　本書が、もっぱら、独仏法の指図の沿革研究を起点として両国法における指図の理論的な背景を提示しようと試みているのは以上の理由による。本書を上梓することにより独仏法における指図の理論史的変遷の理解に少しでも寄与することができれば、延いては、今後のわが国における一般的指図理論の構築に真価を示すことができれば幸いである。

2016 年 7 月 7 日

隅 谷 史 人

本書を父・次郎、母・裕子に捧ぐ。

目　次

はしがき　*i*

序　章 ………………………………………………………………………………… *1*
Ⅰ　はじめに　*1*
Ⅱ　種々の資金移動取引と指図　*2*
Ⅲ　民法（債権法）改正における議論――指図規定導入の要否　*5*
Ⅳ　本書の目的　*8*

第1部　ドイツ法における指図（Anweisung）

第1章　ローマ法由来の指図（delegatio）のドイツ法への継受
　　　　――原因関係上の既存債務からの独立を中心に ……………………… *15*

Ⅰ　はじめに　*15*
Ⅱ　近世における指図　*17*
　1　議論の出発点――Ulp.(27 ad ed.) D.46, 2, 11 pr.　*17*
　2　16世紀のデレガチオに関する学説　*18*
　3　デレガチオ（delegatio）とアシグナチオ（assignatio）　*20*
Ⅲ　19世紀中葉までのドイツ普通法学説　*22*
　1　ケラー（Friedrich Ludwig Keller）の少数説　*22*
　2　19世紀中葉までの通説的見解　*23*
　3　マイアーフェルト（Franz Wilhelm Ludwig von Meyerfeld）の見解　*24*
　　(1)　狭義のデレガチオ（*25*）
　　(2)　広義のデレガチオ（*26*）
　4　小　括　*26*
Ⅳ　19世紀中葉以降のドイツ普通法学説　*28*
　1　ウンターホルツナー（Karl August Dominikus Unterholzner）　*28*
　2　テール（Heinrich Thöl）　*28*

3　ファンゲロウ（Karl Adolf von Vangerow）　*29*
　　　4　ヴィントシャイト（Bernhard Windscheid）　*30*
　　　5　ザルピウス（Botho von Salpius）の影響　*31*
　　　6　小　括　*32*
　Ⅴ　現在のドイツ法におけるデレガチオの理解　*36*
　　　1　本章のまとめ　*36*
　　　2　「デレガチオ」という用語の多義性　*36*
　　　3　支払指図（delegatio solvendi）と義務設定指図（delegatio obligandi）　*37*
　　　4　能動指図（Aktivdelegation）と受動指図（Passivdelegation）　*39*
　　　5　学説彙纂46巻2章11法文序項の解釈　*42*
　　　6　無因指図（abstrakte Delegation）と指定指図（tituliertе Delegation）　*43*

第2章　ドイツ法における指図（Anweisung）の歴史的展開　*47*

　Ⅰ　はじめに　*47*
　Ⅱ　アシグナチオ（assignatio）の誕生　*49*
　Ⅲ　19世紀中葉までのドイツ普通法学説におけるアシグナチオの法的性質　*56*
　　　1　単一委任（einfaches Mandat）としてのアシグナチオ　*57*
　　　2　二重委任説（Lehre vom Doppelmandat）（旧通説）　*58*
　Ⅳ　二重委任説から授権説へ──ザルピウスの見解とその後　*64*
　　　1　ザルピウス（Botho von Salpius）の見解　*64*
　　　　(1)　指図人と被指図人との関係の基礎たる授権（iussum）（*65*）
　　　　(2)　指図人の受取人に対する関係（*67*）
　　　　(3)　小　括（*70*）
　　　2　ザルピウス以後の学説の展開　*71*
　　　　(1)　ヴィッテ（H. Witte）の批判（*71*）
　　　　(2)　エンデマン（Wilhelm Endemann）の見解（*75*）
　　　　(3)　デルンブルク（Heinrich Dernburg）の見解（*76*）
　　　　(4)　ラーデンブルク（Ladenburg）の見解（*77*）
　　　　(5)　ヴィントシャイト（Bernhard Windscheid）の見解（*79*）
　　　　(6)　小　括（*79*）
　Ⅴ　小　括　*87*

第3章　ドイツ法における指図（Anweisung）立法の変遷 …………… 89
Ⅰ　はじめに　*89*
Ⅱ　ドイツ民法典（BGB）以前　*92*
　　1　プロイセン一般ラント法　*92*
　　2　ヘッセン民法典草案　*92*
　　3　バイエルン民法典草案　*94*
　　4　ザクセン民法典　*97*
　　5　ドレスデン草案　*98*
Ⅲ　ドイツ民法典（BGB）立法過程　*104*
　　1　部分草案　*104*
　　2　第一草案　*112*
　　3　第二草案　*116*
Ⅳ　小　括　*120*

第4章　ドイツ法における指図引受（Annahme der Anweisung）の受容 …………… 123
Ⅰ　はじめに　*123*
Ⅱ　ザルピウス以前――手形引受（Wechselakzept）との関係　*128*
　　1　ロイヒス（Johann Michael Leuchs）　*128*
　　2　ギュンター（Carl Friedrich Günther）　*129*
　　3　ジンテニス（Carl Friedrich Ferdinand Sintenis）　*131*
　　4　テール（Heinrich Thöl）　*132*
　　5　シュレージンガー（Rudolph Schlesinger）　*134*
　　6　小　括　*135*
Ⅲ　ザルピウスおよびそれ以降――デレガチオとの関係　*138*
　　1　ザルピウス（Botho von Salpius）　*138*
　　2　ファンゲロウ（Karl Adolf von Vangerow）　*141*
　　3　デルンブルク（Heinrich Dernburg）　*142*
　　4　ヴィントシャイト（Bernhard Windscheid）　*142*
　　5　ヴェント（Otto Wendt）　*143*
Ⅳ　小　括　*147*

第2部　フランス法における指図（délégation）

第1章　フランス法における指図（délégation）の歴史的展開　……………… 151
- I　はじめに　*151*
- II　フランス民法典成立前　*153*
  - 1　総　説　*153*
  - 2　ドマ（Jean Domat）の見解　*154*
    - (1)　総説およびデレガシオンの要件　(*154*)
    - (2)　譲渡との差異　(*155*)
    - (3)　デレガシオンの効力　(*155*)
    - (4)　ドマの見解の小括　(*156*)
  - 3　ポチエ（Robert-Joseph Pothier）の見解（Pandectae）　*156*
    - (1)　総説およびデレガチオの要件　(*157*)
    - (2)　デレガチオの効力　(*158*)
    - (3)　争点決定によってなされるデレガチオ　(*160*)
    - (4)　ポチエの見解（Pandectae）の小括　(*160*)
  - 4　ポチエ（Robert-Joseph Pothier）の見解（Traité）　*161*
    - (1)　総説およびデレガシオンの要件　(*161*)
    - (2)　デレガシオンの効力　(*162*)
    - (3)　被指図人の支払不能についての二つの例外　(*163*)
    - (4)　類似概念との差異　(*164*)
    - (5)　ポチエの見解（Traité）の小括　(*164*)
  - 5　小　括　*165*
- III　フランス民法典成立とそれ以降　*172*
  - 1　フランス民法典の成立　*172*
  - 2　法典編纂後の学説――註釈学派（Ecole exégétique）　*174*
    - (1)　総　説　(*174*)
    - (2)　完全指図における受取人の免責意思の表示　(*176*)
    - (3)　フランス民法典1276条の原則と例外　(*176*)
    - (4)　不完全指図について　(*178*)
    - (5)　註釈学派の学説の小括　(*179*)
  - 3　註釈学派以後におけるパラダイムシフト　*179*
  - 4　20世紀中葉までの学説　*181*
    - (1)　総説およびデレガシオンの定義　(*181*)
    - (2)　完全指図と不完全指図について　(*182*)
    - (3)　完全指図における受取人の免責意思の表示　(*183*)
    - (4)　債権譲渡との対比　(*183*)

(5)　指図人に対するデレガシオンの効果　(184)
　　　(6)　被指図人に対するデレガシオンの効果　(185)
　　　(7)　20世紀中葉までの学説の小括　(186)
　Ⅳ　小　括　191

第2章　フランス法およびドイツ法における指図の理論的接続
　　　── Art.1277 C. civ. の比較法的考察を中心に ……………… 197
　Ⅰ　はじめに　197
　Ⅱ　デレガシオンとフランス民法典1277条の関係　199
　　1　総　説　199
　　2　デレガシオンと支払の指示の類似性　200
　　3　デレガシオンと支払の指示との区別　201
　　4　両者の効果的側面における差異　202
　　5　小　括　203
　Ⅲ　フランス民法典1277条の背景　207
　　1　立法理由　207
　　2　単なる指示の主要な利用形態　208
　　3　支払委託書（rescription）とアシグナチオ（assignatio）　209
　　4　小　括　210
　Ⅳ　ドイツ法とアシグナチオ　214
　　1　総　説　214
　　2　アシグナチオの沿革　215
　　3　アシグナチオとアンヴァイズング　217
　　4　小　括　219
　Ⅴ　未完成指図（delegatio inchoata）とフランス民法典1277条の解釈　222
　Ⅵ　小　括　226

第3章　ボアソナードの指図論
　　　── わが国における指図（délégation）の継受 ……………… 229
　Ⅰ　はじめに　229
　Ⅱ　ボアソナードの指図論　230
　　1　更改の種類としての指図規定　230
　　2　債務者の交替による更改における二つの区別　231

3　委任（mandat）としての指図　*233*
　　　4　フランス民法典 1277 条不採用の意味　*234*
　　　5　完全指図（délégation parfaite）・不完全指図（délégation imparfaite）　*236*
　　　6　完全指図における受取人の更改意思　*237*
　　　7　不完全指図における新旧債務者の義務　*238*
　　　8　完全指図における指図人の資力担保義務　*239*
　　　9　債権者の交替による更改　*240*
　Ⅲ　指図（嘱託）規定の削除　*247*
　　　1　梅謙次郎委員による指図規定の削除理由　*247*
　　　2　修正案 511 条（現行民法 514 条）の起草趣旨　*249*
　　　3　その後の学説　*249*
　　　4　わが国における指図理論の再発見　*251*
　Ⅳ　小　括　*252*

終　章　……………………………………………………………………………………*255*

文献一覧　*263*
初出一覧　*275*
あとがき　*277*
索　引　*281*

序　章

Ⅰ　はじめに

　指図（delegatio, assignatio, délégation, Anweisung）は、ローマ法系の各国私法に規定されている独立した法的範疇である[1]。
　かかる意味における指図は、ドイツ法においては Anweisung、フランス法においては délégation と呼ばれ、それぞれ指図に関する規定が置かれているのに対し、従来わが国では、民商法共に明文の規定を置いていないといわれており（ただし民法の当事者の交替をともなう更改規定は、指図の一面と密接な関係がある[2]）、学者の注意を惹くこともあまり多くはなかった。
　独・仏法に規定を有していながら、これらを母法とするわが国の民商法に規定が置かれていないとされる指図とは、いったいいかなるものであるのか。これを解き明かすこと自体、純粋に学問的興味を惹かれるところであるが[3]、それを措いてもなお、わが国における指図研究の必要性には理由があるものと考えられる。その理由は以下のとおりである。
　近年、わが国では、第三者を介した資金移動取引がさまざまな形で誕生してきている。これらの資金移動取引は、共通した機能と仕組を持つために、偽造等の瑕疵をはじめとして共通した法律問題を抱え、それに対する法規整にも共通するものが多い。そのような法規整を比較・検討することによって、資金移動取引一般に共通する法規整を抽出するとともに、他方では個別の資金移動取引の特性に即した法規整の違いを認める必要性が生じてきている[4]。
　独・仏法における指図の主要な利用形態は、まさにこのような種々の資金移動取引であるといわれており、それゆえ指図理論は、近年のわが国におけるこれらの取引に共通する実体法上の基礎を与えうるものとして俎上に載せられて

いるのである。わが国の指図研究における第一義的な目的は、そこに認められる。

Notes

序章

1) 伊澤孝平「指圖（Anweisung）の本質（一）」法協 48 巻 11 号（1930）3 頁。
「指図」という用語は、たとえば民法 101 条 2 項、商法 585 条 2 項等の「指図」、民法 469 条、商法 516 条 2 項等の「指図債権」のように、わが国の民商法中にしばしばあらわれる。しかし、これらの指図と本書で取り扱おうとしている指図との関係については本書の目的の外にある。
2) ボアソナードの起草による旧民法の財産編には「嘱託」という名称で指図に関する規定が置かれていた。嘱託規定は新民法において削除されたのであるが、梅謙次郎委員の起草趣旨を見るかぎり、それは嘱託が更改の一種であると解されていたからであり、決して嘱託を排斥する趣旨ではなく、むしろ肯定する趣旨であったことが窺える。この点については、本書第 2 部第 3 章。
3) 伊澤・前掲注 1) 3 頁。
4) 岩原紳作「資金移動取引の瑕疵と金融機関」国家学会百年記念『国家と市民』3 巻（有斐閣・1987）171 頁。

II　種々の資金移動取引と指図

　資金移動取引には、手形、小切手、信用状、クレジットカード、電信送金、振込・振替、インターネットバンキング、電子マネー等さまざまなものが含まれている。

　まず、為替手形および小切手に関して、これを指図（Anweisung）であるとする学説がわが国において夙に提唱されていた[5]。ただし、これらについては、法律の規定が整備されており指図の理論を援用する余地はないのであるから、その類似性は否定できないとしても、あえてその同一性を問題にする必要はなく、これらの法的性質が指図であると論じること自体の実益はあまり存在しない[6]。それゆえ、ここでの指図研究のもっとも大きな意義は、「いわゆる人的抗弁の個別性」、「権利濫用の抗弁、後者の抗弁、二重無権の抗弁、固有の経済的利益のない抗弁などといわれるものの可否の理論的基礎と、原因（causa）と不当利得の抗弁権との関係とを明らかにするため」[7]という点に求められる。

　つぎに、かねてより商業信用状取引についても、指図との親和性が主張され

ている[8]。信用状とは、主として輸出入貿易において、買主の依頼により、買主の取引銀行が、売主に対して、買主のために売買代金の立替払いをなすべきことをあらかじめ申し送る書面であるが[9]、指図がこの取引の基礎となっているというのである[10]。

振込やクレジットカード、電子マネーといったそのほかの資金移動取引については、わが国ではその法的性質について、いまだ定説を見ていない[11]。そのような状況のなかで、指図が無因性（Abstraktheit）[12]ないしは抗弁の対抗不能性（inopposabilité des exceptions）を有する三者間取引であることから、簡易な決済のための手段性、原因関係から切断された無因性、取扱量の大量性等の特徴を有するこれらの取引と指図との関連性が論じられており[13] [14]、近年注目を集めてきている。また、これらの取引の事後処理・清算の方面で、いわゆる三者間不当利得（三角型不当利得）の問題が論じられる際には、その法的性質は指図であることが前提とされている[15]。

これらの議論は、ドイツ法およびフランス法を参照したものが多い。たとえばドイツでは、手形・小切手、信用状はもちろん、振替（Giroüberweisung）、トラベラーズチェック（Reisescheck）、郵便為替（Postscheck）、郵便振替（Postgiro）、クレジットカード（Kreditkarte）、振込依頼（Überweisungsauftrag）、インターネットなどのネットワーク上の決済手段として利用される電子マネー（eCash）などが指図（Anweisung または Anweisung i. w. S.）の利用形態の一例として挙げられている[16]。なお、フランスには、キャッシュカードとデビットカードとが一体となった機能をもつ、銀行カード（carte bancaire）と呼ばれるものがあるが、この銀行カードによる決済も、指図（délégation）の優れた実用例のひとつとして挙げられている[17]。

Notes

5) たとえば、竹田省『手形法・小切手法』（有斐閣・1955）93頁、服部榮三「指図行為と為替手形の振出」磯村哲先生還暦記念論文集『市民法学の形成と展開・上』（有斐閣・1978）277頁以下、大隅健一郎『新版手形法小切手法講義』（有斐閣・新版・1989）92頁以下など。
6) 前田庸「振出人と支払人との関係」鈴木竹雄・大隅健一郎編集『手形法・小切手法講座（第2巻）』（有斐閣・1965）135頁、倉澤康一郎『手形法の判例と論理』（成文堂・1981）277頁、木内宜彦『特別講義手形法小切手法』（法学書院・再版・1983）186頁以下。

7) 大塚龍児「原因関係と人的抗弁――手形の無因性と直接の当事者間における人的抗弁の基礎。人的抗弁の個別性、権利濫用の抗弁、二重無権の抗弁等の理解のために――」LawSchool 18号（1980）51頁。
8) 竹田省「商業信用状（一）」論叢17巻4号（1927）21頁以下、同「商業信用状（二）」論叢18巻1号（1927）68頁以下、伊澤孝平『商業信用状論』（有斐閣・第9版・1965）220頁、小峯登「荷為替信用状」鈴木ほか・前掲注6）280頁以下、西原寛一『金融法・法律学全集53』（有斐閣・1968）229頁以下など。
　反対説として、濱田一男「商業信用状の一考察――特に其の抽象性と法的性質とに關聯して――（二・完）」論叢48巻3号（1943）521頁など。
9) 竹田・前掲注8）21頁（一）。
10) 従来わが国では、信用状取引の法的性質について委任契約と指図の併合したものと説明されているという（西尾幸夫「信用状の譲渡と売買契約上の売主の地位の移転」塩田親文編集『外国為替判例研究』（中央経済社・1987）6頁）。
11) これらの取引に関する学説のなかには、当事者の意思から法的効果を導けばよく、あらかじめ取引の性質決定をしておく必要はないという見解（いわゆる「合意構成」）もあるが（電子マネー実現研究会「電子マネー実現に向けての法的検討」NBL640号（1998）13-14頁）、これらの取引の法的性質ないし法的構成を明らかにする作業というのは、取引に問題が生じる個別の局面における解決の適切性、妥当性ならびに一貫性を担保するためのいわば準拠枠組として必要である（森田宏樹「電子マネーをめぐる私法上の諸問題」金融法15号（1999）60-62頁）。
12) 「無因」という用語のほかにも「抽象」や「不要因」などの用語を用いることがある。これは、「無因」という用語が、あたかも「原因が無い」ように聞こえるから、事の本質を表現する用語として適切ではないとの指摘にもとづくものであるが（松本烝治「手形行為ト其原因」新報28巻3号（1918）3頁）、本書では従来から慣用されている「無因」という用語を用いることにする。
13) たとえば、振替・振込取引に関して、田邊光政「ドイツにおける振替取引――現金を用いない合理的支払取引――」阪南論集11巻2号（1975）15頁以下、松井雅彦「西ドイツ振替取引における『貸方記帳』について」同法31巻5・6号（1979）349頁以下、同「振替における過誤貸方記帳の法的事後処理について――西ドイツを中心に――」追手門経済論集16巻1・2号（1981）172頁以下、同「『貸方記帳』論の新展開」追手門経済論集17巻1号（1982）87頁以下、後藤紀一『振込・振替の法理と支払取引』（有斐閣・1986）25頁以下、柴崎暁「振込取引と指図の法理」タートンヌマン10号（2008）52頁以下、安達三季生「振込の全体的構造（一）――指図、電信送金契約から振込法へ――」志林106巻2号（2008）1頁以下、同「振込の全体的構造（二）――振込の無因性を中心に――」志林106巻3号（2009）23頁以下、同「振込の全体的構造（三）――他行間振込における階層的指図説（仮定的債権譲渡と債務者の処分授権の概念による）の提唱（その一）――」志林106巻4号（2009）103頁以下、同「振込の全体的構造（四・完）――他行間振込における階層的指図説の提唱（その二）（振込の不執行と損害賠償、資金返還を中心に）――」志林107巻1号（2009）1頁以下など。
　なお、振込委託などの説明で用いられることのある、いわゆる「指図（Weisung）」も（岩原紳作『電子決済と法』（有斐閣・2003）47頁以下）、ローマ法上のいわゆる「授権（iussum）」に相応するものであり（伊澤孝平「指圖（Anweisung）の本質（二・完）」法協49巻6号（1931）56頁）、延いてはドイツ民法典783条以下に規定された指図の上位概念である、「広義の指図（Anweisung im weiteren Sinne）」に関係するものである（松井雅彦「いわゆる『広義の指図』について」追手門経済論集19巻2号（1984）193頁）。
14) そのほかにも、たとえば電信送金に関して、小野正一『銀行取引法概論』（巖松堂書店・1931）175頁以下、石田文次郎「預金預入の假装と拂戻義務」論叢32巻3号（1935）

687頁以下、梶山純「内国電信送金爲替取引契約の法律的性質」法政24巻1号（1957）93頁以下、木内宜彦『金融法・現代法律学全集⑷１』（青林書院・1989）328頁以下など。
15) 我妻栄『債権各論・下巻一』（岩波書店・1972）957頁以下、四宮和夫『事務管理・不当利得・不法行為上巻（現代法律学全集）』（青林書院・1981）228頁以下、山田幸二『現代不当利得法の研究』（創文社・1989）232頁以下、藤田寿夫「指図・振込・振替と三者不当利得」神院20巻3・4号（1990）2頁以下、同「三者不当利得──振込・指図を中心に」法時76巻5号（2004）89頁以下、瀧久範「三角関係型不当利得における事実上の受領者の保護──『財産移転の対価関係 Valutaverhältnis への効果帰属』の観点から──（一）」論叢163巻4号（2008）104頁以下、「同・（二）」論叢165巻4号（2009）117頁以下、「同・（三・完）」論叢166巻1号（2009）146頁以下、鈴木尉久「購入者、与信業者、販売業者の三者間不当利得──指図の法理による清算──」現代消費者法10号（2011）69頁以下、橋本佳幸・大久保邦彦・小池泰『民法Ｖ・事務管理・不当利得・不法行為（リーガルクエスト）』（有斐閣・2011）61頁以下など。
16) Juris von Staudinger/Peter Marburger, Kommentar zum B.G.B., Neubearbeitung, Berlin, 2002, § 783, Rn.34ff., S.154ff.
Vgl. auch Tina Krügel, E-Commerce- Das Risiko eines Versendungskaufs, Bank- und Kapitalmarktrecht 2, Göttingen, 2005.
17) Alain BÉNABENT, Droit civil, les obligations, 11e éd., Paris, 2007, n°757, pp.543-544.

III 民法（債権法）改正における議論──指図規定導入の要否

　近年のかかる議論状況は、わが国の民法（債権関係）改正に関する提案にも影響を及ぼしており、中間的な論点整理において、指図に関する規律を明文化するべきとの提案が示されるに至っている。

　この点については、平成22年11月9日に開催された法制審議会、民法（債権関係）部会第18回会議において検討されている[18]。わが国における指図研究の意義にも密接にかかわってくるため、議論の流れを簡単に押さえておこう。

　発端となったのは、民法に明文の規定が置かれていない混合寄託と流動性預金口座という特殊の寄託に関する新たな規制の要否についての議論である。とりわけ流動性預金口座については、基本的な法律関係を明らかにするために、流動性預金口座において金銭を受け入れる消費寄託の合意の効果や、流動性預金口座への振込による金銭債務の履行が弁済に該当するということについて明文の規定を設けるべきであるという考え方が示されていた。

　これに対して、神作裕之幹事から以下のような発言がなされた。

「流動性預金の成立の話とそれから振込ですとか為替取引の場合とでは、法律関係の複雑さ等において非常に大きな違いが」あるため、「振込や振替等の資金移動について規律するときには、特殊の寄託という領域ではなく、振込、振替そのものを端的に規律していく、そういう方向が考えられるのではないか」と。

このようにして、神作幹事により、振込や振替といった資金移動取引に関する規定の新設についての提案がなされた。松本恒雄委員も神作幹事に同調して以下のように述べる。

「振込取引に伴う紛争というのが大変たくさん生じてい」る。「そういう意味で、資金移動取引についてのルール、民法的にどう考えるんだということをはっきりさせるニーズは大変大きい」と述べ、規定を新設することに重要性があることには賛成しているが、やはりこれを消費寄託の延長線上に規定するには無理があるという。

山本敬三幹事も、「場所はともかくとして、ここに書かれているような事柄について内容をよく考えた上で、規定を整備することには賛成したい」として規定化に賛成している。しかしながら、「その前提として、より一般的な、必ずしもこれまで検討されてこなかった問題があるのではないかと思」うと述べ、「それは、そもそも『指図』とはどのようなものかという問題であ」るというのである。

山本幹事は、部会資料[19]を用いながら指図の法的構造を説明し[20]、これまでの議論は、このような「基本制度を当然の前提にして行われている議論」であるが、「その前提部分がここには提案されて」おらず、「恐らくここまでの審議の中でも検討されてこなかったのではないか」というのである。

つづけて、「このような指図も、一つの法律行為だと思う」とし、「こうしたものについて規定を整備することは、一般法」、「基本法である民法のなすべきこと」であるという。そして、「その意味で、もう少し視野を広げて民法に規定を整備すべき制度等がまだないかどうかをしっかり考えて、その上で検討を進めるべきではないか」との問題提起がなされている[21]。

再度、松本恒雄委員から、「資金移動取引についてのそれぞれの契約の法律的な位置付けがはっきりしていないから、いろいろな紛争が起こっているわけで、まずはそちらのほうのルール整備をきちんとやるほうがニーズが高いので

はないか」。「最終的に受取人に対する弁済になるかならないかという議論よりは、被仕向銀行の受取人名義の預金口座に入金記帳されたことが何ぞやという、そちらのほうを早く明確化すべき」であり、「そういう意味で、資金移動取引、振込取引について、典型契約として、ルールを整備する必要は大変高い」として、当該取引に関するルール整備の必要性が強調されているのである。

かくして、「指図に関する規定の要否」についての提案、すなわち、流動性預金口座への振込、その他の資金移動取引に関する法律関係は、指図という法律行為を基礎とするものと解されることから、上記取引に関する規定を設ける場合は、指図に関する明文の規定を設けるべきであるとの提案がなされるに至ったのである[22]。

しかしながら、この提案は、最終的に取り上げられることなく終わった。後の部会資料[23]において、その方針が示されている。

まず、「資金移動取引をめぐる法律関係の不明確さ[24]は、個別の問題に関する判例の集積によって解決することは困難であり、体系的な立法をすることによって解決することが必要であるとの指摘がある」として立法提案に触れつつ、「もっとも、具体的な立法提案は示されておらず、現実的な立法課題とするほどには議論が進んでいないと考えられることから、この点については取り上げないこととした」というのである[25]。

このようにして、民法のなかで指図を規律すべきとする提案は立ち消えとなった。しかしながら、提案自体は好意的に捉えられており、本提案を採用しない理由となっているのが「現実的な立法課題とするほどには議論が進んでいない」点であることには注意すべきである。

Notes

18) 法制審議会・民法（債権関係）部会第18回会議議事録10頁以下。
19) 民法（債権関係）部会資料17−1・民法（債権関係）の改正に関する検討事項(12)29頁。
20) 「振込依頼人に当たるのが指図をする者、『指図者』、銀行に当たるのが指図を受ける者、つまり『被指図者』、受取人に当たるのが指図によって給付を受ける者、つまり『指図受益者』で」あり、「この場合に、指図者が銀行に対して指図をして、銀行が受益者に対してその指図に従って給付をする。これによって、銀行が指図者に対して負っている債務、例えば預金債務、それから、指図者が指図受益者に対して負っている債務、たとえば代金の支払債務がこの指図に従った給付によって同時に弁済されたことになる」と説明されている。

序章

21) 後の第24回会議において、山本幹事は、「『資金移動取引についての規定』を定めるのであれば、その前提として、指図という法的概念というよりは、法律行為ないしは法的制度の意味を明確化し、それを踏まえて規定すべきだという」第18回会議における発言は、「指図というような経済社会で極めて重要な意味を持つ法制度が民法の中で取り上げられていないのは問題ではないかという問題提起のつもり」であると述べている（法制審議会・民法（債権関係）部会第24回議事録30頁）。

22) 民法（債権関係）の改正に関する中間的な論点整理（平成23年6月3日補訂）171頁。

23) 民法（債権関係）部会資料47・民法（債権関係）の改正に関する論点の検討(19)（平成24年10月5日補訂）73頁。

24) 資料によると、資金移動取引をめぐる法的問題として、以下のものが例として挙げられている。

振込依頼人と受取人との間に原因関係がないにもかかわらず振込みがされた場合に、受取人と被仕向銀行との間に預金債権が成立するかという点に関する争いが多発している。この点については、従来、学説や下級審裁判例において、その結論や法的構成についてさまざまな見解が対立していたところであるが、最判平成8年4月26日民集50巻5号1267頁が、原因関係の存否にかかわらず、被仕向銀行と受取人との間に振込金額相当の預金契約が成立し、受取人は被仕向銀行に対する預金債権を取得すると判断し、これに続く判例（最決平成15年3月12日刑集57巻3号322頁、最判平成20年10月10日民集62巻9号2361頁等）もこれを前提としている。上記の問題は、誤振込によって成立した預金債権を第三者が差し押さえることができるかという関連する問題も生じさせている。

また、振込の遅延や過誤が生じ、その原因が仕向銀行や被仕向銀行にある場合における振込依頼人に対する仕向銀行や被仕向銀行の責任の有無およびその内容も、明確ではない。この点に関する判例（最判平成6年1月20日金法1383号37頁）についても、その評価をめぐってさまざまな見解が提示されている。

25) このような方針に対して、松本委員は、「本当に必要なのは、資金移動取引についての明確なルールを作ることであって……法制審議会の次の課題として、資金移動法についての部会を作って、きちんと立法していただくという形で進めていただきたい」と述べている（法制審議会・民法（債権関係）部会第58回会議議事録73頁）。

IV 本書の目的

指図は、わが国の民商法中に存在しないと解されてきたこと、また、従来指図に言及ある箇所がとくに更改に関連したものであったことから[26]、従来の民法学においては、最近に至るまであまり関心をもたれておらず、一般的な指図理論構築の視点が欠落していた。

ところが他方で、商法学では、前述のとおり、かねてより手形・小切手をはじめとして、種々の経済取引について指図との関連が論じられていた。指図理論は、他に還元できない様相を呈しているからである[27]。しかし、それはあ

くまでも具体的な経済制度に関連した範囲にかぎったものが大部分を占めており、いずれにしても指図理論それ自体を対象としたものはあまり多くはなかったのである[28]。

その結果、私法学上の基礎法理としての指図理論の構築が未成熟なまま閑却されながら、具体的な資金移動取引の場面で突如として指図理論が参照されることになったため、先の民法改正時の議論でも指摘されたように、「そもそも指図とは何か」という研究の欠如が問題視されることになるのである。

このように、指図はその重要性にもかかわらず、実際に私法学の基礎法理として取り上げられることがほとんどなく、その一般的な検討と分析とが等閑なままとされてきた。したがって、本研究の究極的な目的は、私法学上の基礎法理としての一般的指図理論の構築にある。

そのためにまず何から手をつけるべきか。前述のとおり、わが国で指図研究をおこなおうとする際、頼るべき議論の蓄積はそれほど多くはない。では、わが国の民商法の母法たるドイツ法・フランス法についてはどうかというと、両国の指図規定を一瞥したところ、一見して同じ制度を規定したものとは思われないほど懸隔ある規定内容となっている[29]。

そこで本研究では、これらの条文がそのように規定されている背後には、また、両国の現在の指図学説が展開する議論には、いかなる「理論的背景」が存在しているのかを明らかにしたい。かかる理論的背景を正しく把握することによって、独・仏法の指図の異同および現在の立法・学説を正しく理解することができるのである。

指図はローマ法に淵源を有し (delegatio)、極めて歴史的な鍛造を経てきている。現代に見られる上記種々の活用例を観察しても、決して指図としての属性を失っているわけではなく、これらの取引は、いわば指図という本家から分岐した分家なのである[30]。本書の研究では、一般的指図理論構築のための基礎研究として、上記の歴史的な鍛造を俯瞰し、独・仏指図の沿革の探究を通じて指図概念の輪郭を素描することを目的とする。

本書は、概略以下のような流れで指図理論の沿革を明らかにしている。まず、第１部で「ドイツ法における指図 (Anweisung)」の沿革を、第２部で「フランス法における指図 (délégation)」の沿革を概観する。

第１部では、まず、ローマ法における指図 (delegatio) がどのようにしてド

イツ法に継受されたのかという過程を、原因関係からの指図関係の独立を中心に明らかにする（第1章）。ついで、そのことと同時並行的に、中世の商取引のなかで利用された指図（assignatio）に対する、ドイツ法の理解の変遷と、その成果としての立法の過程を辿る（第2章および第3章）。最後に、同じく中世の商取引上の指図（assignatio）の引受と呼ばれる行為が、ドイツ法上どのように把握されてきたのかを、手形引受（Wechselsakzept）やローマ法における指図（delegatio）との関係とともに明らかにする（第4章）。

　第2部では、まず、フランス民法典以前に、フランス法においてローマ法における指図がどのように理解されていたのか、ついで、いかなる議論の末にフランス民法典のなかに継受されたのか、さらに、指図規定の解釈として、いわゆる註釈学派や、その後のいわゆる科学学派がどのような解釈を展開したのかを概観する（第1章）。そして、フランス法における指図（délégation）規定の陰に忘れられることになったある条文の背景事情と、ドイツ法上の指図との関係を探ることで、両法における指図の接続可能性を分析する（第2章）。最後に、ボアソナードがフランス法を母法として起草した、わが国の旧民法中の指図規定が、フランス法のなかでどのように位置づけられるのか、また、新民法制定過程でなぜ削除されたのかを明らかにする（第3章）。

Notes

26) 松波仁一郎・仁保亀松・仁井田益太郎『帝國民法正解・第三編債権』（日本法律學校・1897）747頁、磯村哲編『注釈民法⑿債権⑶』（有斐閣・1970）480頁以下〔石田喜久夫〕など。

27) 伊澤・前掲注1) 3頁。

28) 大西耕三「指圖に就て」論叢17巻5号（1927）760頁以下、伊澤孝平「指圖（Anweisung）の本質（一）」法協48巻11号（1930）1頁以下、同「同・（二・完）」法協49巻6号（1931）32頁以下、同「指圖の觀念」法學4巻4号（1935）367頁以下、同「指圖の效果（一）」法学5巻1号（1936）1頁以下、同「同・（二・完）」法学5巻2号（1936）40頁以下、上柳克郎「フランス法における指圖について」民商28巻1号（1953）1頁以下、松井雅彦「いわゆる『広義の指図』について」追手門経済論集19巻2号（1984）188頁、柴崎暁『手形法理と抽象債務』（新青出版・2002）190頁以下など。

29) ドイツ民法典では、783条以下で指図に関する独立の節を設けている。783条には指図の定義、784条には指図の引受が規定されている。
　　ドイツ民法典783条「金錢、有價證券又ハ其ノ他ノ代替物ヲ第三者ニ給付スベキコトヲ他人ニ指圖スル證書ヲ第三者ニ交付シタル者アルトキハ、其ノ第三者ハ被指圖人ヨリ自己ノ名ヲ以テ給付ヲ取立ツル權限ヲ有ス；被指圖人ハ指圖人ノ計算ニ於テ指圖證書受取人ニ給付ヲ爲ス權限ヲ有ス。」訳は、柚木馨・上村明廣『現代外国法典叢書⑵獨逸民法[II]

債務法』(有斐閣・1955) 770 頁。

ドイツ民法典 784 条「被指圖人ガ指圖ヲ引受ケタルトキハ、指圖證書受取人ニ對シテ給付ヲ爲ス義務ヲ負フ；被指圖人ハ受取人ニ對シ、引受ノ効力ニ關スル異議又ハ指圖ノ内容若ハ引受ノ内容ヨリ當然生ズル異議又ハ被指圖人ガ直接指圖證書受取人ニ對シテ有スル異議ノミヲ對抗セシムルコトヲ得。引受ハ指圖證書上ノ記載ヲ以テ之ヲ爲ス。證書上ノ記載ガ指圖證書受取人ニ對スル交付前ニ爲サレタルトキハ、引受ハ受取人ニ對シテハ交付ノ時ヨリ其ノ効力ヲ生ズ。」訳は、柚木ほか・前掲 771 頁。

これに対して、フランス民法典では、指図に独立の節を設けておらず、「更改 (novation)」に関する款のなかに規定している。

フランス民法典 1275 条「債務者が債権者に他の債務者を付与し、その者が債権者に対して義務を負う旨の指図 délégation は、債権者が指図を行った債務者を免責する意図がある旨を明示的に申述した場合でなければ、なんら更改を生じない。」訳は、法務大臣官房司法法制調査部編集（稲本洋之助訳）『フランス民法典――物権・債権関係――』(法曹会・1982) 103 頁。

フランス民法典 1276 条「指図を行った債務者を免責した債権者は、指図を受けた者 délégué が支払不能となる場合にも、その債務者に対してなんら求償権を有しない。ただし、その行為が求償権について明示の留保 réserve expresse を含む場合、又は指図を受けた者が指図の時にすでに破産開始 faillite ouverte 〔の状態〕にあった場合、若しくは支払不能 déconfiture に陥っていた場合には、その限りでない。」訳は、法務大臣官房司法法制調査部編集（稲本洋之助訳）・前掲 103 頁。

フランス民法典 1277 条「①債務者に代わって弁済すべき者について債務者が行った単なる指定は、なんら更改を生じない。②債権者のために受領すべき者について債権者が行った単なる指定も、同様である。」訳は、司法法制調査部編集（稲本訳）・前掲 103 頁。

30) 伊澤孝平「指圖の觀念」法學 4 巻 4 号 (1935) 369 頁。

第 1 部　ドイツ法における指図（Anweisung）

第1章

ローマ法由来の指図 (delegatio) のドイツ法への継受
——原因関係上の既存債務からの独立を中心に

I はじめに

　本章は、ドイツ法における指図（Anweisung）（以下、「アンヴァイズング」）が集成される過程を解明するための第一歩として、ヨーロッパ各国指図法の濫觴となった、ローマ法上の指図（delegatio）（以下、「デレガチオ」）[1]のドイツ法における解釈の変遷を辿ることを目的とする[2]。まずは、現在のドイツ法が、一般的にアンヴァイズングをどのように理解しているのかについて概観しておこう。

　アンヴァイズングとは、指図人の計算で第三者に対して給付をなす他者への要請と授権（Ermächtigung）であると理解されている。すなわち、関係当事者の三角関係（Dreiecksverhältnis）によって形成され、ある者（指図人（Anweisende））が、他の者（被指図人（Angewiesene））に、第三者（受取人（Anweisungsempfänger））を通じて、第三者に対して出捐するよう要請するのである[3]。

　それゆえ、アンヴァイズングには必然的に二つの原因関係が存在する。指図人と被指図人との間の（補償）資金関係（Deckungsverhältnis）と呼ばれる原因関係と、指図人と受取人との間の対価関係または出捐関係（Valuta- oder Zuwendungsverhältnis）と呼ばれる原因関係である[4]。被指図人が指図人の要請にしたがう場合、被指図人の受取人に対する一つの出捐によって、原因関係上の二つの給付、すなわち、対価関係上の指図人の受取人に対する給付、および資金関係上の被指図人の指図人に対する給付が実現される。

　この意味におけるアンヴァイズングは、ドイツ民法典（BGB）783条[5]以下に規定されているが、ここでは金銭、有価証券、その他の代替物を給付する、証書（Urkunde）によるアンヴァイズングという特殊な場合しか規定されてい

ない。しかし、契約自由の原則にしたがえば、口頭のアンヴァイズングや、上記以外を目的とするアンヴァイズングもなしうると解されている（いわゆる「広義の指図（Anweisung im weiteren Sinne）」）[6]。

アンヴァイズングの特徴は、指図人の二重授権（doppelte Ermächtigung）である。すなわち、ドイツ民法典783条によれば、証書の交付もしくはアンヴァイズングの付与によって、受取人は、自己の名で被指図人による給付を取り立てるよう授権され、被指図人は、指図人の計算で受取人に対して給付するよう授権される。

この授権は、自己の名で他人の権利を自由に利用できるという法的意義しか与えない。つまり、授権はそれ以外のいかなる義務も生み出さない。それゆえ、受取人はアンヴァイズングによる授権を利用することを義務づけられないし、被指図人も受取人に対して給付をなすよう義務づけられることはない。被指図人が受取人に対して給付すべき義務は、ドイツ民法典784条[7]によれば、アンヴァイズングの引受によってはじめて発生する[8]。

本章は、ローマ法上のデレガチオがどのようにアンヴァイズングに継受されたのかを検討するのであるが、その際、とくにデレガチオと原因関係上の既存債務との牽連性を中心とした、デレガチオの解釈の変遷を概観したい。

ドイツ指図法を理解するための重要概念として、後述するように、デレガチオとならんでassignatio（以下、「アシグナチオ」[9]）という概念が存在するが、アシグナチオが誕生したのは、デレガチオのかかる部分の解釈に端を発しているからである[10]。

Notes

1) より正確には「デーレーガーチオー」とすべきであろうが、ここでは単に「デレガチオ」と表記する。
2) アンヴァイズングの学説史に関する先行研究としては、伊澤孝平「指圖（Anweisung）の本質（一）」法協48巻11号（1930）11頁以下、納富義光『手形法に於ける基本理論』（新青出版・復刻版・1996）383頁以下など。
3) Otto Palandt/Hartwig Sprau, Bürgerliches Gesetzbuch, 69. neubearbeitete Aufl., München, 2010, §783 Rn.1, S.1226.
4) Karl Larenz, Lehrbuch des Schuldrecht, Bd.2, BT, 11. neubearbeitete Aufl., München, 1977, §67 I, S.457.
5) BGB §783. Händigt jemand eine Urkunde, in der er einen anderen anweist, Geld, Wertpapiere oder andere vertretbare Sachen an einen Dritten zu leisten, dem

Dritten aus, so ist dieser ermächtigt, die Leistung bei dem Angewiesenen im eigenen Namen zu erheben; der Angewiesene ist ermächtigt, für Rechnung des Anweisenden an den Anweisungsempfänger zu leisten.

　　ドイツ民法典783条「金錢、有價證券又ハ其ノ他ノ代替物ヲ第三者ニ給付スベキコトヲ他人ニ指圖スル證書ヲ第三者ニ交付シタル者アルトキハ、其ノ第三者ハ被指圖人ヨリ自己ノ名ヲ以テ給付ヲ取立ツル權限ヲ有ス；被指圖人ハ指圖人ノ計算ニ於テ指圖證書受取人ニ給付ヲ爲ス權限ヲ有ス。」訳は、柚木馨・上村明廣『現代外国法典叢書(2)獨逸民法［II］債務法』（有斐閣・1955）770頁から引用。

6) Palandt/Sprau, a. a. O. (Fn.3), §783 Rn.9ff., S.1227.
7) BGB §784. Nimmt der Angewiesene die Anweisung an, so ist er dem Anweisungsempfänger gegenüber zur Leistung verpflichtet ; er kann ihm nur solche Einwendungen entgegensetzen, welche die Gültigkeit der Annahme betreffen oder sich aus dem Inhalt der Anweisung oder dem Inhalt der Annahme ergeben oder dem Angewiesenen unmittelbar gegen den Anweisungsempfänger zustehen. Die Annahme erfolgt durch einen schriftlichen Vermerk auf der Anweisung. Ist der Vermerk auf die Anweisung vor der Aushändigung an den Anweisungsempfänger gesetzt worden, so wird die Annahme diesem gegenüber erst mit der Aushändigung wirksam.

　　ドイツ民法典784条「被指圖人ガ指圖ヲ引受ケタルトキハ、指圖證書受取人ニ對シテ給付ヲ爲ス義務ヲ負フ；被指圖人ハ受取人ニ對シ、引受ノ効力ニ關スル異議又ハ指圖ノ内容若ハ引受ノ内容ヨリ當然生ズル異議又ハ被指圖人ガ直接指圖證書受取人ニ對シテ有スル異議ノミヲ對抗セシムルコトヲ得。引受ハ指圖證書上ノ記載ヲ以テ之ヲ爲ス。證書上ノ記載ガ指圖證書受取人ニ對スル交付前ニ爲サレタルトキハ、引受ハ受取人ニ對シテハ交付ノ時ヨリ其ノ効力ヲ生ズ。」訳は、柚木ほか・前掲注5）771頁から引用。

8) Walter Erman/Rüdiger Wilhelmi, Bürgerliches Gesetzbuch, Handkommentar, Bd.2, 13. neubearbeitete Aufl., 2011, §783 Rn.2ff., S.3460f.
　　指図引受については、本書第1部第4章。
9) より正確には「アッシーグナーチオー」とすべきであろうが、ここでは単に「アシグナチオ」と表記する。
10) この点に関するフランス法の学説史については、本書第2部第1章参照。

II　近世における指図

1　議論の出発点——Ulp. (27 ad ed.) D.46, 2, 11 pr.

　学説彙纂46巻2章は「更改および指図について (De novationibus et delegationibus)」という章題を掲げており、その11法文序項（ウルピアヌス告示註解第27巻）は、「デレガチオは、自己の代わりに他の債務者を債権者あるいは彼が命令した者に与えることである (Delegare[11] est vice sua alium reum dare creditori vel cui iusserit)」と規定している（Ulp. (27 ad ed.) D.46, 2, 11 pr.）。本法文は、一見するとデレガチオについての一般的定義であるかのごとく作用しているため、デレガチオの法的性質を論ずるにあたり、多くの学説の出発点となっているのである。

　本法文の解釈についてとくに学説上対立の激しい箇所は、最後の iusserit の主語が誰であるのかについてであるが、ここではさしあたり指図人（Delegant）、被指図人（Delegat）、受取人（Delegatar）の三者関係を押さえておく必要があるだろう [12]。すなわち、指図人は彼の債権者（creditor）である受取人に、他の債務者（alius reus）である被指図人を与えるというのである。

　19 世紀に至るまで、デレガチオが当事者の既存債務を前提としており、更改の一種であると考えられてきたのは、中世においてローマのような大規模かつ組織化された銀行取引が存在していなかったという経済状況に加えて [13]、本章題ならびに本法文の存在が大きい。

　以下では、現代のドイツ指図理論の端緒として後代でも引用のある [14] 16 世紀のデレガチオに関する代表的学説を見てゆこう。

2　16 世紀のデレガチオに関する学説

　16 世紀の学説は、デレガチオを当事者が交替する更改であると考え、資金関係においても対価関係においても既存債務を必要とする。

　ミュンシンゲルス（Joachimus Mynsingerus）は、更改の説明のなかで、「デレガチオとは何か？（Delegatio quod?）」という表題のもと、デレガチオが、資金関係たる被指図人の指図人に対する関係でも、対価関係たる指図人の受取人に対する関係でも、既存の債務関係を必要とすると主張する。

　すなわち、デレガチオは、ある者（指図人）が彼の債務者を、彼の債権者（受取人）に指図して、この債務者（被指図人）が問答契約（stipulatio）を通して債権者に債務を約束するときに存在するというのである。

　文脈から見れば、ミュンシンゲルスはデレガチオを更改の一種であると考えているようである。そしてそれは、二当事者間でなされる更改ではなく、当事者が交替する更改である。ミュンシンゲルスは、最初の要求を指図人の委任（mandatum）であるとし、その後になされる債務者の約束は問答契約を通じて

なされるという[15]。

　ホトマヌス（Franciscus Hotomanus）は、デレガチオを更改（novatio）の一種であると明言する。そして、デレガチオが生じるための前提として、資金関係においても、対価関係においても、既存債務を必要とする。すなわち、更改は人が交替する場合でもおこなうことができる。このような目的で用いられるのがデレガチオであり、これにより債務者と債権者とが同時に交替するのである。なぜなら、デレガチオは債務者の更改であると同時に債権者の更改でもあると定義されるからであるという。これはあたかも、債権者が債務者に委任し、第三者（Titius）に約束するよう義務づけられる場合と同じように見えるが、ここからは支払の効果は生じない。この場合は更改ではないからである[16]。

　このように16世紀の学説[17]は、指図人が被指図人の債権者であり、同時に受取人の債務者でなければならないという。そして、被指図人が受取人に、問答契約を通して義務づけられることにより、債務者の交替と債権者の交替という二重の更改が生ずる。このような解釈から、近世初頭においては、「指図はつねに更改をともなう（In delegatione semper inest novatio）」という、ローマの法学者が想定しておらず、19世紀に至るまでヨーロッパ指図学説を支配した規範が打ち立てられていた[18]。

　ただし、これらの学説も、デレガチオを完全に更改であると考えていたわけではなかったようである。というのも、ここでの更改（novatio）とは、被指図人の指図人に対する債務と、指図人の受取人に対する債務が消滅することを意味していたからである。先の規範は、更改の要件ではなく効果に関してのみデレガチオを同列に扱っている。それゆえ、とりわけ更改意思（animus novandi）は、デレガチオの要件とはなっていない[19][20]。

　このことから、「指図はつねに更改をともなう」という規範は、古来承認されてきた「デレガチオは支払である（solvit, qui reum delegat）」[21]という規範[22]とほぼ同一のものであると考えられるのである。

　以下では、この解釈を原因として、中世から近世にかけてヨーロッパにおいて誕生・発展した指図的制度について見てゆくことにしよう。

3 デレガチオ (delegatio) とアシグナチオ (assignatio)

　ヨーロッパ指図法を考察するうえで、デレガチオと双璧をなす極めて重要な概念がある。それがアシグナチオである。

　デレガチオがローマ法に淵源を有するのに対し、アシグナチオは12、13世紀ごろに誕生し、15世紀から16世紀にかけて、フランドル地方の都市の商慣習として目覚ましい発展を遂げた概念であるという[23]。なぜ、同じく「指図」と称される取引につき、二つの起源の異なる概念が登場したのか。それは実務上の要請があったからである。デレガチオが更改（免責）の効力をともなうという上述の伝統的な規範は、必然的に旧債務者の債務の免責という結論を導いたため、当時の実務家にとっては不便でしかなかった。

　そのような状況のなか、現金輸送にかかる危険や費用などの事情と相俟って、これを克服するために考え出されたのがアシグナチオである[24)25)]。アシグナチオはそれ自体によってはいかなる債務負担の効果も弁済的効果もなく、少なくとも1582年のアントワープの慣習法[26]には「債務者は支払まで義務を負い続ける……アシグナチオ（bewijsinghe）は支払ではないからである」という表現があったという[27]。

　その後、アシグナチオは、17、18世紀以降ドイツで支配的となり、ドイツ民法典のなかでアンヴァイズングの重要な理論的基礎となった[28]。一方、フランス法では、デレガチオが、指図（délégation）（以下、「デレガシオン」）の理論的基礎となっているのに対し、アシグナチオは、ポチエ（Robert-Joseph Pothier）が割りあてた非常に制限された役割を法典のなか[29]に有するのみであった[30)31)]。両者は、現在のドイツ法では同一のものと考えられているが[32]、アシグナチオ誕生以後、長きに亘って峻別されていた。

　たとえば、17世紀の法学者であるグロチウス（Hugo Grotius）は、オランダ法の紹介のなかで、oversetting（デレガチオ）と aenwiizing（アシグナチオ、現代的綴りでは aanwijzing）を明確に対立させている。すなわち、デレガチオは、ある債務者が、同意した他の債務者と交替し、解放される場合を指し、アシグナチオは、ある債務者が、彼の債務者に自己のために支払うよう要求する場合になされる。したがって、アシグナチオがなされただけではデレガチオは生じな

いというのである[33]。

　この叙述の当否は別に論じられるべきであるが、少なくとも両概念が区別されていたことは明らかである。それゆえ、アシグナチオの誕生からデレガチオとの連続性が認識されるまで、両者は学説上別個のものとして取り扱われることになるのである[34]。

　以下では、現代のドイツ指図理論に直接的なつながりを有する19世紀のドイツ普通法学説を概観する。19世紀は、時代的制約のもとで通用法として解釈されていたローマ法の指図理論が、法解釈学への奉仕から解放され、ローマ法の真の指図理論を究明するローマ法学へと向かう学説上の姿勢が示される時代であるからである。

Notes

11) デレガチオ（delegatio）は名詞、デーレーガーレ（delegare）は動詞の不定法である。前者は多少なりとも厳密にイメージされた法的制度を指しているが、後者も同じ意味で用いられることがあり、両者に明確な違いはないと考えられているため（Ulrich Eisenried, Die bürgerlich-rechtliche Anweisung und ihre Entstehung, Diss. Passau, 2010, S.42)、ここでは「デレガチオ」と一括して表記する。

12) 指図人（Delegant）、被指図人（Delegat）という用語は、ローマ法文中に使用例もあるが、通常は、指図する者（is qui delegat）、指図された者（is qui delegatus est）と表記される。受取人（Delegatar）という用語は、18世紀の終わりごろから用いられている（Wolfgang Endemann, Der Begriff der Delegatio im Klassischen Römischen Recht, Marburg, 1959, S.6 Anm.1)。

13) Günther Loewenfeld, Die Anweisung in Gesetz und Verkehr, Berlin, 1922, S.6.

14) Carolus Bernstein, De Delegationis Natura, Berolini, 1864, p.2.

15) Joachimus Mynsingerus, Jureconsulti clarissimi apotelesma, Sive corpus perfectum scholiorum ad quatuor libros institutionum juris civilis, Basileae, 1563, Scholia in instit. lib. III, Quib. mod. tollitur obl. tit.XXX, p.438.

16) Franciscus Hotomanus, Vetus-renovatus commentarius in Quatuor libros Institutionum juris civils, Lugdunum, ed.5, 1588, In III. lib. inst. com., tit.XVII, Quib. mod. obl. tol., p.386.

17) そのほか、Franciscus Duarenus, ad tit. D. de nov. et deleg.; Barnabas Brissonius, de solutionibus et liberationibus. Lib. II. §.de deleg.; Andreas Fachineus, Controv. Lib. XI. cap.54 も同旨であるという（Bernstein, a. a. O. (Fn.14), p.2)。

18) この規範はイタリアの註釈学派に淵源を有する（Botho von Salpius, Novation und Delegation nach römischem Recht, Berlin, 1864, §2, S.8)。

19) Salpius, a. a. O. (Fn.18), §2, S.6ff., insbesondere S.8.

20) この点、フランス民法典1275条は、指図（délégation）が更改をともなうためには、受取人の明示的な意思表示が必要であると規定している。このような規定が置かれたのはポチエの影響が大きい（Robert-Joseph POTHIER, Œuvres de Pothier, contenant les traités du droit français par M. Dupin, nouv. éd., t.1, Paris, 1827, n°600, p.354)。

この点につき、本書第 2 部第 1 章参照。
21) 債務者を指図する者は支払をなす者である。Cf. Ulp. (29 ed.) D. 16, 1, 8, 3.
22) Salpius, a. a. O. (Fn.18), §18, S.102f.
23) Salpius, a. a. O. (Fn.18), §2, S.11.
24) Eugène GAUDEMET, Étude sur le transport de dettes á titre particulier, Paris, 1898, p.210.
25) 本書第 2 部第 2 章参照。
26) Rechten en Costumen van Antwerpen (1582): Tit.64. Van Betalinghe, bewijsinghe etc. Ziff. 2.
27) Salpius, a. a. O. (Fn.18), §2, S.11f.
bewijsingとは、アシグナチオのオランダ国内における用語法のもっとも古い形である。16 世紀の終わりごろ、overwijsingとともに、その用語法は激しく揺れ動いたが、17 世紀の中ごろには、aenwijsing (Anweisung) という書式が支配的となった。そして、デレガチオを意味する専門用語としては、overstellingあるいはoversettingという用語が新たに誕生したという (ibid.)。
なお、「アシグナチオ」という表現は、指図取引に関する 17 世紀ごろの近代的な表現として、イタリアの商業用語から借用されたものである (id. S.14)。
28) 「アンヴァイズング」はアシグナチオのドイツ語表記である (柴崎暁『手形法理と抽象債務』(新青出版・2002) 197 頁)。
29) フランス民法典 1277 条に規定されている「単なる指示 (simple indication)」のことである。この点については、本書第 2 部第 2 章参照。
30) Horst Hahn, Die Institute der bürgerlichrechtlichen Anweisung der §§ 783ff BGB und der „Delegation" der Art.1275f C.civ. in rechtsvergleichender Darstellung, Diss. München, 1965, S.9 ff.; Eugène GAUDEMET, op. cit. (note 24), p.213.
31) わが国の旧民法には、フランス法を継受した「嘱託」という名の指図規定が設けられていたが、起草者であるボアソナードは、アシグナチオに由来するフランス民法典 1277 条を採り入れなかった (本書第 2 部第 3 章参照)。
32) Otto Wendt, Das allgemeine Anweisungsrecht, Jena, 1895, S.149f.
33) Hugo de Groot, Inleiding tot de Hollandsche Rechts-geleertheid, tweeden druk, 1631, cap.44 e.v., blz.95 e.v.
34) 後述するように、両者の連続性はマイアーフェルトとテール、そして、ザルピウスによって意識せられた。

III 19 世紀中葉までのドイツ普通法学説

1 ケラー (Friedrich Ludwig Keller) の少数説

ケラー (Friedrich Ludwig Keller) は、デレガチオには資金関係上の被指図人の指図人に対する債務関係が必要であると主張する。すなわち、デレガチオは債権者 (creditor) が彼の債務者 (debtor) を紹介し、更改行為を通じて、以後

は受取人が債権者になるべき行為だというのである。このことから、ケラーはデレガチオを債権者の交替による更改であると解していたことがわかる。

通常、指図人も受取人に何らかの義務を負っており、自己の債務者のデレガチオを通して受取人に満足を与えようとする。しかし、それは必然ではない。指図人が義務づけられていない者（受取人）に対して、たとえば贈与するために、指図人の債務者（被指図人）を与えることもできる。それゆえ、ケラーにとって、本章Ⅱ1において確認した法文（D.46, 2, 11, pr.）の定義は、通常の場合には合致するが、必ずしも明確で過不足のないものではない。

彼によれば、デレガチオの真の概念は勅法彙纂4巻10章2法文（260年）によってもたらされる（C.4, 10, 2 (Valer./Gallien. a.260)）。この法文では、妻が夫に、婚資として、妻が第三者に有している債権が与えられる場合を規定しており、先行するデレガチオも争点決定もないにもかかわらず夫が訴権を有することを定めている[35]。ケラーは、本法文からデレガチオが対価関係において既存債務を前提としていないと結論しているようである[36]。

ケラーによれば、対価関係上に既存債務がある通常の場合は、指図人のデレガチオに、被指図人の除約（Expromissio）[37]が結合しており、その効果によって対価関係上の債務を消滅させるという。デレガチオの成立ならびに実行のためには、被指図人は受取人に対し問答契約によって、指図人に対して義務づけられていたものを義務づけられる必要がある。実行されたデレガチオは、法の力によって、被指図人の受取人に対する義務と指図人の免責とを同時に生じさせるという[38]。

2　19世紀中葉までの通説的見解

19世紀中葉までの通説的見解[39]は、デレガチオが生じるためには、被指図人が指図人の債務者であるか、指図人が受取人の債務者であるかのどちらかでなければならないと解している。

たとえば、ティボー（Anton Friedrich Justus Thibaut）は、ローマ法についての基本書のなかで、更改が当事者を変更することによってなされる場合もありうるとして、除約とデレガチオについて説明する。デレガチオは、最初の債務者（指図人）が他者（被指図人）を、他者と債権者の承諾を得て、自己の代わり

に据える場合、あるいは、旧債権者（指図人）が新債権者（受取人）を、債務者の承諾を得て、自己の代わりに据える場合に存在するという。ティボーは、デレガチオが対価関係上の既存債務を必要とすることの例として、先の学説彙纂46巻2章11法文を挙げる。また、資金関係上の既存債務が必要とされる例として、ケラーも言及していた勅法彙纂4巻10章2法文を挙げている[40]。

ホフマン（Emile Hoffmann）によると、デレガチオは、資金関係上または対価関係上の既存債務、あるいはその双方を消滅させるために指図された両当事者（被指図人と受取人）の間でなされる債務負担がその本質であるという[41]。ここでホフマンは、指図人が両当事者に対してなす二重委任（doppelter Auftrag）に言及している。

ホフマンにとって、デレガチオは更改の特殊な場合であるが、受取人が指図人の債権者であるのと同時に、被指図人が指図人の債務者であることが前提とされているわけではない。ホフマンもティボーと同様、被指図人が指図人の債務者であるか、あるいは受取人が指図人の債権者であるかのどちらかでなければならないという。また、被指図人が指図人に、指図人が受取人に、それぞれ贈与をなしたり、既存債務を負っているがその支払のためではなく贈与したりするなどの二重贈与の場合はデレガチオではない。それゆえ、デレガチオは本章Ⅱ1で確認したように、更改と同一の章で論じられるものであるという[42]。

3　マイアーフェルト（Franz Wilhelm Ludwig von Meyerfeld）の見解

これらの諸説とは対照的に、ローマ法文の詳細な検討を通じて、デレガチオが既存債務から完全に独立するという見解を打ち立てたのがマイアーフェルト（Franz Wilhelm Ludwig von Meyerfeld）である[43]。

彼はまず、デレガチオとは二つの委任（mandatum）であると指摘する。すなわち、指図人によって他者（受取人）は、第三者（被指図人）によって何らかの約束をされうると委任される。くわえて、指図人は被指図人に、受取人に対して約束するよう委任するというのである（後述する狭義のデレガチオの説明）[44]。さらに、「委任する（mandare）」という言葉の代わりに、「授権する（iubere）」という言葉も存在する。彼によれば「委任（mandatum）」と「授権（iussus[45]）」との差異は、たんに人間関係の問題であるという[46]。

マイアーフェルトはデレガチオを二種類に分類する。

第一に、被指図人の受取人に対する約束（promissio）を通じてなされるデレガチオが挙げられる。彼はこれを「狭義のデレガチオ」と呼び、「約束および問答契約の委任」によって特徴づけられるという。被指図人が受取人に債務負担するデレガチオである[47]。

第二に、上述の狭義のデレガチオとしての委任とならんで、「与える委任」が挙げられている。これが支払ないしは引渡し（numerare vel tradere）に向けられたデレガチオであり、彼は「広義のデレガチオ」と呼んでいる。広義のデレガチオは、被指図人の受取人に対する約束も問答契約も必要としないため、更改と関係することはありえない[48]。

マイアーフェルトは、この広狭二種ともにデレガチオと呼ばれるという[49]。つぎに、これら二つのデレガチオと既存債務の存否について具体的に見てゆこう。

(1) 狭義のデレガチオ

狭義のデレガチオとは、被指図人の受取人に対する約束を通じてなされるデレガチオである。マイアーフェルトは、ローマ法文を随所に引用しながら、さらにこれをいくつかの類型に細分類している。

① 二つの既存債務関係の代わりに、被指図人と受取人との間に一つの新たな債務関係が生じる場合である。これは最狭義におけるデレガチオである。

② 一つの既存債務関係のみを解消させる場合である。第一に、資金関係において、被指図人が弁済目的（solvendi causa）を果たすとき、対価関係においては、与信目的（credendi causa）または贈与目的（donandi causa）が存在しうる。第二に、対価関係上の既存債務を消滅させるとき[50]、資金関係には与信目的または贈与目的が存在している。

③ 以上は更改が生じる場合であるが、狭義のデレガチオは、原因関係上の既存債務がなくとも存在しうる。一方では、指図人が受取人に与信し、被指図人が指図人に与信又は贈与をする場合であり、他方では、指図人が受取人に贈与し、被指図人が指図人に与信または贈与をなす場合である[51]。

(2) 広義のデレガチオ

広義のデレガチオとは、支払ないしは引渡しのためのデレガチオである。マイアーフェルトは、ローマ法文を随所で引用しつつ[52]、これもいくつかの類型に細分類している。

① 被指図人の受取人に対する支払によって、資金関係および対価関係上の二つの債務関係が消滅する場合である。ここでは学説彙纂46巻3章64法文（パウルス プラティウス註解第14巻）（Paul. (14 ad plaut.) D.46, 3, 64.）[53]などが例示されている。

② 被指図人の受取人に対する支払によって、資金関係および対価関係上の二つの贈与がなされる場合である。

③ さらに、以下のような場合がありうるという。第一に、指図人が受取人に弁済する一方で、被指図人が指図人に贈与や与信する場合、第二に、指図人が受取人に贈与する一方で、被指図人が指図人に弁済や与信する場合、第三に、指図人が受取人に与信する一方で、被指図人が指図人に弁済や与信、贈与する場合である[54]。

4 小 括

以上、19世紀中葉までのドイツ普通法学説について概観してきた。デレガチオが資金関係上および対価関係上の二つの債務関係を前提とするという見解は、この時代にはもはや採られていない。

19世紀のドイツ普通法学説においては、デレガチオは、かならずしも二つの既存債務を必要とするものではないとの理解が一般的である。資金関係における既存債務を必要とする学説もあるが、19世紀中葉までの通説的見解は、資金関係か対価関係のいずれか一方において既存債務を必要とすると主張している。これらの学説はあくまで被指図人の受取人に対する債務負担を前提に、デレガチオを更改の一種と捉えている。

これに対し、デレガチオの現代的理論への起端となったのがマイアーフェルトである。マイアーフェルトの功績はつぎの二点に求められる。すなわち、デレガチオの法的性質を委任と解し、被指図人が受取人に対して債務を負担しないデレガチオの存在を認めたこと、そして、債務負担がある場合でさえ、デレ

ガチオがその原因関係において既存債務をまったく前提としていない場合を見出したことである。マイアーフェルトの著作以降、デレガチオの既存債務からの独立性を唱える学説があらわれ、徐々に通説が変化してゆくことになる。

Notes

35) Nominibus in dotem datis, quamvis nec delegatio praecesserit nec litis contestatio subsecuta sit, utilem tamen marito actionem ad similitudinem eius qui nomen emerit dari oportere saepe rescriptum est.
36) Friedrich Ludwig Keller, Pandekten, Leipzig, 1861, §279, S.540.
37) 除約とは、債務者の交替による更改のうち、旧債務者の同意がない場合である。
38) Keller, a. a. O. (Fn.36), §279, S.541.
39) ここに挙げているもののほか、Christian Friedrich Mühlenbruch, Lehrbuch des Pandekten-Rechts, T.2, Halle, 1838, §476ff., S.505ff. u.a.
40) Anton Friedrich Justus Thibaut, System des Pandecten-Rechts, Bd.1, 9. Aufl., Jena, 1846, §526, S.436.
41) Emil Hoffmann, Beiträge zur Lehre von der Delegation, Sells Jahrbücher für historische und dogmatische Bearbeitung des römischen Rechts, Bd.3, Braunschweig, 1844, S.396.
42) Hoffmann, a. a. O. (Fn.41), S.398f.
43) Franz Wilhelm Ludwig von Meyerfeld, Die Lehre von den Schenkungen nach römischem Recht, Bd.1, Marburg, 1835, §15f., S.241ff.
44) Meyerfeld, a. a. O. (Fn.43), §15, S.241.
45) 一般的には、iussumという語が好まれるようである。iussusという語は、奪格（iussu）としての利用はあっても、主格（iussus）としての利用は非常に稀であるからである。主格としてはつねにiussumが用いられる（cf. Paul GIDE, Études sur la novation et le transport des créances en droit romain, Paris, 1879, p.388）。
「授権（iussum）」については、次章も参照。
46) Meyerfeld, a. a. O. (Fn.43), §15, S.243. Cf. Ulp. (29 ad ed.) D.15, 4, 1, 3.
47) Meyerfeld, a. a. O. (Fn.43), §15, S.242, 244.
48) Meyerfeld, a. a. O. (Fn.43), §15, S.242, 246.
49) Meyerfeld, a. a. O. (Fn.43), §15, S.242.
マイアーフェルトは、ここでクヤキウス（Jacobus Cujacius）の著述を引用しており（Jacobus Cujacius, paratitl. in tit. Cod. de novat. et deleg.）、かかる言説がクヤキウスの影響によるものであることが見て取れる。
50) Meyerfeld, a. a. O. (Fn.43), §15, S.244.
51) Meyerfeld, a. a. O. (Fn.43), §15, S.244f.
52) ただし、典拠として挙げられている法文のなかには、狭義のデレガチオと広義のデレガチオとが峻別されていないものもあると指摘されている（Eisenried, a. a. O. (Fn.11), S.28f.）。
53) Cum iussu meo id, quod mihi debes, solvis creditori meo, et tu a me et ego a creditore meo liberor.
「私の命令に従い、あなたが私に対して負担している物を、私の債権者に支払ったならば、あなたは私から、私は私の債権者から解放される。」訳は、遠藤歩「学説彙纂第46巻第3章の邦訳」都法45巻1号（2004）525頁。

54) Meyerfeld, a. a. O. (Fn.43), §15, S.246f.

IV 19世紀中葉以降のドイツ普通法学説

1 ウンターホルツナー (Karl August Dominikus Unterholzner)

　ウンターホルツナー (Karl August Dominikus Unterholzner) は、デレガチオが原因関係に存する債務なく生じうることを明らかにした[55]。彼によれば、通常、デレガチオは新債権者に対して債務者の交替として生じるが、デレガチオは、ある者がなんらかの債権をはじめて取得するときにもまた生じうるのであって、債務者の交替が必須なのではない。つまり、受取人が指図人に対して債権を有していなくてもよいというのである。

　彼はその根拠づけとして、学説彙纂42巻1章41法文序項（パウルス質疑録第14巻）を挙げている[56]。彼はこの法文から、デレガチオが資金関係においても対価関係においても既存債務を前提としていないことを導き出しているようである。まず、本法文の第一文は、資金関係上、指図人 (ego) が被指図人 (tu) に被指図人の贈与目的達成のために指図することを明示している。つぎに、法文の第二文は、デレガチオによって対価関係上、債務者ではない者にも指図されうることを明らかにしている[57]。ここでウンターホルツナーが念頭においているのは、被指図人が受取人に義務づけられるデレガチオであるように見受けられる。

2 テール (Heinrich Thöl)

　テールは (Heinrich Thöl)、デレガチオによって、ある者（指図人）が他者（被指図人）に、第三者あるいはその代わりの者（受取人）に対して約束をなすよう委任 (Auftrag) し、多くの場合、指図人が受取人にこの約束を引き受けるよう委任するという。そして、既存の債務関係はデレガチオの要素ではなく、デレガチオによって新債務者が旧債務者と交替する、あるいは新債権者が旧債権者

と交替する関係であると考えるのは不適切であるという[58]。テールは、デレガチオが生じる場合を以下のように分類する。

① 指図人が受取人の債務者であり、デレガチオによって新債務者が旧債務者と交替する場合である。これがデレガチオの主要形式であるという。一例として、本章Ⅱ1で確認した、学説彙纂46巻2章11法文が挙げられている。

② 指図人が被指図人の債権者であり、デレガチオによって新債権者と交替する場合である。学説彙纂46巻2章17法文（ウルピアヌス告示註解第8巻）[59]などが示されている。

③ 指図人が受取人の債務者であり、かつ被指図人の債権者であり、新債務者が旧債務者と交替し、かつ、新債権者が旧債権者と交替する場合である。学説彙纂21巻2章68法文1項（パピニアヌス解答録第11巻）[60]などが例示されている。

④ さらに、つぎのような場合にもデレガチオが生じる。第一に、指図人が受取人の債務者ではなく、たとえば、受取人に贈与しようとするとき、婚資を与えようとするとき、貸借を与えようとするとき、あるいは受取人を指図人の手足として自己の目的に用いるとき、第二に、指図人が被指図人の債権者ではなく、たとえば、受贈者であるとき、貸借の借主であるとき、第三に、指図人が受取人の債務者でもなければ被指図人の債権者でもなく、たとえば、被指図人は指図人に、指図人は受取人に贈与しようとするときである。テールはその証拠として、ウンターホルツナーが挙げていた学説彙纂42巻1章41法文序項をはじめ、さまざまな法文を引用している[61)62)]。

このように、テールは原因関係上の既存債務からデレガチオを独立させているが、その一方で以下のように述べている。デレガチオは、指図人と被指図人との間の約束をするための委任、指図人と受取人との間の約束を受けさせる委任、被指図人と受取人との間の約束という関係三者の同意によって形成されるというのである[63]。このことから、テールは、被指図人が受取人に債務負担する場合のみをデレガチオだと考えているようである。

3　ファンゲロウ（Karl Adolf von Vangerow）

ファンゲロウ（Karl Adolf von Vangerow）もまた、デレガチオが二つの原因関

係上いかなる債務も前提としていないという見解を支持している。彼によると、真なる意味のデレガチオとは、ある者が他者に、第三者に対して給付をなす委任（Auftrag）を与えるデレガチオであるという。デレガチオに関係する三当事者は、委任者（指図人）、給付をなす者（被指図人）、給付を受ける者（受取人）である。委任される給付には二つの種類があり、被指図人が受取人に対して、与えること、支払うことを委任された場合は支払指図（Zahlungsanweisung）が、義務づけられること、約束することを委任された場合は信用指図（Kreditanweisung）が存する[64]。

支払指図の場合は、被指図人の指図人に対する債務、または指図人の受取人に対する債務を消滅させる場合でも更改が生じることはない。新債務が発生しないからである。また、被指図人と受取人との間にいかなる法律関係も創設されないだけでなく、指図人と被指図人、または指図人と受取人の個別の法律関係はデレガチオにいかなる影響も与えないという。

信用指図の場合も、被指図人と指図人との間の、そして指図人と受取人との間の債務関係が存在する場合に、デレガチオを通じて両債務を消滅させることがありうるが、二つの債務関係はデレガチオにとって不可欠ではない。ファンゲロウは、テールと同様の法文を挙げつつ、被指図人が指図人へ贈与または与信をなすために指図されうるし、指図人が受取人の債務者である必要はなく、与信や贈与をなしうる場合について言及している[65]。

4　ヴィントシャイト（Bernhard Windscheid）

ヴィントシャイト（Bernhard Windscheid）も、これらの見解と同様に、デレガチオ[66]が原因関係上いかなる債務関係も必要としていないことを明らかにしている。

彼によると、デレガチオの目的は既存債務の消滅が一般的であるが、その他にも、たとえば、贈与、婚資の持参など、他の目的であってもよい。その場合には、被指図人が指図人の債務者であるかどうかは問題とはならない。ヴィントシャイトはその証拠として、すでに触れた、学説彙纂46巻2章11法文序項（ウルピアヌス告示註解第27巻）や学説彙纂42巻1章41法文序項（パウルス質疑録第14巻）などを挙げている[67]。

また、ヴィントシャイトは、現在アンヴァイズングと呼んでいるものは、ローマにおいては授権（iussus）およびデレガチオと呼ばれていたという[68]。そして、とりわけ、現今のアンヴァイズングのような間接的な財産給付の場合も、その用途としてきわめて頻繁に用いられるのは、学説彙纂46巻3章56法文（パウルス 告示註解第62巻）[69]にあるような債務の消滅の場合であるが、その他の用途、たとえば、贈与、婚資の持参、貸付などの用途でおこなうことも可能であるという[70]。

5　ザルピウス（Botho von Salpius）の影響

　上掲の学説の共通項は、ローマ法文におけるデレガチオの使用例から、デレガチオに原因関係上の既存債務を必要としない場合があることを明らかにしている点である。ただし、ウンターホルツナーとテールは、被指図人が受取人に債務を負担する場合のみを念頭においているのに対し、ファンゲロウとヴィントシャイトはかかる債務が生じない場合をも認めている。ファンゲロウとヴィントシャイトがかかる見解に至ったのは、先駆的意義を有するマイアーフェルトのほか、ザルピウス（Botho von Salpius）の影響が大きい[71]。以下では、必要な範囲で、ザルピウスの所説を概観してみよう[72]。

　ザルピウスは、1864年に刊行された論文[73]のなかで、ローマ法のデレガチオを更改から完全に切り離した。さらに彼はデレガチオを、中世以降発展してきた概念であるアシグナチオも包含する独立の法的範疇であると定義する。すなわち、デレガチオと更改とは、ローマにおいて二つの相互に独立した法的範疇である。そして、広義のデレガチオは、給付がアシグナチオ（iussus）にもとづいて任意の性質を生ぜしめるすべての場合を包摂する。さらに、狭義のデレガチオは、信用指図（Creditanweisung）、すなわち、権利の創設を給付の本旨とする特殊な場合であるというのである[74]。

　ザルピウスによると、デレガチオはいくつかの種類に分類される。たとえば、Delegare alicui aliquid は、ある者に何らかのものを譲渡することを意味し、日常用語でもあったという。Delegare aliquem は、給付するようある者を指図することを意味し、こちらは専門用語である[75]。後者のデレガチオについては、さらに以下のように述べられている。

上述のとおり、Delegare aliquem は、給付するよう第三者に対してある者を指図することを意味する。その給付の目的は当事者の任意であるが、主要な適用場面としてはつぎの二つに区別される。すなわち、デレガチオ（Anweisung）が、与えること（dare）を目的としているか、約束すること（promittere）を目的としているか、である。

前者の主要な場面は、金銭の支払であり、後者は、通常問答契約を通じてなされる義務の引受である。支払指図（Zahlungsanweisung）に関してデレガチオという言葉が用いられるのは前者の主要事例であるとし、学説彙纂46巻3章96法文序項（パピアヌス解答録第11巻）[76]などの法文を挙げる[77]。このようにザルピウスは、アシグナチオが近代法の発明ではなく、ローマ法にその淵源を有することを証明している。

また、ザルピウスは、学説彙纂46巻2章11法文序項について（本章Ⅱ1参照）、前半部分（vice sua alium reum dare creditori）は、指図人が受取人の債務者であり、受取人に被指図人という新たな債務者を与える場合を説明していると解する。他方で、本法文の終わりの部分（vel cui iusserit）から、ウルピアヌスは、指図人が受取人にデレガチオを用いて贈与、与信、または彼に婚資の持参をしようとする場合も念頭においているという。vel cui iusserit の主語は、彼によれば、指図人であるというのである。

それゆえ、彼によれば、終わりの部分は「または、指図人が授権した（債権者ではない）者に約束される（vel cui (non creditori) delegans iusserit promitti）」と解されなければならない。本法文は、対価関係において、デレガチオが債務の消滅だけでなく、贈与や与信などの目的でも利用しうることを明示しているという[78]。このように、彼はできるだけ広範囲を射程におさめるデレガチオの定義を本法文のなかに見出そうとしている。

6 小 括

ここでは、19世紀中葉以降のドイツ普通法学説を概観してきた。

アシグナチオをデレガチオの下位分類とするザルピウスの見解は、種々の学説による批判を受けた後に承認され[79]、ドイツ民法典に採り入れられた。それゆえ、ドイツ民法典はデレガチオとアシグナチオとを法典のなかに包括的に

継受し、また、指図人が受取人の債務者であることも、被指図人が指図人の債務者であることも必要としていない[80]。その立場はドイツ民法典草案にもあらわれている。

　たとえば、ドイツ民法典第一草案605条[81]には、「ある者が他者に、彼が第三者に他者に対して給付をなすよう要請する証書（Urkunde）を交付した場合（アンヴァイズング）、その他者（受取人（Anweisungsempfänger））は、自己の名で第三者（被指図人（Angewiesener））から当該給付を取り立てるよう授権され（ermächtigen）、被指図人は、要請者（指図人（Anweisender））の計算で受取人に当該給付をなすよう授権される。指図人の側からの被指図人へのさらなる通知は必要としない」と規定されている。ここでは被指図人が受取人に給付をなすことのみを規定しており、関係当事者の既存の債務関係にはなんら言及されていない。

　同様に、ドイツ民法典第二草案619条[82]には、以下のように規定されている。すなわち、「ある者が、彼が他者に金銭または一定量の代替物または有価証券を第三者に給付することを指図する証書を第三者に交付した場合、彼は自己の名で被指図人のもとで給付を取り立てるよう授権され、被指図人は指図人の計算で受取人に給付するよう授権される」。ここでも、アンヴァイズングは被指図人が受取人に何らかの給付をなすものであり、具体的な債務関係に関係づけることなく規定されている。

　第一草案理由書（Motive）によると、アンヴァイズングの目的はさまざまであり、指図人が受取人に対して義務づけられており、アンヴァイズングを通じてその履行が仲介される場合や、アンヴァイズングとそれによる支払を通じて、受取人の指図人に対する義務が基礎づけられる場合、たとえば、アンヴァイズングを通じて受取人に信用取引が開始される場合などがありうる。そのうえ、アンヴァイズングは受取人に対する贈与目的で、または受取人がアンヴァイズングにもとづいて指図人のために取り立てをすることもできる。

　被指図人が以前から指図人と債務関係にあったか否かもまた、些末なことである。アンヴァイズングは指図人の被指図人に対する債権を取り立てるためになしうるし（債務にもとづく指図（Anweisung auf Schuld））、被指図人が指図人の債務者でなくてもなすことができる（信用にもとづく指図（Anweisung auf Kredit））。さらに、アンヴァイズングはその原因となった各々の法律関係（資金関係および

対価関係）から独立しているという ⁸³⁾。

Notes

55) ウンターホルツナーはデレガチオの意味で Ueberweisung という語を用いている。
56) Paul. (14 quaest.) D.42, 1, 41, pr. Nesennius apollinaris: si te donaturum mihi delegavero creditori meo, an in solidum conveniendus sis? et si in solidum conveniendus, an diversum putes, si non creditori meo, sed ei, cui donare volebam, te delegavero? et quid de eo, qui pro muliere, cui donare volebat, marito eius dotem promiserit? respondit: nulla creditor exceptione summoveretur, licet is, qui ei delegatus est, poterit uti adversus eum, cuius nomine promisit: cui similis est maritus, maxime si constante matrimonio petat. et sicut heres donatoris in solidum condemnatur et ipse fideiussor, quem in donando adhibuit, ita et ei, cui non donavit, in solidum condemnatur.
「ネセンニウス・アポリナリス：私に贈与しようとする君を私の債権者に私が指図したときには、君は全額に対して訴えられるべきか？ 全額に対して訴えられるときにも、私の債権者にではなく、却ってこの者に私が贈与することを望んだ者に私が君を指図したときには、君は異なると思うか？ この女に贈与することを望んだ婦人のためにその夫に婚資を確約した者についてはどうか？ その者に指図された者は、この者の名義で確約した者に向かって（抗弁を）使用することができるとはいえ、債権者は如何なる抗弁によっても撃退されない。殊に婚姻の存立中に請求するときには、夫はこの者に類似していると同人は解答した。贈与者の相続人が全額に対して有責判決され、贈与することに於いて責を負う。保証人自身もそうであるように、このようにこの者にその者が贈与しなかった者にも全額に対して有責判決される。」訳は、江南義之『『学説彙纂』の日本語への翻訳⑵』（信山社・1992）303 頁。
57) Karl August Dominikus Unterholzner, Quellenmäßige Zusammenstellung der Lehre des römischen Rechts von den Schuldverhältnissen mit Berücksichtigung der heutigen Anwendung, Bd.1, Leipzig, 1840, Rn.291, S.630.
58) Heinrich Thöl, Das Handelsrecht, Bd.1, 3 vermehrte Aufl., Göttingen, 1854, § 128, S.478.
59) Ulp. (8 ad ed.) D.46, 2, 17. Delegare scriptura vel nutu, ubi fari non potest, debitorem suum quis potest.
「話すことができない場合には、或者は自己の負債者を書面或は合図で指図することができる。」訳は、江南・前掲注 56) 643 頁。
60) Pap. (11 resp.) D.21, 2, 68, 1. Creditor, qui pro pecunia nomen debitoris per delegationem sequi maluit, evictis pignoribus quae prior creditor accepit nullam actionem cum eo qui liberatus est habebit.
「金銭の代りに債務者の債権を指図によつて得ることを選んだ債権者は、第一の債権者が受領した質物が追奪せられるときには、その債務を免除せられた者に對してはなんらの訴權も有しないであろう。」訳は、京都大学西洋法史研究会「ユ帝學説彙纂第二一巻邦譯（六）」論叢 65 巻 3 号（1959）4 頁。
61) たとえば、Ulp. (48 ad Sab.) D.23, 3, 36; Iul. (60 dig.) D.39, 5, 2, 2.
62) Thöl, a. a. O. (Fn.58), § 128, S.479f.
63) Thöl, a. a. O. (Fn.58), § 129, S.480.
64) Karl Adolf von Vangerow, Lehrbuch der Pandekten, Bd.3, 7 vermehrte und verbesserte Aufl., Marburg und Leipzig, 1869, § 619, S.375.

65) Vangerow, a. a. O. (Fn.64), §619, S.376f.
66) ヴィントシャイトは、デレガチオの意味で Überweisung という語を用いている。
67) Bernhard Windscheid, Lehrbuch des Pandektenrechts, Bd.2, 7 durchgesehene und vermehrte Aufl., Frankfurt, 1891, §353, S.313.
68) Windscheid, a. a. O. (Fn.67), §412, S.493.
69) Paul. (62 ad ed.) D.46, 3, 56. Qui mandat solvi, ipse videtur solvere.
「支払いを命じた者は、自己が支払ったとみなされる。」訳は、遠藤・前掲注53) 523頁。
70) Windscheid, a. a. O. (Fn.67), §412, S.495.
71) Vangerow, a. a. O. (Fn.64), §619, S.375; Windscheid, a. a. O. (Fn.67), §353, S.313.
72) ザルピウスの理論がヨーロッパの現代的指図理論に多大なる影響を及ぼしていることは疑うべくもない。彼の理論的背景として、いわゆるパンデクテン法学の影響を受けていたことが一般的に推察されるが（Eisenried, a. a. O. (Fn.11), S.321)、その位置づけないし関係づけについてはなお研究の余地がある。
73) Botho von Salpius, Novation und Delegation nach römischem Recht, Berlin, 1864.
74) Salpius, a. a. O. (Fn.18), §4, S.25.
75) Salpius, a. a. O. (Fn.18), §6, S.32f.
76) Pap. (11 resp.) D.46, 3, 96, pr. Pupilli debitor tutore delegante pecuniam creditori tutoris solvit: liberatio contigit, si non malo consilio cum tutore habito hoc factum esse probetur. sed et interdicto fraudatorio tutoris creditor pupillo tenetur, si eum consilium fraudis participasse constabit.
「未成熟子の債務者が後見人の指図に基づき、金銭を後見人の債権者に支払ったならば、解放が生じる。但し、それが後見人の悪意に基づいてなされた場合はこの限りではない。他方、後見人の債権者は、彼が後見人の悪意に加担した旨の証明がなされた場合は、［未成熟子に対して］悪意の特示命令に基づき責を負わされる。」訳は、遠藤・前掲注53) 541頁。
77) Salpius, a. a. O. (Fn.18), §7, S.39.
78) Salpius, a. a. O. (Fn.18), §8, S.47.
79) Z.B. H. Witte, Zur Lehre von der Stipulation, Novation, Delegation und Succession in obligatorischen Rechtsverhältnissen, Kritische Vierteljahrsschrift für Gesetzgebung und Rechtswissenschaft, Bd.8, 1866, S.321ff.; Karl Salkowski, Zur Lehre von der Novation nach Römischem Recht, Leipzig, 1866, S.109ff.; Vangerow, a. a. O. (Fn.64), §619, S.375f.; Windscheid, a. a. O. (Fn.67), §353, S.313.
80) 事実、現在のアンヴァイズングに関する条文は、関係当事者のいかなる債務関係も前提としていない（前掲注5)・7) 参照）。
81) E. I §605. Wenn Jemand einem Anderen eine Urkunde behändigt, in welcher er einen Dritten auffordert, an den Anderen eine Leistung zu bewirken (Anweisung), so ist der Andere (Anweisungsempfänger) ermächtigt, die Leistung bei dem Dritten (Angewiesener) in eigenem Namen zu erheben, und der Angewiesene ermächtigt, die Leistung an den Anweisungsempfänger für Rechnung des Auffordernden (Anweisender) zu bewirken, ohne dass es einer weiteren Benachrichtigung des Angewiesenen von Seiten des Anweisenden bedarf.
82) E. II §619. Hat Jemand eine Urkunde, in welcher er einen Anderen anweist, Geld oder eine bestimmte Menge vertretbarer Sachen oder Werthpapiere an einen Dritten zu leisten, dem Dritten ausgehändigt, so ist dieser ermächtigt, die Leistung bei dem Angewiesenen im eigenen Namen zu erheben; der Angewiesene ist ermächtigt, für Rechnung des Anweisenden an den Anweisungsempfänger zu leisten.
83) Benno Mugdan, Die gesamten Materialien zum bürgerlichen Gesetzbuchs für das deutsche Reich, Bd.2, 1899, §605, S.311.

V 現在のドイツ法におけるデレガチオの理解

1 本章のまとめ

学説彙纂46巻2章が「更改および指図について」という章題を掲げ、かつ11法文序項が定義規定のごとく更改の生じる場合を規定していたことから、近世初頭の学説は、デレガチオに資金関係および対価関係上の既存債務を必要としていた。

その効果は二重更改であるといわれるが、それは効果だけを同列に扱うものであり、更改意思は必要とされていなかった。つまり、被指図人が受取人に対して義務づけられるやいなや、自動的に二つの既存債務が消滅するというのである。この時期にローマ法上の支払指図に相当するアシグナチオが案出されたが、更改の桎梏を受けていたデレガチオとの連続性が意識されることはなかった。

19世紀のいわゆるドイツ普通法学説では、資金関係か対価関係かのいずれかに既存債務を必要とする見解が初期の通説であった。これに対し、マイアーフェルトは、被指図人の受取人に対する義務負担の有無を基準としてデレガチオを広狭二種に分類し、どちらにも既存債務を前提としない事例が存在することを法文から証明した。

これ以後、徐々に通説に変化が見られ、ザルピウス以降、デレガチオは完全に原因関係上の既存債務から独立しており、アシグナチオと連続性を有すると解する見解が通説となった。現在のドイツ民法典においても、アンヴァイズングは原因関係上の既存の法律関係を必要としていない。

そこで以下では、現在のドイツ法が、ローマ法上のデレガチオを一般的にどのように整理・理解しているのかを概観してみよう[84]。

2 「デレガチオ」という用語の多義性

デレガチオの債務法上の意義を確認するため、上掲の諸学説の多くが研究の端緒としているのが、たびたび抄出している学説彙纂46巻2章11法文序項

（ウルピアヌス 告示註解第27巻）である（本章 II 1 参照）。ここでは、デレガチオは指図人の被指図人に対する行為とそれにもとづく被指図人の受取人に対する約束を含んでいる。しかし、デレガチオは他の箇所で異なる意味として用いられることもある。たとえば、学説彙纂46巻2章17法文（ウルピアヌス 告示註解第8巻）[85]では、デレガチオは単に指図人の受取人に対する行為のみを指し示しているが、学説彙纂46巻2章11法文1項（ウルピアヌス 告示註解第27巻）[86]では、被指図人と受取人との関係でデレガチオを用いている。

このように、法文は、デレガチオのさまざまな利用に関する確かな証拠にはなりえないため、個々の箇所のインテルポラチオによって、そのときどきの法学者がどのような法律関係を前提とし、デレガチオを適用していたのかを考慮しなければならない[87]。

3 支払指図（delegatio solvendi）と義務設定指図（delegatio obligandi）

ローマ法研究の結果、現在のドイツ法において、デレガチオは支払指図（delegatio solvendi）と義務設定指図（delegatio obligandi vel delegatio promittendi）とに分けられると考えられている。支払指図とは、指図人が被指図人に、指図人の計算において第三者（受取人）に給付するよう指示をする指図であり、義務設定指図とは、指図人が被指図人に、第三者（受取人）に対して義務を負うよう指示をする指図である[88]。

まずは、支払指図（delegatio solvendi）から見てみよう。

支払指図は、現在ではZahlungsanweisungと呼ばれており、指図人が被指図人に対して、受取人に給付をなすための授権（Ermächtigung）を与えることによって生ずる。支払指図は給付の簡略化の機能を有する。すなわち、被指図人の受取人に対する給付をもたらす支払指図の目的は、被指図人の指図人に対する給付、および指図人の受取人に対する給付という迂遠な給付を回避することにあるのである[89]。

この支払指図の存在および機能は、とりわけ弁済や免責に関する学説彙纂46巻3章において見られる。たとえば、上でも触れている、学説彙纂46巻3章64法文（パウルス プラティウス註解第14巻）[90]、学説彙纂46巻3章96法文序項（パピニアヌス 解答録第11巻）[91]などの法文が挙げられる。

なお、引き渡すこと（tradere）を目的とするアンヴァイズングがなされるような場合に（学説彙纂 18 巻 1 章 15 法文 2 項（パウルス サビヌス註解第 5 巻）[92]）、これをさらなる類型と見ることは不要である。この場合は、支払指図とその法的構造および効果において異ならないため、支払指図と同様に論じることができるという[93]。

本章で見てきたように、19 世紀の初めごろ、この支払指図（delegatio solvendi）というデレガチオの類型は、学説上ほとんど認識されていなかった。そして、忘れ去られた支払指図の代わりに、給付関係の簡略化のための法制度として考え出されたのが、現在のアンヴァイズングの礎石となったアシグナチオである。

アシグナチオは、当初はローマ法上の委任（mandatum）の適用事例と解されており、給付の簡略化という、ローマ法上の支払指図と同様の機能を担っていた。しかし、このアシグナチオの経済的根本思想は、ローマ法に起因するものであるとはみなされておらず、近代的な法概念であるとみなされていた[94]。

たとえば、1861 年に刊行されたケラーの著作のアンヴァイズングに関する説明を見ると、アンヴァイズングという法制度は、ローマ法ではなく近代の法的活動によって発展してきたものであると述べられており[95]、それ以前にも、1839 年のヴァイスケ（Julius Weiske）の法律用語辞典のなかで、同様のことがすでにギュンター（Carl Friedrich Günther）によって述べられている[96]。

このようなアシグナチオの捉え方を一変させたのが、1864 年に刊行された上述のザルピウスの著作である。彼はデレガチオをアシグナチオをも包含する独自の法制度であると定義づけた[97]。ザルピウスによれば、普通法上のアシグナチオ、アンヴァイズングは、近代法の発明によるものではなく、ローマ法にその淵源を有するものであるというのである。

ザルピウスのかかる主張は後代の学説においても一般的に承認されており[98]、デレガチオのなかに支払指図という概念分類がなされ、アシグナチオはこの支払指図に含まれることが明らかにされた。それゆえ、現在のアンヴァイズングは、ローマ法上のデレガチオの系譜に連なるものであるとの理解が支配的である[99]（この支払指図・アシグナチオの法的性質については次章参照）。

つぎに、義務設定指図（delegatio obligandi vel delegatio promittendi）について見てみよう。

義務設定指図は、現在では Verpflichtungsanweisung と呼ばれており、指図人が、受取人に対して義務を負担するために被指図人を授権することによって特徴づけられる。支払指図との差異は、被指図人が第一に給付をなすのではなく、単に義務づけられることに存在する。

　かつてデレガチオは、まさに学説彙纂46巻2章11法文序項でその適用場面が示されているように、被指図人が受取人に約束する義務設定指図のみであると考えられていた（ザルピウスのいう信用指図とは義務設定指図のことである）[100]。フランス法では現在でもこのような考え方が一般的であるように見受けられる。それゆえ、フランス法におけるデレガシオンは義務設定指図と密接なかかわりがある（本書第2部第1章参照）。

　その利用形態として、義務設定指図は、第一に、債権者の交替、または債務者の交替をもたらすために利用され、第二に、債権者の交替ないしは債務者の交替と結合されることなく、単に指図人の受取人に対する給付ないしは被指図人の指図人に対する給付のみをもたらせるために利用されうる。後者の場合、義務設定指図は、支払指図と同様、給付関係の簡略化のための法制度としてのみ用いられることになる[101]。

　これらのうち義務設定指図は、債権者または債務者の交替が生じる場合が主要事例であるという。債権者の交替については、法鎖によって、人から人への債権の譲渡はローマ法において認められていなかった。同様に、ある者から他者への債務の単純な移転も、ローマ法においては知られていなかった[102]。

　債権や債務の譲渡によらずに債権者または債務者の交替を達成する手段として用いられてきたのが、義務設定指図である。それゆえ、この点につき、義務設定指図はさらに二種類に細分類される。債権者の交替をもたらす義務設定指図が、いわゆる「能動指図（Aktivdelegation）」と呼ばれており、債務者の交替をもたらす義務設定指図が、いわゆる「受動指図（Passivdelegation）」と呼ばれている[103]。

4　能動指図（Aktivdelegation）と受動指図（Passivdelegation）

　義務設定指図が当事者の交替を生じる場合、能動指図（Aktivdelegation; delegation nominis）と受動指図（Passivdelegation; delegation debiti）とに細分類さ

れる。もちろん、これはあくまで当事者の交替を生じる場合についての分類であり、当事者が交替しない義務設定指図も存在していたことは前述したとおりである。

　義務設定指図によって債権者の交替を生じる場合が能動指図、債務者の交替を生じる場合が受動指図と呼ばれる。すなわち、資金関係上の既存債権を前提とするデレガチオの場合、指図人から受取人への債権の譲渡がなされる[104]。これが能動指図である[105]。反対に、対価関係上の既存債権を前提とするデレガチオの場合、被指図人は指図人の債務を引き受ける。この債務引受（Schuldübernahme）が、受動指図と呼ばれている[106]。どちらの場合も、その都度の債権債務が更改される[107]。また、資金関係と対価関係の双方の原因関係上の既存債権が更改の前提とされている場合は、能動指図かつ受動指図が生じうる。

　債権者が交替する能動指図の場合には、債権を失うことになる旧債権者の同意は必須である。これに対して、債務者が交替する受動指図は、旧債権者の意思とは無関係になされることがある。それゆえ、新債務者は旧債務者の同意なく更改をなしうる[108]。

　能動指図は、たとえばガーイウス法学提要第2巻38節[109]などに法文上の例を見出すことができる。受動指図の法文上の例としては、すでに取り上げた学説彙纂46巻2章11法文序項（本章Ⅱ1参照）や、ガーイウス法学提要第3巻130節[110]などが挙げられる。

　能動指図に関するガーイウス法学提要第2巻38節において、デレガチオは明確に更改（novatio）と結び付けられて用いられている[111]。このように、義務設定指図が当事者の交替をもたらす場合、更改との関係が問題となる。

　この点、義務設定指図は、資金関係または対価関係、あるいはその双方の原因関係上の債務の消滅が意図されている場合には、つねに更改とオーバーラップするといわれている。この更改の効力は、被指図人と受取人との間の指図問答契約（Delegationsstipulation）締結の際に、明示または黙示的に、既存の債務関係を引き合いに出したかどうかとは無関係に効力を生ずるという[112]。

　学説彙纂46巻2章は「更改および指図について（De novationibus et delegationibus）」という章題を掲げており、デレガチオが更改と結合するかのごとく規定されているが、これは義務設定指図の主要事例、すなわち能動指図

および受動指図について述べられていたにすぎない。

このほかにもデレガチオには、そもそも被指図人の受取人に対する新債務の発生を目的としない支払指図があり、また、義務設定指図にも更改を生じない場合がありうるのである。

しかし、19世紀中葉ごろに至るまで、デレガチオとは、義務設定指図、なかでも更改を生じる能動指図および受動指図のみが認識されており、デレガチオには、更改およびその前提となる既存の債務関係の存在が必要であると解されていたことは、本章で確認してきたとおりである。

ただし、現在のドイツ指図法の確立に非常な貢献を果たしたザルピウスは、能動指図の捉え方に対して異を唱えている。最後にザルピウスの主張を確認しておこう[113]。

ザルピウスによると、能動指図（delegatio actionis vel delegatio nominis）は決して本来のデレガチオと捉えられるべきではなく、譲渡（Cession）と捉えられるべきであるという。すなわち、16、17世紀の文献においては、能動指図と譲渡との差異はよく知られていたが、新時代に移行した後はその区別は意味を失った。

ローマ法上は、周知のとおり、単純な債権譲渡は不可能であり、「訴訟代理人（cognitor）」または「自己のための代理人（procurator in rem suam）」を任命して、訴訟代理を通して債権を他者のもとへ移転していた。ここにおいて、完全な移転の効力は争点決定（Litiscontestation）とともに生じる。時代は移り、債権を譲渡するためには、譲渡を目的とした（準）物権行為のみで十分であり、この譲渡行為の締結時に、譲受人は準訴権（actio utilis）を獲得することになる。

能動指図、訴権の指図 delegare actionem という用語は、旧法の状態に依存している。それゆえ delegare actionem は、まさに mandare, praestare, exhibere actionem ほどの意味であり、それゆえ「自己のための代理人（procurator in rem suam）」の任命を通じた訴権の譲渡を意味しているというのである。

しかしながら、義務設定指図から能動指図を除外するこのザルピウスの考え方は、純粋な概念法学に由来しており、法文とも一致しえないとして、後の学説において批判されており、支持されていないようである。

5 　学説彙纂 46 巻 2 章 11 法文序項の解釈

　11 法文序項は、デレガチオによる債務者の交替事例を紹介している。すなわち、他の債務者（alius reus）が指図人の地位に立ち入っている。このような文脈で用いられる reus は、詳しい補足がない場合、たいていは「債務者」と解される。

　本法文から、間接的に指図人が受取人の reus（つまり債務者）であることが分かる。そして、被指図人が alius reus であるとき、彼が指図人の債務者である必要はない。彼は単に指図人の地位に立ち入るだけである。それゆえ、指図人と被指図人の法律関係については、法文からはなんら推論できない[114]。対価関係上の既存債権はおそらく更改され、被指図人は指図人の債務を引き受ける。これは受動指図である。

　ここから、学説彙纂 46 巻 2 章 11 法文序項は、少なくとも受動指図を説明しているようである。では、最後の部分（vel cui iusserit）は何を意味しているのか。

　多数説は、債権者（creditor）が iusserit の主語であるという見解を支持している。つまり、「新たな債務者を、債権者（受取人）または債権者が債務者を与えたいと思った者に与える」と読むのである。これがもっとも自然な解釈であると考えられており、前述した主語を指図人と解するザルピウスの見解は、無理に包括的定義を与えようとしたもので誤りである[115]。第三者と債権者との原因関係は問題とはならず、場合によっては二つの受動指図が存在しうる[116]。

　それゆえ、現在ほぼ異論のない学説によれば、本法文はデレガチオの定義規定ではないと解されている。ザルピウスは法文に大幅な補足を施し、広範囲な指図事例を採りこもうとしているが、支払指図は本法文から読み取ることができない。

　たしかに受動指図は法文のなかで頻繁に登場し、実務的に大きな役割を担っていたと考えられるが、それでも本法文は一般的に有効な定義とみることはできない[117]。本法文は、おそらく現代的な意味において体系的にデレガチオを論究していない。これについては、デレガチオが他のさまざまな法文のなかで発見されていることが証左を示している[118]。

6　無因指図（abstrakte Delegation）と指定指図（tulierte Delegation）

　学説彙纂46巻2章11法文序項の定義としての不完全性は、いわゆる無因指図（abstrakte Delegation）と指定指図（titulierte Delegation）の区別を考慮していないことにもある[119]。この区別は、より厳密には、デレガチオを履行する際の無因問答契約と指定問答契約の区別である[120]。

　義務設定指図には、被指図人の受取人に対する債務が、資金関係または対価関係に依存する指定問答契約（titulierte Stipulation）と、被指図人の受取人に対する債務が原因関係上の債権へなんらの関係づけもなく存在しうる無因問答契約（abstrakte Stipulation）が存在する。

　本法文は、被指図人による指図人の債務引受の事例を取り扱っている。おそらくは、対価関係の更改をともなう受動指図によって、被指図人は受取人に対して、指図人が義務づけられていたものを約束する[121]。反対に、資金関係の更改をともなう能動指図では、多くの場合、被指図人は受取人に対して、被指図人が指図人に義務づけられていたものを約束する。

　指定問答契約は、資金関係あるいは対価関係への依存によってのみ存在し、その際の決定的要素は、問答契約において表示した当事者の意思に求められる。しかし、二重贈与のように原因関係にいかなる既存債務も前提としていないときには、問答契約は無因的になされ、他の債務関係と関連づけられない。

　一見すると、指定問答契約に関する法文が支配的であり、無因問答契約はその存在が疑われることもあったが、現在では一般的に承認されている[122]。しかし、法文中の個々の場面で、デレガチオがどのような形式でなされているのかの確定は、多くの場合困難であるという[123]。

　本法文の研究成果から、つぎの四点が理解される。第一に、デレガチオという用語の多義性が確認されなければならない。第二に、義務設定指図と支払指図との区別が存在する。第三に、対価関係に既存債務が存在し、被指図人が指図人の立場に据えられる場合は受動指図が、資金関係上に既存債権が存在し、被指図人の債権者が、指図人から受取人に交替する場合は能動指図が存在する。これらは資金関係または対価関係上の既存債務の更改と結合されている。第四に、義務設定指図には、被指図人の債務が資金関係または対価関係に依存する

指定問答契約、被指図人の債務が原因関係上の債権へなんらの関係づけもなく存在しうる無因問答契約が存在する[124]。

Notes

84) ここでは、Wolfgang Endemann, Der Begriff der Delegatio im Klassischen Römischen Recht, Marburg, 1959; Max Kaser/Rolf Knütel, Römisches Privatrecht, 20., überarbeitete und erweiterte Aufl., München, 2014; Ulrich Eisenried, Die bürgerlich-rechtliche Anweisung und ihre Entstehung, Diss. Passau, 2010 を参照する。
85) 前掲注59) 参照。
86) Ulp. (27 ad ed.) D.46, 2, 11, 1. Fit autem delegatio vel per stipulationem vel per litis contestationem.
「しかしながら、指図は或は問答契約或は争点決定を通じて為される。」訳は、江南・前掲注56) 642頁。
87) Endemann, a. a. O. (Fn.12), S.7.
88) Georg Klingenberg（瀧澤栄治訳）『ローマ債権法講義』（大学教育出版・2001）126頁。
89) Kaser/Knütel, a. a. O. (Fn.84), §54, Rn.10, S.319.
90) Cum iussu meo id, quod mihi debes, solvis creditori meo, et tu a me et ego a creditore meo liberor.
「私の命令に従い、あなたが私に対して負担している物を、私の債権者に支払ったならば、あなたは私から、私は私の債権者から解放される。」訳は、遠藤・前掲注53）。
91) Pap. (11 resp.) D.46, 3, 96, pr. Pupilli debitor tutore delegante pecuniam creditori tutoris solvit: liberatio contigit, si non malo consilio cum tutore habito hoc factum esse probetur. sed et interdicto fraudatorio tutoris creditor pupillo tenetur, si eum consilium fraudis participasse constabit.
「未成熟子の債務者が後見人の指図に基づき、金銭を後見人の債権者に支払ったならば、解放が生じる。但し、それが後見人の悪意に基づいてなされた場合はこの限りではない。他方、後見人の債権者は、彼が後見人の悪意に加担した旨の証明がなされた場合は、［未成熟子に対して］悪意の特示命令に基づき責を負わされる。」訳は、遠藤・前掲注53) 541頁。
92) Paul. (5 ad sab.) D.18, 1, 15, 2. Si rem meam mihi ignoranti vendideris et iussu meo alii tradideris, non putat pomponius dominium meum transire, quoniam non hoc mihi propositum fuit, sed quasi tuum dominium ad eum transire: et ideo etiam si donaturus mihi rem meam iussu meo alii tradas, idem dicendum erit.
「私の物を不知な私に君が売却し、私の命令で君が他の者に引渡したときには、私の所有権が移行するとはポンポニウスは思わない。蓋し故にこのことが私に報告されたのではなく、却って恰も君の所有権がその者に移行するかのように報告されたからである。そしてそれ故に更に私に私の物を贈与しようとする君が私の命令で他の者に引渡すときも、同一のことが云われるべきであろう。」訳は、江南義之『『学説彙纂』の日本語への翻訳(1)』（信山社・1992）436頁。
93) Endemann, a. a. O. (Fn.12), S.7.
94) この点については、次章参照。
95) Keller, a. a. O. (Fn.36), §317, S.594.
なお、ドイツ民法典におけるアンヴァイズングの部分草案を起草した、キューベル（Franz Philipp von Kübel）は、1866年のドレスデン草案を起草したころから、ケラー

のかかる叙述を参照しており、第一草案以後も、これがドイツ民法典起草における基本的立場となっているようである（この点については、本書第1部第3章参照）。

96) Carl Friedrich Günther, in: Weiskes Rechtslexikon für Juristen aller teutschen Staaten enthaltend die gesammte Rechtswissenschaft, Bd.1, Leipzig, 1839, Anweisung, S.327.
97) Salpius, a. a. O. (Fn.18), §4 u. 7, S.25 u. 39.
98) Wendt, a. a. O. (Fn.32), S.149f.
99) Kaser/Knütel, a. a. O. (Fn.84), §54, Rn.9, S.318.
100) Endemann, a. a. O. (Fn.12), S.7.
101) Eisenried, a. a. O. (Fn.11), S.118.
102) Kaser/Knütel, a. a. O. (Fn.84), §55, Rn.1, S.320.
103) Kaser/Knütel, a. a. O. (Fn.84), §54, Rn.12f., S.319.
104) Endemann, a. a. O. (Fn.12), S.8f.
105) Kaser/Knütel, a. a. O. (Fn.84), §54, Rn.12, S.319.
106) Kaser/Knütel, a. a. O. (Fn.84), §54, Rn.13, S.319; Endemann, a. a. O. (Fn.12) S.8.
107) 「譲渡（Abtretung; Zession）」も「債務引受（Schuldübernahme）」も、ローマ法では更改、すなわち能動指図と受動指図によっておこなわれた（Kaser/Knütel, a. a. O. (Fn.84), §55, Rn.2 u. 9, S.320 u. 322）。それゆえ、ここでの「譲渡」や「引受」という語は、現今の制度よりも広い意味で用いられている（Eugène GAUDEMET, op. cit. (note 24), p.50）。
108) 以上から、「受動指図」と「能動指図」は、「債務者の交替による更改」と「債権者の交替による更改」に相応するようである。
　フランス法では一般的に、「債務者の交替による更改」については旧債務者の関与の有無にしたがい、旧債務者（指図人）が関与する「更改が生じるデレガシオン（完全指図・更改指図）」と旧債務者が関与しない「除約」とに分けられ、「債権者の交替による更改」についてはデレガシオンとは考えられていないようである（Henri et Léon MAZEAUD, Jean MAZEAUD et François CHABAS, Leçons de droit civil, obligations, théorie générale, 9ᵉ éd., t.2, Paris, 1998, nᵒˢ1218 et s., pp.1246 et s.; François TERRÉ, Philippe SIMLER et Yves LEQUETTE, Droit civil, Les obligations, 10ᵉ éd., Paris, 2009, nᵒˢ1422 et s., pp.1400 et s.）。
　ただし、フランス法において、「債務者の交替による更改」と「更改が生じるデレガシオン（完全指図・更改指図）」とを区別する見解もある（Philippe MALAURIE, Laurent AYNÈS, Philippe STOFFEL-MUNCK, Droit civil, les obligations, 3ᵉ éd., Paris, 2007, nᵒ1374, p.814）。この見解によると、債務者の交替による更改の場合、新債務者の新たな債務は旧債務を消滅させるために契約されるのに対し、デレガシオンの場合、被指図人は受取人に対する指図人の債務を消滅させるために債務を負担するのではない。被指図人は、指図人に対する既存債務の消滅のため、彼に贈与をなすため、貸借をなすために受取人に対して債務を負担するというのである。
　この点、わが国の旧民法では、債務者の交替による更改については、デレガシオン（嘱託）と除約。債権者の交替による更改については、デレガシオン（嘱託）のみによるものと解されていた（本書第2部第3章参照）。
　最終的に、わが国の旧民法における詳細な更改・指図規定は、債務者の交替による更改については民法514条、債権者の交替による更改については民法515条というわずか一箇条をもって規定されることになった。しかしながら、これらの規定の注釈にあたって、514条は債務の指図（delegatio debiti）、515条は債権の指図（delegation nominis）と同様の役割を果たすと説明するものもある（磯村哲編集『注釈民法⑿債権(3)』（有斐閣・1970）480頁〔石田喜久夫〕）。

109) Gai. inst. 2, 38. Obligationes quoquo modo contractae nihil eorum recipiunt: nam quod mihi ab aliquo debetur, id si velim tibi deberi, nullo eorum modo, quibus res corporales ad alium transferuntur, id efficere possum; sed opus est, ut iubente me tu ab eo stipuleris; quae res efficit, ut a me liberetur et incipiat tibi teneri. quae dicitur novatio obligationis.
　「債権債務関係は、いかなる方法で締結されたものであっても、握取行為と法廷譲渡のいずれによっても移転できない。すなわち、ある者が私に負っている債務を、あなたに対して負担するように私が望む場合には、有体物を他人に譲渡するいずれの方法によっても、私はこれを行うことができない。〔それには〕私の指図により、あなたがその者と要約することが必要である。その結果、彼が私から解放され、あなたに拘束されることになる。これは、債権債務関係の更改と言われる。」訳は、早稲田大学ローマ法研究会（佐藤篤士監訳）「ガーイウス法学提要（IV）」早法74巻1号（1998）10頁。

110) Gai. inst. 3, 130. A persona in personam transscriptio fit, veluti si id quod mihi Titius debet tibi id expensum tulero, id est si Titius te delegauverit mihi.
　「人から人への移転記入は、例えば、ティティウスが私に負担するものを私があなたへの支出として記入した場合、すなわち、ティティウスが私に対する支払人としてあなたを指図した場合に生ずる。」訳は、早稲田大学ローマ法研究会（佐藤篤士監訳）「ガーイウス法学提要（VIII）」早法75巻4号（2000）409頁。

111) 本節の最後に、「これは、債権債務関係の更改と言われる（quae dicitur novatio obligationis）」と述べられている。
112) Eisenried, a. a. O. (Fn.11), S.122ff.
113) Salpius, a. a. O. (Fn.18), §6, S.33.
114) Endemann, a. a. O. (Fn.12), S.8.
115) Witte, a. a. O. (Fn.79), S.342.
116) Endemann, a. a. O. (Fn.12), S.9.
117) Endemann, a. a. O. (Fn.12), S.10.
118) Endemann, a. a. O. (Fn.12), S.11.
119) 無因指図は、純粋指図（reine Delegation）と表記されることもある。なお、titulierte Delegation, reine Delegation に、「有因指図」、「無因指図」という訳語を宛てるものや（石坂音四郎『債権總論下巻』（有斐閣・1918）1678頁）、titulierte Delegation に「権原指図」の訳語を宛てるものもある（柴崎・前掲注28）215頁）。
120) この区別は、テール（a. a. O. (Fn.58), §131, S.483）、ザルピウス（a. a. O. (Fn.18), §14, S.75ff.）に見られる。
121) Endemann, a. a. O. (Fn.12), S.11.
122) 本書第1部第4章参照。
　なお、フランス法の確実指図（délégation certaine）と不確実指図（délégation incertaine）という類型もこれと同様の区別であると考えられる（本書第2部第3章参照）。
123) Endemann, a. a. O. (Fn.12), S.12.
124) Endemann, a. a. O. (Fn.12), S.12f.

第 2 章

ドイツ法における指図（Anweisung）の歴史的展開

I　はじめに

　本章は、ドイツ法における指図（Anweisung）（以下、「アンヴァイズング」）の、とりわけ法的性質に関する理解がどのような学説の変遷により現在に至ったのか明らかにすることを目的とする。それゆえ、以下では、現在のアンヴァイズングに関する一般的説明を確認しておく。

　アンヴァイズングは、現在のドイツ法の一般的コンメンタールにおいて、指図人の計算で第三者に対して給付をなす他者への要請と授権（Ermächtigung）であると説明されている。すなわち、当事者の三角関係（Dreiecksverhältnis）によって形成され、ある者（指図人（Anweisende））が、他の者（被指図人（Angewiesene））に、第三者（受取人（Anweisungsempfänger））を通じて、第三者に対して出捐するよう要請するのである[1]。それゆえ、アンヴァイズングには必然的に二つの原因関係が存在することになる。指図人と被指図人との間の「（補償）資金関係（Deckungsverhältnis）」と呼ばれる原因関係と、指図人と受取人との間の「対価関係または出捐関係（Valuta- oder Zuwendungsverhältnis）」[2] と呼ばれる原因関係である[3]。被指図人が指図人の要請にしたがう場合、被指図人の受取人に対する一つの出捐によって、原因関係上の二つの給付、すなわち、対価関係上の指図人の受取人に対する給付、および資金関係上の被指図人の指図人に対する給付が実現される。

　アンヴァイズングはドイツ民法典783条以下に規定が置かれており、その本質的メルクマールは、指図人による二重授権（Doppelermächtigung）にあるといわれる。すなわち、ドイツ民法典783条によれば[4]、指図人のアンヴァイズ

ングにより、受取人に対する授権および被指図人に対する授権が生じることになる。つまり、一方で受取人は、彼が自己の名をもって、ほんらい指図人から与えられるべき給付を、被指図人との関係で取り立てる権限を付与され、他方で被指図人は、指図人との間の資金関係如何にかかわらず、指図人の計算で受取人に対して給付をなす権限を付与される。なお、783条では、アンヴァイズングは書面上で、かつ代替物に関しておこないうると規定されている。しかし、現在の通説は、これを民法上の「狭義の指図」と解し、契約自由の原則から、口頭の指図、不代替物についての指図、被指図人への直接指図などを包摂する「広義の指図」を認めている[5]。

　783条による授権概念は、ドイツ民法典662条以下に規定されている委任（Auftrag）からアンヴァイズングを区画することにも寄与している。すなわち、委任とは異なり、純粋なアンヴァイズングは、受取人が被指図人に対して給付を取り立てるいかなる義務も、被指図人が受取人に対して給付をなすいかなる義務も基礎づけることはないのである[6]。

　このように、アンヴァイズングの法的性質を二重授権と解する見解は、現在のドイツ法の通説となっており、また、フランス法における指図（délégation）（以下、「デレガシオン」）[7]には見られないアンヴァイズングに特有の要素となっている。

　アンヴァイズングもデレガシオンも、ローマ法上の指図（delegatio）（以下、「デレガチオ」[8]）を濫觴としつつ、現代に至る歴史のなかでこれを継受したものであるが、なぜ、等しくローマ法上のデレガチオを起源としながら、ドイツ法において、フランス法とは異なる二重授権説があらわれたのか。本章では、アンヴァイズングがドイツ法に集成される過程を解明するため、デレガチオの解釈の変遷に引き続いて[9]、アンヴァイズングの法的性質に関する学説史[10]を素描したい。

Notes

1) Otto Palandt/Hartwig Sprau, Kommentar zum Bürgerliches Gesetzbuch, 69. neubearbeitete Aufl., München, 2010, §783 Rn.1, S.1226.
2) 本章では「対価関係」と表記する。
3) Karl Larenz, Lehrbuch des Schuldrecht, Bd.2, BT, 11. neubearbeitete Aufl., München, 1977, §67 I, S.457.

4) BGB §783. Händigt jemand eine Urkunde, in der er einen anderen anweist, Geld, Wertpapiere oder andere vertretbare Sachen an einen Dritten zu leisten, dem Dritten aus, so ist dieser ermächtigt, die Leistung bei dem Angewiesenen im eigenen Namen zu erheben; der Angewiesene ist ermächtigt, für Rechnung des Anweisenden an den Anweisungsempfänger zu leisten.
ドイツ民法典783条「金錢、有價證券又ハ其ノ他ノ代替物ヲ第三者ニ給付スベキコトヲ他人ニ指圖スル證書ヲ第三者ニ交付シタル者アルトキハ、其ノ第三者ハ被指圖人ヨリ自己ノ名ヲ以テ給付ヲ取立ツル權限ヲ有ス；被指圖人ハ指圖人ノ計算ニ於テ指圖證書受取人ニ給付ヲ爲ス權限ヲ有ス。」訳は、柚木馨・上村明廣『現代外国法典叢書(2)獨逸民法[II]債務法』(有斐閣・1955) 770頁から引用。
5) Eugen Ulmer, Akkreditiv und Anweisung, in: Archiev für die civilistische Praxis, Bd.126 (1926), S.129ff.; Juris von Staudinger/Peter Marburger, Kommentar zum B.G.B., Neubearbeitung, München, 2002, §783 Rn.1, S.141.
6) Palandt/Sprau, a. a. O. (Fn.1) §783 Rn.3f., S.1227.
7) デレガシオンの学説史については、本書第2部第1章参照。
8) 正確には「デーレーガーチオー」と表記すべきであろうが、ここでは単に「デレガチオ」と表記する。
9) 前章参照。
10) この点に関する先行研究として、伊澤孝平「指圖（Anweisung）の本質（一）」法協48巻11号（1930）18頁以下、納富義光『手形法に於ける基本理論』（新青出版・復刻版・1996) 380頁以下など。
なお、商法上の商人指図 (kaufmännische Anweisung) は本章の検討対象から除外する。

II　アシグナチオ（assignatio）の誕生

アンヴァイズングは、ローマ法上のデレガチオを継受したものであるが、その継受過程は紆余曲折を経たものであった。その途上で、デレガチオとは異なるものとしてあらわれた指図的制度が、中世ヨーロッパに利用されていたassignatio（以下、「アシグナチオ」[11]）である。

デレガチオがローマ法に淵源を有するのに対し、アシグナチオは12、13世紀ごろに誕生し、15世紀から16世紀にかけて、フランドル地方の都市の商慣習として目覚ましい発展を遂げた概念であるという[12][13]。なぜ、デレガチオ以外に、同様の指図的制度であるアシグナチオが誕生したのか。その経緯を説明するためには、ローマ法以降のデレガチオをめぐる背景事情について敷衍しなければならない。

かつてのローマ、ギリシャ、エジプトには、現在の社会のように、大規模で

優れた銀行取引が勃興していたとされる。そこでの金銭取引は通常の現金取引ではなく、銀行を介しておこなわれており[14]、デレガチオはそのなかで、帳簿の書換えによって支払をなす場合に用いられていたという[15][16]。学説彙纂46巻2章は「更改および指図について（De novationibus et delegationibus）」という章題を掲げ、その11法文序項（ウルピアヌス 告示註解第27巻）は「デレガチオは、自己の代わりに他の債務者を債権者あるいは彼が授権[17]した者に与えることである（Delegare[18] est vice sua alium reum dare creditori vel cui iusserit）」と定義づけていた。この背景事情を受けて、「デレガチオは支払である（solvit, qui reum delegat）」[19]という法原則、あるいは「デレガチオはつねに更改をともなう（In delegatione semper inest novatio）」[20]という法原則とともに、註釈学派・後期註釈学派以降、デレガチオは更改の一種として限局して考えられるようになった[21]。

これに対して、中世のドイツでは、古代ローマにおけるような盛んな銀行取引は存在しておらず、デレガチオは用いられていなかった。ここではもはや帳簿上の決済などはおこなわれておらず、金銭取引はもっぱら現実の支払によってなされていた。しかし、そのような経済状態であっても、交通の不良による現金輸送の危険と費用、貨幣制度を異にする他地へ現金を輸送する不便を解消するために、やはりデレガチオ的制度の必要性が生じた[22]。このような状況のなかで、12、13世紀ごろに新たな支払制度が案出された[23]。これがアシグナチオである。

ただ、「アシグナチオ」という用語は、当初から使用されていたわけではなく、17、18世紀ごろにイタリアの商業用語から借用されたものであるという。このように法律家のなかで、アシグナチオという用語が専門的な概念としての地位を獲得することになるのは17世紀の終わりごろからであるが、その微かな兆候は、すでに16世紀後半から17世紀前半に始まる。また、法律用語としてのアシグナチオはドイツ、オランダに限定され、それ以外の地域では法律用語として用いられることはなかったといわれる[24]。

アシグナチオは、当初は小売業を営む大商館（größere Handelshäuser）、殊に他地に支店または取引先を有する大商館が利用していたのであるが、その後、大規模な指図行為を可能にする銀行業の発展と普及とによって、商業取引についてその利用が一般的なものとなった[25]。さらに、両替商（Wechsler）が相互

清算のためにこれを用い、現金による二重の支払を避けることができた点にもアシグナチオは意義を有していたという[26]。

ところで、アシグナチオは、上述のデレガチオに関する法原則とは対照的に、「アシグナチオは支払に非ず（Assignatio non est solutio; Anweisung ist keine Zahlung）」という先の原則と明らかに矛盾する法原則が認められていた。これはデレガチオが更改（免責）の効力をともなうという上述の伝統的原則が、必然的に、対価関係における受取人に対する債務者（指図人）の既存債務の免責という結論を導いたため、当時の実務家にとっては不便でしかなかったからである。アシグナチオに関するかかる原則が文書上あらわれる古いものとしては、1582年のアントワープの慣習法が挙げられよう[27]。ここには、「債務者は支払のときまで義務を負い続ける……アシグナチオ（bewijsinghe）は支払ではないからである」という記述がみられる[28]。

このようにして、指図制度として、ローマ法を起源とするデレガチオがある一方で、これとは別に、中世ドイツに端を発するアシグナチオがそれぞれ認められることになり、17、18世紀以降、アシグナチオはドイツ法のなかでアンヴァイズングの重要な理論的基礎となっていった。

アシグナチオは、現在のドイツ法においては、デレガチオに包摂される概念であると解されているが、これら両者の連続性は多世紀に亘って認識されることはなく、アシグナチオの法的性質に関する議論のなかで、デレガチオが顧みられることはなかった。

このような状況に対して、19世紀後半にヨーロッパ指図法の発展に多大なる貢献を果たしたザルピウスは、ローマ法の解釈において二重の誤謬があったと指摘する。すなわち、第一に、デレガチオを更改の一種と解していたこと、第二に、新たに誕生した（かに思われた）指図的制度がデレガチオとは異なる法制度として理解され、これにアシグナチオという新名称が付されたことである[29]。

デレガチオが更改の桎梏から解放され、デレガチオがアシグナチオをも包摂する、より広範な概念であることが明らかになるには、1864年のザルピウスのモノグラフィー[30]を俟たなければならなかった[31]。ザルピウス以降の学説においては、アシグナチオ（アンヴァイズング）はデレガチオとなんら異なるところはなく、むしろ同一物と考えるのが正当であるとの見解が支配的となっている[32]。

では、アシグナチオがデレガチオとは厳に縁切りをされていた時代からドイツ民法典（BGB）に至るまで、アシグナチオの法的性質としてどのような議論がなされていたのか。以下では、現代のドイツ指図理論に直接的なつながりを有する、19世紀のドイツ普通法におけるアシグナチオ（アンヴァイズング）の法的性質に関する学説の変遷を概観する[33]。

Notes

11) 厳密には「アッシーグナーチオー」と表記すべきであろうが、ここでは単に「アシグナチオ」と表記する。

12) ヨーロッパ経済史上、南ネーデルランド、とくにフランドルとブラバントが大きな貢献をしたことは周知のとおりである。
　そのなかでも、フランドルは、11世紀初めごろに始まった経済変革で重要な役割を果たしたといわれる。この地域は、中世ヨーロッパのなかでも、有名で組織化された輸出産業がもっとも活発であった。すなわち、高い熟練労働、高品質なイングランド産短繊維原毛、国際的な商人＝企業家ないし中小企業者たちが提供する資本、といった生産諸要素が見事に組み合わさっておこなわれた、輸出向け毛織物の生産である。また、この地域の動力源はそれだけではなく、南北間陸上交易による商業活動も活発におこなわれていた。さらに、国際交易には金融業務を担う組織が必要となり、1300年以降、両替商や銀行家、金融ブローカーといった専門家集団がこの組織を作った。彼らは現金を預金として受け入れ、帳簿のなかで勘定移転をすることで決済業務を発達させた。それのみならず、相殺勘定を用いて、ある口座から別の口座へ、さらにはある銀行から別の銀行へ勘定を移すということさえやってのけ、信用貨幣システムを作り上げたという。中世後期から近世初期のヨーロッパにおける為替取引については、エーリック・アールツ（藤井美男監訳）『中世末南ネーデルラント経済の軌跡――ワイン・ビールの歴史からアントウェルペン国際市場へ』（九州大学出版会・2005）19–49頁。

13) Botho von Salpius, Novation und Delegation nach römischem Recht, Berlin, 1864, §2, S.11.

14) Günther Loewenfeld, Die Anweisung in Gesetz und Verkehr, Berlin, 1922, S.3f.

15) Gai. inst. 3, 130. A persona in personam transscriptio fit, veluti si id quod mihi Titius debet tibi id expensum tulero, id est si Titius te delegauverit mihi.
　「人から人への移転記入は、例えば、ティティウスが私に負担するものを私があなたへの支出として記入した場合、すなわち、ティティウスが私に対する支払人としてあなたを指図した場合に生ずる。」訳は、早稲田大学ローマ法研究会（佐藤篤士監訳）「ガーイウス法学提要（VIII）」早法75巻4号（2000）409頁。

16) Loewenfeld, a. a. O. (Fn.14), S.4f.

17) 現在のドイツ法において、iubereは授権すること（ermächtigen）を意味すると解されているため、本章ではこのように訳出している。詳しくは後述。

18) デーレーガーチオー（delegatio）は名詞、デーレーガーレ（delegare）は動詞の不定法である。前者は多少なりとも厳密にイメージされた法的制度を指しているが、後者も同じ意味で用いられることがあり、現在では両者に明確な違いはないと考えられている（Ulrich Eisenried, Die bürgerlich-rechtliche Anweisung und ihre Entstehung, Diss. Passau, 2010, S.42)。

19) 「債務者を指図する者は支払をなす者である。」

Cf. Ulp. (29 ed.) D.16, 1, 8, 3. Interdum intercedenti mulieri et condictio competit, ut puta si contra senatus consultum obligata debitorem suum delegaverit: nam hic ipsi competit condictio, quemadmodum, si pecuniam solvisset, condiceret: solvit enim et qui reum delegat.

学説彙纂16巻1章8法文3項（ウルピアヌス 告示註解第29巻）「時には保証人として介入する婦人にも弁済請求訴訟が成立する。例えば元老院決議に反して債務を負った女が自己の負債者を指図したときがそれである。何故ならこの場合には金銭を弁済したときに、弁済請求していたのと同じように、女自身に弁済請求訴訟が成立するからである。主債務者を指図する者も弁済するからである。」訳は、江南義之『『学説彙纂』の日本語への翻訳(1)』（信山社・1992）332頁。

20) ただし、この規範は、更改の要件ではなく効果に関してのみデレガチオを更改と同列に扱っている。すなわち、ここでいう更改（novatio）とは、被指図人の指図人に対する資金関係上の既存債務と、指図人の受取人に対する対価関係上の既存債務とがともに消滅することを意味しており、とりわけ更改意思（animus novandi）は、デレガチオの要件とはなっていない（Salpius, a. a. O. (Fn.13), §2, S.6ff, insbesondere S.8.）。

21) Plucinski, Zur Lehre von der Assignation und Delegation, in: Archiv für die civilistische Praxis, Bd.60 (1877), S.350f.
しかし、ウルピアヌスは、本法文で、デレガチオが頻繁に用いられる場合について述べていたにすぎなかったことが後の研究で明らかになっている（ibid., S.350）。

22) 上述のとおり、これは南ネーデルランドの商慣習に端を発する。

23) Loewenfeld, a. a. O. (Fn.14), S.6.

24) Salpius, a. a. O. (Fn.13), §2, S.14.
たとえば、フランス民法典の礎を築いたポチエ（Robert-Joseph Pothier）も、アシグナチオを、支払委託書（rescription）なる証書を用いた実際上の取引として取り扱っている（詳しくは後掲注33））。

25) Loewenfeld, a. a. O. (Fn.14), S.6f.

26) Loewenfeld, a. a. O. (Fn.14), S.7.

27) アントワープは、13世紀以降の重要市場であったブリュッヘの衰退後、少なくとも15世紀末には、ネーデルランド経済の主導的地位を受け継いだといわれる。アントワープは、国際交易拠点としても重要視され、新しい流通の波に乗って利益を収めた。そうした状況は15世紀ヨーロッパ全体へと浸透していき、これにより根本的な変化の影響を被ったのが南部ドイツの経済であったといわれる。北部ヨーロッパからフランスを経由してイタリアに至る陸路は危険であったため、その通行は、スイスやオーストリアの山岳地帯での関所に富をもたらした。また、中欧とイタリアとを結ぶこの新しい商業路は、アウグスブルク、ニュルンベルク、ウルムといった諸都市を潤し、「フランクフルト年市」の成長さえもたらした。アントワープの年市は、こうした中部ドイツ年市のサイクルに密接に組み込まれていき、当然ながら、アントワープ、ラインラント、フランクフルト地方を結ぶ交易は飛躍的に拡大することになったのである。商業が徐々に規模を拡大していくと、金融業も次第にその刺激を受けるようになった。16世紀ごろは、北西ヨーロッパにとって金融市場大躍進の時代であり、その中でももっとも変革の大きかったところがアントワープである。このように、アントワープは、商業・金融の一大中心地であったのである。エーリック・アールツ（藤井美男監訳）・前掲12）37頁以下。

28) Rechten ende Costumen van Antwerpen (1582) Tit.64. Van betalinge/Bewijsinghe etc. Ziff. 2. Ende de bewijsinghe aenveerdende blijft des niet te min d'eerste debiteur verbonden soo lange tot dat hy is metter daet betaelt, oft effectuelijck vernuecht van sijne schult, midts dat bewijsinghe gheen betalinghe en is. 本章では1584年版を参照した。

bewijsingとは、アシグナチオのオランダ国内における用語法のもっとも古い形である。16世紀の終わりごろ、overwijsingとともに、その用語法は激しく揺れ動いたが、17世紀の中ごろには、aenwijsing（Anweisung）という表記が支配的となった。そして、デレガチオを意味する専門用語としては、overstellingあるいはoversettingという用語が新たに誕生したという（Salpius, a. a. O. (Fn.13), §2, S.11f.）。なお、1578年のフランクフルト改革（Frankfurter Reformation (1578) Teil II Tit. 24 §10. De Delegationibus）にも、デレガチオという言葉を用いつつ同様の記述があったという（Zitiert nach Salpius, a. a. O. (Fn.13), S.12）。

29) Salpius, a. a. O. (Fn.13), §73, S.468.

30) Botho von Salpius, Novation und Delegation nach römischem Recht, Berlin, 1864.

31) その萌芽は、マイアーフェルトやテールなどの著作に見られる。これらの点については、前章参照。

Cf. Franz Wilhelm Ludwig von Meyerfeld, Die Lehre von den Schenkungen nach römischem Recht, Bd.1, Marburg, 1835; Heinrich Thöl, Das Handelsrecht, Bd.1, 3 vermehrte Aufl., Göttingen, 1854.

32) Otto Wendt, Das allgemeine Anweisungsrecht, Jena, 1895, S.149f.

33) なお、本論と直接のかかわりはないが、ここでごく簡単にフランス法についても触れておく（この点については、本書第2部第2章も参照）。アシグナチオは、フランス法のデレガシオンにとっても非常に重要な概念であると考えられるからである。

フランス法におけるデレガシオンは、デレガチオがその理論的基礎となっている。デレガシオンを規定するフランス民法典1275条は「更改（novation）」の款のなかに置かれており、「債権者」や「債務者」という形で指図の当事者を規定するなど、原因関係における既存債務を前提とした構造となっている。これは明らかにデレガチオに対する先述の解釈の誤謬をそのまま採り入れた結果である。事実、当該指図規定に多大なる影響を及ぼしたポチエ（Robert-Joseph Pothier）は、債務概論（Traité des obligations）のなかで、デレガシオンを更改の一種であると定義づけている（Robert-Joseph POTHIER, Œuvres de Pothier, contenant les traités du droit français par M. Dupin, nouv. éd., t.1, Paris, 1827, n°600, p.353）。それゆえ、従来のフランス法では、既存債務を必要とする点で、デレガシオンはアンヴァイズングよりも狭い概念であると考えられていたのであるが（Henri CAPITANT, De la cause des obligations, 3ème éd., Paris, 1927, n°183, p.410）、現在のフランス法では、解釈上、更改を生じないデレガシオンも認められており、こちらがデレガシオンの本質であると解されている（かかる解釈に先鞭をつけたのが、ユベールによる著作（Frédéric HUBERT, Essai d'une théorie juridique de la délégation en droit français, th. Poitiers, 1899）である）。

フランス民法典が成立した当初（1804年）、デレガシオンは更改の一種と考えられていたのであるから、更改を生じない指図制度として誕生したアシグナチオはフランス法のなかでどのように取り扱われていたのか。この点、アシグナチオは、フランス法においてほとんど認識されておらず、明文の規定も見当たらない。しかし、ポチエは、為替契約概論（Traité du contrat de change）のなかで、「支払委託書について（Des rescriptions）」という標題のもと、手形学説の直後にアシグナチオ（原文ではadsignatio）を取り扱っていた（Robert-Joseph POTHIER, Œuvres de Pothier, contenant les traités du droit français par M. Dupin, nouv. éd., t.3, Paris, 1827, n°226, p.226）。ポチエによると、支払委託書は、「私が、ある者に、私の代わりに第三者に対して一定額を支払う、あるいは勘定するよう委任するために用いられる証書」である。この支払委託書の主要な利用形態は、「ある債務者がある者に対し、支払委託書を手渡した自身の債権者に一定額を支払うよう委任すること」であり、このような取引がアシグナチオと呼ばれているというのである（ibid., pp.225-226）。

カピタン（Henri Capitant）は、ポチエのかかる叙述にもかかわらず法典中に規定がないことから、フランス民法典において、この支払委託書やアシグナチオなる概念は捨て去られたのだと指摘している（Henri CAPITANT, op. cit., n°177, p.394）。この指摘は、フランス民法典が支払委託書を用いた指図行為を規定しなかったという点においては正しい。しかし、フランス民法典がアシグナチオ自体を手放したと評価するのは正当ではない（Horst Hahn, Die Institute der bürgerlichrechtlichen Anweisung der §§ 783ff BGB und der „Delegation" der Art.1275f C.civ. in rechtsvergleichender Darstellung, Diss. München, 1965, S.9）。ポチエの論述の対比、およびフランス民法典1277条の内容から、これとは反対の結論が導き出されるからである。

フランス民法典1277条は、「単なる指示（simple indication）」について規定した条文であるが、じつは、本条は実質的にアシグナチオを採り入れた規定なのである。本条の基礎となった、ポチエの「単なる指示」に関する債務概論の記述を見ると、単に更改を生じないという点だけが論じられており、この叙述がそのまま1277条の文言となっている。しかし、為替契約概論のなかでは、アシグナチオは、単なる指示として取り扱われているのである（Robert-Joseph POTHIER, op. cit., t.3, n°230, p.227）。

そのうえ、売買契約概論（Traité du contrat de vente）のなかでも、ポチエは、「単なるデレガシオン（simple délégation）」として「単なる指示」に言及している（Robert-Joseph POTHIER, Œuvres de Pothier, contenant les traités du droit français par M. Dupin, nouv. éd., t.2, Paris, 1827, n°s552-553, p.245）。

曰く、単なるデレガシオン（simple délégation）とは、私の債権者に私の債務者を指図しながら（assignant）、私が債権者に支払うべきものが控除（déduction）されるよう、債務者が私に支払うべきものを、債権者が私の名において債務者に要求しうる権限（pouvoir）を債権者に与える、私が私の債権者になす単なる指示（simple indication）であるというのである（ibid., n°552）。文中にassignantという言葉が用いられているのは、ここでの問題意識に鑑みると大変興味深い。ポチエによると、「単なるデレガシオン」は更改を生じることはなく、この点で、更改を生じる「真なるデレガシオン」とは異なるという（Robert-Joseph POTHIER, op. cit., t.3, n°230, p.227; Robert-Joseph POTHIER, op. cit., t.2, n°553, p.245）。

ポチエの見解をまとめると、デレガシオンは更改を生じるものと生じないものとに分けることができ、更改を生じるもの（ポチエのいう「真なるデレガシオン」）として規定されたのが現在のフランス民法典1275条のデレガシオンである。他方で、更改を生じないデレガシオン（ポチエのいう「単なるデレガシオン」）も存在する。ポチエによると、「単なる指示」とは実際上の取引においてアシグナチオと呼ばれており、これが現在のフランス民法典1277条に規定されているのである。

以上のことから、フランス民法典がアシグナチオの概念を排斥したとの理解は誤りであり、単なる指示について規定する1277条においてアシグナチオは命脈をつないでいるということができる。また、必要に応じてドイツ法と同様の解釈を導き出すことも可能であるといえるのである。なお、ポチエによれば、単なる指示の法的性質は委任（mandat）であり、アシグナチオは二つの委任契約（deux contrats de mandat）を含んでいるという（Robert-Joseph POTHIER, op. cit., t.3, n°227, p.226）。これらの点については、本書第2部第1章および第2章。

III 19世紀中葉までのドイツ普通法学説における
アシグナチオの法的性質

　アシグナチオ（および、そのドイツ語表記であるアンヴァイズング）の法的性質については、これまで種々の議論がなされてきており、まさに「人の数だけ意見がある（quot capita, tot sensus）」状態であるということができる[34]。そのなかでも、とりわけ19世紀中葉までのドイツ普通法の諸学説は、アシグナチオの法的基礎に義務づけ行為を観念し、義務的契約としての委任（Mandat）[35]の諸原則をアシグナチオの基礎に置いている。

　すなわち、中世においては、新たな指図的制度として誕生したアシグナチオが、ローマ法上のデレガチオと結び付けられて考えられることは難しい状態にあった。それは、既述のとおり、中世においては古代ローマのような広範な銀行取引は必要とされていなかったという経済的事情にくわえて、そもそもデレガチオが更改の一種と考えられていたことに起因する（前章参照）。

　そこで、19世紀のドイツ普通法学説は、アシグナチオを一般的に、委任の下位分類であると理解した。つまり、デレガチオではなく、ローマ法上の委任（mandatum）にその範を求めたのである。委任が採用された理由として、被指図人が指図人をきっかけとして行動し、かつ受取人という第三者が生ずるといった、アシグナチオと委任との表面的な類似点が挙げられる。これにより、アシグナチオの特殊性、その引受による被指図人の特殊な債務の発生を説明しようとしたのである[36]。

　そのため、19世紀のドイツ普通法学説におけるアシグナチオの解釈上の特徴は、権限を付与する者が他者に委任を与える、ということに求められる。したがって、普通法学説によれば、指図人の意思表示は、同時に、委任契約締結への申込をも意味する[37]。

　そこで、ここでは、種々の学説のなかでもとくに有力であった委任説、とりわけ、ドイツ民法典成立まで通説の地位にあった二重委任説を中心に概観する[38]。

1　単一委任（einfaches Mandat）としてのアシグナチオ

　19世紀前半において、アシグナチオは単一の委任（einfaches Mandat）によって基礎づけられていた。ただし、当該委任の際に、委任を与える指図人の他方当事者が、被指図人と受取人のいずれであるのかについては学説によって見解に差異がみられる。

　第一に、当該委任が被指図人に与えられると説明する見解は、指図人が被指図人に、受取人に対して支払をなすよう委任することがアシグナチオであるとする。

　たとえば、シュヴェッペ（Albrecht Schweppe）は、ローマ法において格別の言及にまったく値しない委任（Mandat）がアシグナチオであるという。このアシグナチオは、受取人になにかを与えようとする指図人が、受取人に支払う者として被指図人を指図するものであると述べる[39]。そして、その証拠として、学説彙纂17巻1章34法文序項（アフリカヌス　質疑録第8巻）を引用する[40]。

　この法文では、基本事例として、ルキウス・ティティウスの管理者が、彼の債務者から金銭を取り立てた場面で、管理者がルキウス・ティティウスに年6分の利息付の貸付金として義務を負っている一定額があることを宣誓する証書を送っている。これについて、アフリカヌスは、管理者がルキウス・ティティウスに貸付金として金銭を借りてはいないと判断している。

　さらに、その変化事例として、アフリカヌスは、ルキウス・ティティウス（ego）が、管理者（tu）に、ルキウス・ティティウスの債務者から金銭を受領するよう授権する場合についても論じている（si a debitore meo iussero te accipere pecuniam (...)）。この場合、管理者は、ルキウス・ティティウスに対して、委任訴権にもとづいて、合意した利息を支払うよう義務づけられる（et in proposito igitur dicendum actione mandati obligatum fore procuratorem, ut (...) usuras, de quibus convenerit, praestare debeat.）。シュヴェッペは、本法文からアシグナチオを指図人から被指図人への委任であると解しているため、授権する（iubere）[41]という部分ではなく、管理者がルキウス・ティティウスに委任訴権にもとづいて債務を負担するという点を重視している。

　第二に、委任が、指図人から受取人に与えられることがアシグナチオである

と解する見解もある。

　たとえば、グリュック（Christian Friedrich von Glück）は、アシグナチオを、債務者（指図人）が彼の債権者（受取人）に与えた、第三者（被指図人）による給付を受領し、かつこれを保持しつづけるための委任（Auftrag）である、と述べる[42]。ティボー（Anton Friedrich Justus Thibaut）も、アシグナチオを、代理人（受取人）が、権限授与者（指図人）の債権を、第三者（被指図人）から取り立てるための委任であると説明している[43]。

　最後に、プフタ（Georg Friedrich Puchta）も、パンデクテン教科書の初版で、委任（Mandat）の特殊な応用事例のひとつとしてアシグナチオを取り扱っており、指図人の名で、被指図人から一定金額を取り立てる、受取人に対する委任（Auftrag）であると説明している[44]。プフタは、このアシグナチオの法文上の例として、学説彙纂46巻3章106法文（ガーイウス 文言債務第2巻）[45]、および学説彙纂46巻3章108法文（パウルス 手引書第2巻）[46]という二つの法文を引用している[47]。

　このうち、後者の法文は、指図人が死亡した場合の、義務設定指図（delegatio obligandi, delegatio promittendi）[48]が問題となっている。パウルスは、指図人の委託にもとづいて「約束」が与えられた者（受取人）に対する支払は指図人の死後も適法であると判断した。これは拘束力の指定にあたるからである。これに対して、指図人が被指図人に、受取人に直接に支払をなすよう指図した場合は、指図人の死亡によって、第三者への支払は不適法となる。委任は死亡によって破棄されたからである。本法文も、後段に授権する（iubere）という語が用いられているが、プフタは、前段の指図人と受取人との関係を重視していると考えられる。

2　二重委任説（Lehre vom Doppelmandat）（旧通説）

　ローマ法文のうち、あるものは被指図人に対する委任（mandatum）について、またあるものは受取人に対する委任について述べていることから[49]、アシグナチオを単一の委任ではなく二重の委任であるとする二重委任説が誕生し[50]、19世紀中葉頃にはほぼ異論なく支配的見解となっていた。

　二重委任説によると、アシグナチオは指図人の二つの委任（Mandat）の結合

によって特徴づけられることになる。すなわち、アシグナチオの本質は、一方では、被指図人に、受取人に対してなんらかのもの（たいていは金銭）を与えるための、他方では、受取人に対して、指図されたものを被指図人から受領するための、指図人の二重委任（doppelter Auftrag）にある、というのである[51]。

ヴァイスケ（Julius Weiske）の法律辞典中の、ギュンター（Carl Friedrich Günther）によるこのアシグナチオの定義とほぼ同様の記述は、19世紀半ばの他の教科書においても見られる。たとえば、テール（Heinrich Thöl）は、アシグナチオの本質が指図人の二重委任（doppeltes Mandat）であるとし、アシグナチオをおこなう場合、ある者（指図人）は、他者（被指図人）が第三者（受取人）に支払をなし、第三者がそれを受領するための委任（Auftrag）を与える。すなわち、指図人は、被指図人および受取人に、支払委任（Zahlungsmandat）および取立委任（Einkassierungsmandat）という二重の委任（zweifacher Auftrag）を与えるのである[52]。

また、ジンテニス（Carl Friedrich Ferdinand Sintenis）も同様の説明をしている。委任（Mandat）には独特の方法があり、これがアシグナチオである。すなわち、第一に、特定人（受取人）に対して、指図人の名で第三者（被指図人）から給付を取り立てるための、次いで、被指図人に対して、受取人に支払をなすための二重委任（Doppelmandat）である、と[53]。

ところで、現在のドイツ民法典662条以下の委任（Auftrag）は、原則として、受任者に対する委任にもとづいて、受領したものを引き渡す義務を負う。したがって、受任者が、委任にもとづいて一定のものを手に入れた場合、受任者はその受領したものを委任者に返還しなければならない（ドイツ民法典667条[54]）。普通法学説における委任（Mandat）も、一般的見解にしたがえば、これと同様に解されている。たとえば、ティボーは、受任者が委任を通じて得たものを引き渡すよう義務づけられるという[55]。

これを前提とすると、アシグナチオによって指図人から受取人に、被指図人から給付を取り立てるための委任がなされたとしても、受取人は指図人に、被指図人から取り立てたものを返還する義務を負うことになるのである。

そこで登場するのが、いわゆる「自己の利益のための委任（mandatum in rem suam）」[56]である。これは、現在のドイツ委任法には存在していないが、ドイツ普通法において、委任の特殊形態として議論されていたものだという。自己

の利益のための委任とは、受任者が委任を通して手に入れたものを保持しつづける意図で与えられた委任である。それゆえ、受任者の引渡義務は、自己の利益のための委任の場合には存在しない。このような委任がなされるのは、たとえば、受任者が委任者に対して債権を有しており、その弁済に充てるような場合、または委任者が受任者に委任にもとづいて受領したものを贈与しようとするような場合である[57)]。

自己の利益のための委任は、ドイツ普通法上のアシグナチオにあっては、取立委任（Einkassierungs- oder Inkassomandat）に用いられている。たとえば、アシグナチオの法的性質を二重委任であると説明するギュンターは、委任者が受任者に与える委任は、自己の利益のための委任であると述べている。すなわち、委任者は、受任者が委任者の名において、しかし受任者の利益のために事務を処理するようにとの意図で、受取人に対して委任を与える。それにより、受取人が被指図人から受領したものを、保持しつづけることができる[58)]。それゆえ、委任者と委任契約を締結したにもかかわらず、受任者はその受領したものの引渡しについて、いかなる義務も負わないのである。

このように、19世紀のドイツ普通法学説では、アシグナチオを委任の下位分類として捉えようとする見解が有力であり、なかでも指図人の被指図人への支払委任、受取人への取立委任という二重の委任によってアシグナチオを特徴づけようと試みる二重委任説が当時の通説であった。

現代において、アイゼンリート（Ulrich Eisenried）は、アシグナチオの基礎に委任（Mandat）を据える見解は、三つの点でほんらいの意味でのローマ法文に適合しておらず、その解釈に問題があると指摘している。第一に、上記の見解は、本来の指図行為とアシグナチオの基礎をなす原因行為との厳密な区別を不可能とするような法文の曖昧な用語法に立脚しているという点、第二に、上記の普通法学説は、授権について述べられている多くの法文を無視し、これにまったく独立の意義を付与していないという点、最後に、19世紀前半のドイツ普通法学説においては、一般的に、支払指図（delegatio solvendi, Zahlungsanweisung）は、まさに指図人の授権（iussum, Ermächtigung）を通して特徴づけられるローマ法上の法制度として認識されていなかったという点である[59)]。

二重委任説は、19世紀中葉以降、徐々に衰退の兆しを見せはじめ、BGB成立以後は、二重授権説に通説の座を奪われることになる。その端緒となったの

が、アシグナチオがデレガチオの下位分類であり、その本質が授権 (iussum) にあると喝破したザルピウスのモノグラフィーである。

Notes

34) Plucinski, a. a. O. (Fn.21), S.289.
35) 本章では「委任」と訳出しているが、Mandat という概念には注意を要する。
　　本章の目的を外れない範囲で敷衍すると、ドイツ普通法学説における委任 (Mandat) は、現在の理解によれば、契約上の委任関係 (vertraglichen Auftragsverhältnis) と一方的な代理権授与行為 (einseitigen Bevollmächtigung) からなる混合物であるといわれている (Eisenried, a. a. O. (Fn.18), S.55)。
　　現在、ドイツ民法典 662 条以下に規定されている意味での「委任 (Auftrag)」は、受任者が委任者から委託された事務 (Geschäft) を、委任者のために無償で処理する義務を負う契約として規定されている。これに対して、ドイツ民法典 164 条以下に規定されている「代理」とは、本人の名で、すなわち、法律効果が直接本人に帰属する効果をともなう法的取引であり、これらの概念は峻別されている (Otto Palandt/Jürgen Ellenberger, Kommentar zum Bürgerliches Gesetzbuch, 69. neubearbeitete Aufl., München, 2010, §164 Einf. Rn.1, S.176)。
　　Vollmacht は、とくに法律行為によって付与された「代理権 (Vertretungsmacht)」のことであるが (ドイツ民法典 166 条 2 項)、それ自体が「代理権授与行為」を意味することもある。この意味で用いられる場合は、Bevollmächtigung と同義である (三潴信三『獨逸法律類語異同瓣』(有斐閣・再版・1936) 29 頁)。そして、委任 (Auftrag) と代理権授与行為 (Vollmacht) とは別個の関係にあり、両者は同時に生じうるし、委任のない代理権授与、または代理権授与のない委任も存在しうる。
　　これに対し、19 世紀初頭のドイツ普通法学説は、委任 (Auftrag) と代理権授与行為 (Vollmacht) とを区別しておらず、両者は Mandat の概念に包含されていたという (Eisenried, a. a. O. (Fn.18), S.55)。すなわち、19 世紀初頭のドイツ普通法学説において、委任 (Mandat) とは、義務的な諾成契約である。それゆえ、委任 (Mandat) は、ある者が対価を得ず、ある事務を処理するよう義務づけられることによって (Anton Friedrich Justus Thibaut, System des Pandecten-Rechts, Bd.2, Jena, 1803, §1078, S.272)、または、委任された適法な他人の事務を、そのための反対給付なく処理することによって (Christian Friedrich von Glück, Ausführliche Erläuterung der Pandecten nach Hellfeld, Bd.15, Abt.2, Erlangen, 1814, §950, S.239f.)、特徴づけられている。プフタ (Georg Friedrich Puchta) は、委任を、ある者が他方の契約相手から委任された事務の処理を無償で引き受ける契約であると説明している (Georg Friedrich Puchta, Pandekten, 12 Aufl., Leipzig, 1877, §323, S.490)。
　　そして、委任契約 (Mandatsvertrag) の締結は、同時に、代理権授与関係 (Vollmachtsverhältnisse) を発生させることにもなる。それゆえ、ティボーやグリュックは、「受任者 (Mandatar)」を「代理人 (Bevollmächtigter oder Procurator)」と呼び (Thibaut, a. a. O., §1078, S.272; Glück, a. a. O., §950, S.241)、プフタは、委任 (Mandat) の効果として、「代理関係 (Repräsentationsverhältniss)」の形成、そして、この点で委任 (Mandat) は代理権授与行為をも意味すると説明している (Puchta, a. a. O., §323, S.491)。
　　このように、19 世紀初頭のドイツ普通法学説においては、委任 (Mandat) によって、委任契約にもとづく委任者のために事務を処理するのと同時に、委任者の代理人として行動することにもなるのである。

36) Loewenfeld, a. a. O. (Fn.14), S.7.
37) Eisenried, a. a. O. (Fn.18), S.56.
38) その他の諸学説については、伊澤・前掲注 10) 24 頁。
39) Albrecht Schweppe, Das römische Privatrecht in seiner Anwendung auf Teutsche Gerichte, als Leitfaden zu den Vorlesungen über die Pandekten, 2 Aufl., Altona, 1819, § 488, S.306.
40) Afr. (8 quaest.) D.17, 1, 34 pr. Qui negotia lucii titii procurabat, is, cum a debitoribus eius pecuniam exegisset, epistulam ad eum emisit, qua significaret certam summam ex administratione apud se esse eamque creditam sibi se debiturum cum usuris semissibus: quaesitum est, an ex ea causa credita pecunia peti possit et an usurae peti possint. respondit non esse creditam: alioquin dicendum ex omni contractu nuda pactione pecuniam creditam fieri posse. nec huic simile esse, quod, si pecuniam apud te depositam convenerit ut creditam habeas, credita fiat, quia tunc nummi, qui mei erant, tui fiunt: item quod, si a debitore meo iussero te accipere pecuniam, credita fiat, id enim benigne receptum est. his argumentum esse eum, qui, cum mutuam pecuniam dare vellet, argentum vendendum dedisset, nihilo magis pecuniam creditam recte petiturum: et tamen pecuniam ex argento redactam periculo eius fore, qui accepisset argentum. et in proposito igitur dicendum actione mandati obligatum fore procuratorem, ut, quamvis ipsius periculo nummi fierent tamen usuras, de quibus convenerit, praestare debeat.
「ルキウス・ティティウスの業務を配慮した者が、その者の負債者達から金銭を取立てた際に、ティティウスに書簡を送付し、この中で管理に基づく確定金額が自分の手許にあり、そしてその金額を半アースの利息で自分が借りる旨を示した。その原因に基づいて貸された金銭が請求されることができるかどうかまた利息が請求されることができるかどうか問われた。金銭は貸されてないと解答された。さもなければすべての契約に基づいて露わな約束によって金銭が貸されることができると云われるべきである。君が貸金を持つために君の許に寄託された金銭について合意したときには、貸与が為されるので、これと同じではない。蓋しその場合には私のものであった貨幣が君のものとなるからである。同様に私の負債者から君が金銭を受領するよう私が命令したときには、貸与がなされる。というのはこれが厚情から受け容れられているからである。消費貸金を与えようと望んでいた際に、(代りに) 売却すべき銀を与えた者がこの証拠である。この者はもはや決して貸された金銭を適法に請求できないけれども、それにも拘わらず銀の売上げから得た金銭は銀を受領した者の危険にあるであろう。隨って前述の事例では委託事務管理人は委任訴訟によって債務を負うと云われるべきであって、その結果貨幣はその者自身の危険にあったとはいえ、それにも拘わらず合意した利息を履行すべきであろう。」訳は、江南・前掲注 19) 389 頁。
41) ローマ法上の iubere, iussum は、専門的な概念として、現在のドイツ法における授権 (ermächtigen, Ermächtigung) に相当すると解されているため (Max Kaser/Rolf Knütel, Römisches Privatrecht, Ein Studienbuch, 20., überarbeitete und erweiterte Aufl., München, 2014, §54, S.318f.)、本章でもこれにしたがう。なお、法文中では、非専門的な一般用語として mandatum という語も用いられている。アシグナチオの法的性質について委任説が登場した所以である。
42) Glück, a. a. O. (Fn.35), §950, S.241.
43) Thibaut, a. a. O. (Fn.35), §1078, S.272f.
44) ただし、被指図人に対する委任についても言及はされており、後の版では、プフタは二重委任説に近い説明をおこなっている。
45) Gai. (2 de verb. obligationibus) D.46, 3, 106. Aliud est iure stipulationis titio solvi

posse, aliud postea permissu meo id contingere. nam cui iure stipulationis recte solvitur, ei etiam prohibente me recte solvi potest: cui vero alias permisero solvi, ei non recte solvitur, si, priusquam solveretur, denuntiaverim promissori, ne ei solveretur.

「問答契約条項によってティティウスに支払いうることと、契約後の私の許可によってそれがなせることとは、別の事柄である。というのも、問答契約条項によって支払いをなしうる者は、私に禁止されたとしても支払いうるのに対し、私によって支払いを許可された者は、支払いがなされる前に禁止の通知がなされることにより、適法に支払うことができなくなるからである。」訳は、遠藤歩「学説彙纂第46巻第3章の邦訳」都法45巻1号（2004）547-548頁。

46) Paul. (2 man.) D.46, 3, 108. Ei, qui mandatu meo post mortem meam stipulatus est, recte solvitur, quia talis est lex obligationis: ideoque etiam invito me recte ei solvitur. ei autem, cui iussi debitorem meum post mortem meam solvere, non recte solvitur, quia mandatum morte dissolvitur.

「ある者が私の委託に基づき、しかし私の死後に、問答契約の要約をなした。この時、彼に対する支払いは適法である。なぜならば、そのような債務の成立が意図されていたのだから。さらに、彼に対する支払いは、私の意思に反してもなすことができる。これに対して、私が債務者に対して第三者への支払いを委任した場合は、私の死亡によって支払いが不適法となる。なぜならば、委任は死亡によって解消されるからである。」訳は、遠藤・前掲注45）548頁。

47) Georg Friedrich Puchta, Lehrbuch der Pandekten, Leipzig, 1838, §317, S.344.
48) 現在のドイツ法において、デレガチオは義務設定指図（delegatio obligandi, delegatio promittendi）と支払指図（delegatio solvendi）とに区別されている（本書前章も参照）。
　義務設定指図とは、指図人が被指図人に、受取人に対して問答契約（stipulatio）または嫁資の言明（dotis dictio）によって義務づけられるよう授権するデレガチオのことであり、現在のドイツ法においてはVerpflichtungsanweisungと呼ばれている。支払指図とは、指図人が被指図人に、受取人に対して直接給付をなすよう授権するデレガチオのことであり、現在のドイツ法においてはZahlungsanweisungと呼ばれている（Kaser/Knütel, a. a. O. (Fn.41), §54, S.319)。
49) Vgl. Carl Friedrich Ferdinand Sintenis, Das Practische gemeine Civilrecht, Bd.2, 2 Aufl., Leipzig, 1868, §113 Anm.72, S.589.
50) 二重委任説は、すでにHeinrich Coccejus, Exercitationum curiosarum palatinarum, trajectinarum & viadrinarum, vol.2, Lemgoviae, 1722, Disp.33, §9, p.636などにみられるが、この時点では、既存の債務関係からの独立は依然としてなされていなかった（Georg Cohn, in: Endemanns Handbuch des deutschen Handels- see- und Wechselrechts, Bd.3, Leipzig, 1885, §451 Anm.20, S.1097)。
　なお、フランス指図法に多大なる影響をもたらしたポチエも、アシグナチオには二つの委任契約（deux contrats de mandat）が含まれていると説明している（Robert-Joseph POTHIER, op. cit. (note 33), t.3, n°227, p.226)。
51) Carl Friedrich Günther, in: Weiskes Rechtslexikon für Juristen aller teutschen Staaten enthaltend die gesammte Rechtswissenschaft, Bd.1, Leipzig, 1839, Anweisung, S.327.
52) Heinrich Thöl, Das Handelsrecht, Bd.1, 3 vermehrte Aufl., Göttingen, 1854, §121, S.461.
53) Sintenis, a. a. O. (Fn.49), §113, S.589.
54) BGB §667. Der Beauftragte ist verpflichtet, dem Auftraggeber alles, was er zur Ausführung des Auftrags erhält und was er aus der Geschäftsbesorgung erlangt,

herauszugeben.
「受任者ハ、委任ノ執行ノ爲ニ受取リタルモノ及事務ノ處理ニ因リ取得シタルモノヲ總テ委任者ニ引渡ス義務ヲ負フ。」訳は、柚木ほか・前掲注4) 614頁。
55) Thibaut, a. a. O. (Fn.35), §1080, S.275.
56) 訳語は、原田慶吉『ローマ法』(有斐閣・第6版改訂版・1955) 252頁にしたがった。そのほか、「訴求額交付委任」との訳語を宛てるものとして、於保不二雄『財産管理権論序説』(有信堂・1954) 30頁。この訳語は、かかる委任が事実上債権譲渡の代用物として用いられていたという実際上の利用に焦点をあてた訳語である。
57) Glück, a. a. O. (Fn.35), §955, S.291.
58) Günther, a. a. O. (Fn.51), S.327.
59) Eisenried, a. a. O. (Fn.18), S.59f.

IV 二重委任説から授権説へ——ザルピウスの見解とその後

1 ザルピウス (Botho von Salpius) の見解

アシグナチオの法的性質を二重委任であると捉える普通法学説の通説に対して異を唱えたのが、ザルピウス (Botho von Salpius) である[60]。

ザルピウスは、まず、これまで更改の一種と解されてきたローマ法上のデレガチオが、更改とは別個独立の法的範疇であることを明らかにした[61]。そのうえで、デレガチオおよびアシグナチオの概念を再検証し、アシグナチオにデレガチオとは異なる固有の法領域があることを否定した。さらに、アシグナチオは、むしろデレガチオに従属する概念であるとして、デレガチオを淵源とするドイツ法におけるアンヴァイズングの再定位を図った。

すなわち、デレガチオと更改とは、ローマにおいて二つの相互に独立した法的範疇である。そして、狭義におけるデレガチオは、信用指図 (Creditanweisung)[62]、すなわち、権利の創設を給付の本旨とする特殊な場合であるが、広義におけるデレガチオは、給付が指図人のアシグナチオ (iussum[63]) にもとづいて任意の性質を生ぜしめるすべての場合を含むというのである[64]。

そこでつぎに、このようにして再定位されたアンヴァイズングの法的性質が問題となる。

(1) 指図人と被指図人との関係の基礎たる授権 (iussum)[65]

　ザルピウスは、アンヴァイズングのなかに二重委任を見出す学説に反論するため、はじめに委任（Mandat）の定義について考察する。この委任の定義から、ザルピウスは指図人と被指図人との関係でも、指図人と受取人との関係でも、ローマ法上の委任（mandatum）とみなされるべきではないという。

　ザルピウスによれば、アンヴァイズングは、たしかに被指図人による事務処理としてなされるのであるが、それは指図人の計算でなされる。それゆえ、アンヴァイズングによる利益ないし不利益や得喪は指図人に由来するものである。しかしこの結果は、委任を用いる場合、間接的にしか達成されない。なぜなら、受任者は、委任者の代わりに直接に取得しうるわけでも、直接に委任者を義務づけることができるわけでもないからである。受任者が委任にもとづいておこなった事務から生じた権利義務は、第一には、受任者自身にとどまりつづける。

　委任は、ザルピウスによれば、委任者と受任者との義務的関係を生じるのであるが、それは二重の方向で生じる。第一に、受任者は、委任者によって委託された事務処理を通じて取得したものを委任者に引き渡す義務を負う。委任者は直接委任訴権（actio mandati directa）によってこれを実現することができる。第二に、委任者は、委託した事務処理の結果生じた不利益な結果を受任者に補償する義務を負う。これは受任者の委任者に対する反対委任訴権（actio mandati contraria）によって実現される。したがって、ザルピウスによれば、ローマ法における委任は、委任された事務から生じた得喪が委任者の財産へと間接的に移転することを目的とした双務契約である。

　ローマ法における委任が双務契約であるという見解をもとに、ザルピウスは、デレガチオ（アンヴァイズング）がなされる際の被指図人の指図人に対する関係は、ローマ法上の意味における委任と解されるべきではなく、指図人の一方的な授権（iussum）を基礎にしているという結論に至った（これは純然たる指図関係の問題であり、原因関係たる資金関係とは異なる）。

　ザルピウスによれば、授権と委任とは、その実際的な目的を完全に共有しているという。両者とも事務処理のための指図なのであり、それによって、事務は指図人の計算でなされる。しかし、委任の場合には、その結果が間接的にしか達成されず、受任者は委任者に対して直接に取得しうるわけでも、委任者を直接に義務づけることができるわけでもないのに対し、授権は、事情によって

は、指図人が被指図人の行為を通じて直接に取得し、もしくは義務づけられうる。そして、アンヴァイズングとはこの後者の性質を有するというのである。

　それゆえ、ザルピウスによれば、かかる授権こそがアンヴァイズングなのであり、それによって、委託された事務から生じた義務が、指図人と被指図人との間の義務設定的な契約に干渉されることなく、授権者に直接に帰せしめられる。授権は、授権者と被授権者との間にいかなる債務的関係をも生じない[66]。それどころか、授権は契約ですらなく、一方的意思表示なのである[67]。

　この授権は、物権契約の締結に向けてなされるのではなく、単なる給付に向けてなされる。この対比は、被指図人の給付が現実の給付を目的とする支払指図（Zahlungsanweisung）の場合にもっとも明白となる。ここでザルピウスは、学説彙纂15巻4章5法文序項（パウルス　プラウティウス註解第4巻）[68]を引用する。

　本法文では、奴隷所有者または父親が金銭消費貸借をしようとしている場面で、貸主に対して、その金銭を借主の奴隷または息子に支払うよう授権している。パウルスは、貸付金が奴隷ないしは息子に支払われているにもかかわらず、貸主が借主に対してコンディクティオ訴権を有すると判断した。その反面で、授権から生ずる訴権は与えられていない。契約の締結は、（資金関係として）あくまで貸主と借主との間で締結されているのであり、その貸付金の支払が、授権によって、奴隷または息子になされている。貸主は借主との間で貸付金の返還を争うことができるが、奴隷または息子に対しては争うことができないのである。

　他方で、被指図人の給付が、被指図人の受取人に対する約束（promissio）によってなされることもありうる。ザルピウスはこれを信用指図（Creditanweisung）と呼んでいる。この場合、たしかに授権は「問答契約によるデレガチオ（delegatio per stipulationem）」という通常事例において契約の締結に向けてなされているが、ここでもまた、被指図人の約束は給付の性質を有するという。この約束は、まさに指図人に対する関係のなかに存するカウサ（causa）を要しない無因的約束（abstraktes Versprechen）なのであり、物権行為なのではない[69]。

　指図人の一方的意思表示としての授権の特徴は、被指図人の給付が、授権の結果、直接に指図人の財産に帰せしめられることである。それは指図人自身になされたものとみなされる。すなわち、授権の結果として生ずる被指図人の受

取人に対する給付は、被指図人の指図人に対する給付としてあらわれる。指図人と被指図人との間には委任訴権は生じない[70]。

ただし、ザルピウスによると、アンヴァイズングは部分的に委任とも関連しうる。この意味での委任は、原因関係たる資金関係および対価関係（Deckungs- und Valutaverhältnis）において、デレガチオの基礎をなしているのだという。ザルピウスはその証拠として、いくつかのローマ法文を引用している。

第一に、指図人と被指図人との間の資金関係の基礎に委任が置かれる場合とは、被指図人が、指図された給付を支払うことにより、指図人に前貸しをすることになり、なされた給付を指図人から支払ってもらうような場合である。ここでは、被指図人は指図人に対して、原因関係から生ずる、前貸金返済に向けた反対委任訴権を有する。学説彙纂17巻1章45法文4項（パウルス プラウティウス註解第5巻）[71]の場合がそれである[72]。

第二に、指図人と受取人との間の対価関係において委任が登場するのは、受取人が、被指図人から受領する給付を、自身で保持するのではなく、指図人との協議によってこれを返還するような場合である。この場合、指図人は受取人に対して直接委任訴権を有する。ここでは、学説彙纂46巻3章12法文2項（ウルピアヌス サビヌス註解第30巻）[73]や、学説彙纂46巻3章108法文（パウルス 手引書第2巻）[74]などが挙げられている[75]。

(2) 指図人の受取人に対する関係

これまでは指図人と被指図人との間の指図関係の法的性質に関する理解について概観してきた。ザルピウスによれば、指図人と被指図人との間の関係は、指図人の一方的意思表示による授権（iussum）であり、委任ではないという。では、指図人の受取人に対する関係はどうであろうか。

ザルピウスは、指図人の受取人に対する関係においても、ローマ法上の意味における委任とみなされるべきではないと解している。すなわち、指図人と受取人との間の対価関係（原因関係）において委任（Mandat）を基礎とするような例外的事例を除けば、指図人と受取人との間の法律関係には、明らかに委任の特徴が欠落しているという。たとえば、支払のため（zahlungshalber）または恵与のため（schenkungshalber）に指図がなされる場合、受取人は受任者とはならない。その場合の受取人は、自身になされた給付を、他者のためにではなく自

己の計算で取得するからである。それゆえ、受取人は指図人に対して受領に対して責任を負うことはなく、指図人は受取人に対して直接委任訴権 (actio mandati directa) を有さない。

また、ザルピウスは、指図人と受取人との間の指図関係は、普通法学上のいわゆる「自己の利益のための委任 (mandatum in rem suam)」にもあたらないと指摘する。ザルピウスによると、普通法学説のなかで、自己の利益のための委任は非常によく知られた概念であるが、このような概念はローマ法にまったく存在していないというのである。

ローマ法においては、自己の利益のための委任についての言及はまったくなされておらず、「自己の利益のための代理人 (procurator in rem suam)」についてのみ言及されているという。ここでザルピウスは学説彙纂3巻3章42項2法文パウルス（告示註解第8巻）[76] を引用する[77]。

本法文において言及されている「自己の利益のための代理人」という法形式は、ローマ法において債権譲渡として重要な役割を演じていた。現行法とは異なり、ローマ法では権利がその保有者と結び付けられていたため、債権の単純な譲渡は不可能であった。それゆえ、譲渡人が譲受人を「訴訟代理人 (cognitor)」または「自己のための代理人 (procurator in rem suam)」に任命して、訴訟代理を通して債権を他者のもとへ移転する。譲渡人は譲受人に、自己の名で譲渡人の債権を求めて提訴し、そこで勝ち取った債権を自己のものとして保持するよう授権するのである[78]。このように、ザルピウスは、指図人と受取人との関係に自己の利益のための委任が存在すると解する支配的見解は、ローマ法の解釈を誤った非常に奇怪な見解であると批判する。

しかし、ザルピウスにとって、指図人と受取人との関係は、指図人の受取人に対する授権を基礎としているわけでもないという。受領授権 (iussum accipiendi) すなわち給付の受領に向けられた授権は、財産給付の発生に向けられた支払授権 (iussum solvendi) とは異なり、与えられないというのである。なぜなら、ザルピウスにとって、授権の特徴は、給付の効力が授権者の財産に及ぶことであるからである。それゆえ、指図行為に固有の基礎たる授権は、指図人と被指図人との間でのみなされるのである。

たしかに iubere accipere という用語法は、ローマ法文上において時折あらわれることがある。たとえば学説彙纂17巻1章34法文序項（アフリカヌス 質

疑録第8巻）[79] などが挙げられよう。しかしながら、ザルピウスによれば、本法文には用語法の不正確さが存在するという。正確な使用法としては、学説彙纂12巻1章15法文（ウルピアヌス 告示註解第31巻）[80] が挙げられている。

ザルピウスによれば、ローマ法において、取立委任（Einkassierungsmandat）は支払授権の中へ溶解し去られているという。たとえば、学説彙纂46巻3章34法文3項（ユリアヌス ディゲスタ第54巻）[81] では、包括的代理権についての受領者の単なる認識が、直接の支払授権と同視されている。本法文を根拠として、ザルピウスは、ローマ法においては、取立委任が支払授権のなかで一元的に捉えられているとの一般的主張を定立するに至っている[82]。

ただし、現在この主張は、ローマ法には存在しないパンデクテン法学の概念的誘導であると指摘されている。すなわち、本法文でユリアヌスは、指図人が代理人（受取人）に対して与えた代理権の取消しを知らずに給付をなした指図人の債務者（被指図人）が、その取消しにもかかわらず、指図人に対する債務から解放されると判断しているが、これは当該事案に関係する範囲についてしか説明していないというのである[83]。

このように、ザルピウスは、指図人の受取人に対する指図関係を、委任とも授権とも解していない。

ところで、ザルピウスは、他者の給付から利益を得るためには事前の行為も意思表示すらも不要であると主張する。このような見解は、学説彙纂46巻3章23法文（ポンポニウス サビヌス註解第24巻）[84]、および学説彙纂12巻1章9法文8項（ウルピアヌス 告示註解第26巻）[85] から導き出されるという。また、学説彙纂46巻3章56法文（パウルス 告示註解第62巻）[86] から明らかなように、指図人から受取人への方面で、デレガチオは直接の給付と解されている。

本法文で、支払指図（Zahlungsanweisung）だけではなく信用指図（Creditanweisung）も含んだデレガチオは、dare, solvere（与える、支払う）と対比される。すなわち、デレガチオの過程を説明するために他の法領域からの類似性を引き合いに出す場合、まずは物の引渡しや金銭の現実の引渡しが想起されなければならない。その場合、金銭受領者のごとく、受取人に財産目的物を自己の利益のために取り立て、自己のものとする可能性が認められる。これは、指図人の側の所有の放棄を通じて生じるのではなく、被指図人によって受取人に開かれる、物を手に入れる可能性たる「空洞の占有（vacua possessio）」[87] を通じて生

ずる。

　このように、ザルピウスによれば、指図人と受取人との関係について、デレガチオは「空洞の占有（vacua possessio）」たる性質を有する。これは支払指図の場合にもっとも容易に理解できるという。「空洞の占有」とは、あらかじめ財産目的物に対する支配権の放棄に関する契約も意思表示もすることなく、受取人に被指図人による財産目的物を取り立てる可能性が認められるものである。この場合、指図人と受取人との間の指図関係は、受取人による財産目的物の取得の単なる結果にすぎない。これに対して、信用指図の場合には、「空洞の約束（vacua promissio）」という観念があてはまる。「空洞の約束」とは、受取人に対して義務を負担しようとする被指図人の自発的な意思にその本質があるとするものであるという[88]。

(3) 小　括

　19世紀中葉ごろ、ドイツ普通法学説におけるアシグナチオの法的性質については、二重委任説が通説であった。二重委任説は、指図人の被指図人に対する委任と、指図人の受取人に対する委任という二重の委任によってアシグナチオが特徴づけられるとする。これに対して異を唱え、アシグナチオの本質が授権（iusssum）[89]にあると捉えたのがザルピウスである。

　ザルピウスは、まず、アシグナチオが更改の一種であるとする伝統的見解は誤った見解であり、アシグナチオがデレガチオに従属する概念であることを明らかにした。つぎに、デレガチオ（アシグナチオ）の基礎を委任に求める見解を否定し、指図人が被指図人に付与する授権がその本質であると主張した。その一方で、指図人と受取人との関係では、デレガチオは委任でも授権でもないという。

　この点についてザルピウスは、同著の結論部分にて以下のように述べている。すなわち、アンヴァイズング（デレガチオ）の法律効果は、学説彙纂46巻3章56法文（パウルス　告示註解第62巻）[90]、および学説彙纂50巻17章180法文（パウルス　プラティウス註解第17巻）[91]という二つの法文から、二つの構成要素に分解される。

　その第一は、指図人の利益のためになされる。すなわち、受取人に対する債務からの解放であれ、債権を取得するのであれ、その他の形をとるのであれ、

被指図人が受取人に与えているにもかかわらず、指図人が受取人に与えたものとみなされる。そのような効果が認められるためには、彼の意思すら必要ではない。被指図人が他人の名で（alieno nomine）給付し、受取人が給付をそのようなものとして受領することで十分である。この状況は、アンヴァイズングが、単なる代理関係（Repräsentationsverhältniß）にもとづいてなされる間接的な支払事例と共通するという。

その第二は、これとはまったく異なり、指図人の不利益となるよう作用する。すなわち、指図人ではなく受取人が受領したのにもかかわらず、指図人が受領したものとみなされるのである。被指図人に対する旧債権にもとづくのであれ、後に立替金を返済するのであれ、指図人は、他人の利益を自己のものとして計算することになる。

このような効果は、指図人の授権を通じて表示される、指図人の同意の意思を前提としている。この授権は、他人の給付の効果を自己の財産上に帰せしめる意思表示（Willenserklärung）である。つまり、「私の計算で支払をなすならば、私はそのことについて責任を負担いたします」との意思表示である。ザルピウスによると、かかる授権こそが、真にアンヴァイズングの特徴的な要素であり、観念上の指図人の支払や勘定を機能させる根拠となっているというのである[92]。

このように、ザルピウスはデレガチオの法的性質を、指図人から被指図人に与えられる単一授権であると解している。

ザルピウスの見解は、当時の学説に対して画期的な理論を多く含んでおり、ドイツ国内外に多大なる影響を与えた。その後、学説の批判にさらされながら、アンヴァイズングと委任との峻別を図ろうとするザルピウスの見解は徐々に受容されるに至り、ドイツ民法典において二重授権として結実するのである。

つぎに、ザルピウスのかかる見解に対する学説の反響とその影響を見てゆこう。

2　ザルピウス以後の学説の展開

(1) ヴィッテ (H. Witte) の批判

ヴィッテ（H. Witte）は、ザルピウスの主張を批判し、アンヴァイズングの法

的性質が二重委任であるとの通説の見解を固持している。まず、ヴィッテは、委任（Mandat）が双務契約であり、委任者の義務と受任者の義務という二つの義務が生じるというザルピウスの見解を批判した。

ヴィッテにとって、委任とは、委任者に対して直接に給付されることにその本質がある場合でないかぎりは、ある者の、契約による指示であり、それによって他に個別化される契約の諸前提が与えられる[93]。そして、それは学説彙纂43巻26章8法文序項（ウルピアヌス 告示註解第71巻）[94]から明らかであるという。

ヴィッテによれば、いかなる場合であっても、委任訴権は委任と関連して生じることはない。このことは（直接）委任訴権（actio mandati）であっても反対委任訴権（actio mandati contraria）であっても同様であるという。これらの訴権が、委任から生じるかどうか、そして、いつ生じるかは、ヴィッテによれば、つねに個々の具体的事情に依存している。

委任者の委任訴権は、ヴィッテにとっては、たしかに観念的な可能性としてはただちに与えられるが、実際上は、財産上の利益侵害によって帰責性があると認められる場合にのみ機能するという。かかる区別を通じてのみ、ローマ法文のなかにみられる、委任訴権に関して契約の相手方の利益に無関心な法文と、その直後に契約の相手方の利益が必要であると述べる法文とが調和しうるというのである。

委任訴権が基礎づけられる財産上の利益侵害は、ヴィッテによれば、学説彙纂17巻1章6法文4項（ウルピアヌス 告示註解第31巻）[95]から明らかであるという。反対に、学説彙纂17巻1章8法文6項（ウルピアヌス 告示註解第31巻）[96]は、ヴィッテによれば、財産上の利益侵害が欠如しているために、いかなる委任訴権も生じないことの例であるという。後者の法文で、ウルピアヌスは、依頼された給付が第三者によってもたらされた、あるいは委任者自身によって意図されていた場合には、委任者の利益が欠如しているために、委任者の委任訴権は発生しないと述べている。

さらに、ウルピアヌスによれば、委任訴権は、委任の不履行によっていかなる損害も生じなかった場合にも排斥されるという[97]。このように、委任者が受任者に対する委任訴権を有しているかどうかは、ヴィッテによれば、つねに依頼されている事務の内容に左右される。

また、ヴィッテは、ザルピウスが委任の必然的結果として生じると解する反対委任訴権についても、同一の論証でこれを認めない。反対委任訴権は、他者のアンヴァイズングを実行したある者を損害から保護するためにのみ論じられる。それゆえ、それはつねに不利益をこうむることを前提としており、受任者によってなされる事務処理を通じて、彼にまったく不利益が生じないか、あるいは不利益があらかじめ彼に補償されているような場合には、反対委任訴権は発生しないという[98)][99)]。

　ヴィッテは、以上のような委任に関する認識をもとに、指図人と被指図人との関係に関するザルピウスの見解、すなわち、指図人の被指図人に対する関係は、委任ではなく授権（iussum）にその基礎を置くという見解を誤りであるとみなしている。

　ヴィッテによれば、ザルピウスの理論は、多くの場合、授権と委任における行為の分断を促しているが、これらの行為は、自然な法的観照からすれば統一的な行為として見ることができるという[100)]。これは、とくに、被指図人が受取人に対して給付をなすよう義務づけられることにより、指図人と被指図人との間のアンヴァイズングが、特約という形で履行されるような場合に顕著である。

　さらに、ヴィッテはザルピウスの理論の実際上の意義を低く評価している。たとえば、ザルピウスは、被指図人が受取人に給付をなすことによって指図人に対して前貸しをすることになる場合にしか、指図人に対する（反対）委任訴権は認められないと解しており、ここに委任と授権との決定的な差異が生じているという。

　しかし、ヴィッテによれば、そもそも委任と委任訴権とは、かならずしも結合していない。これは、直接委任訴権であろうと反対委任訴権であろうと同様である。したがって、この点に関して、ザルピウスの指摘する授権と委任との差異は、ヴィッテの見解によれば決定的な違いとはならないというわけである[101)]。

　以上のような考察にもとづいて、ヴィッテは、指図人と被指図人との間の指図関係において、ザルピウスの唱える授権概念を認める実益はないと指摘し、アンヴァイズングの法的性質を委任と解することで足りるとの結論に達した。では、指図人と受取人との間の指図関係についてはどうか。

　ヴィッテは、これについてもザルピウスの見解を拒絶しており、かかる指図

関係には、自己の利益のための委任（mandatum in rem suam）という形で、委任が基礎となっていると解する普通法学説の見解を正当であると主張している。

ザルピウスは、指図人と受取人との指図関係の基礎に、自己の利益のための委任を置く普通法学説を批判して、「訴訟代理人（cognitor）または自己のための代理人（procurator in rem suam）」と「委任（mandatum）」とを区別しているが、ヴィッテによれば、このような区別は存在しない。これはガーイウス法学提要4巻84節[102]から明らかとなる。ここでは、訴訟の代理人（procurator）としての指名が委任であると述べられている。

また、ヴィッテは、自己の主張の正しさを証明するため、いくつかのローマ法文も引用している。そもそも、法文が指図人の指図関係に言及する場合、給付をなすべき被指図人との関係に焦点があたりやすいため、指図人と受取人との間の指図関係について言及がある法文は、指図人と被指図人との関係について述べられているものほど多くない。しかし、ヴィッテによれば、自己の主張が正当であることを確認するためには、そのいくつかの法文だけで十分であるという。

そのために、ヴィッテは、まず、委任と授権とが、ローマ法文のなかで同義語として用いられていることを証明しようとしている。両者の同義性が確認された場合、授権について語られている法文も自己の論拠として用いることができるからである。

そこで、ヴィッテは、ガーイウス法学提要第2巻38節[103]、学説彙纂17巻1章34法文（アフリカヌス 質疑録第8巻）[104]、学説彙纂46巻2章34法文序項（ガーイウス 文言債務論第3巻）[105]、学説彙纂46巻3章108法文（パウルス 手引書第2巻）[106] などを引用している。最後の法文は、約束をなさせるアンヴァイズングについては授権、支払をなさせるアンヴァイズングについては委任という語が用いられている[107]。

ザルピウスは、指図人と受取人との間の指図関係が、委任でも授権ではなく、単に指図人の受取人に対する直接の給付にすぎないと主張している。そして、現実の給付の受領に向けられた授権に言及している法文は、用語法の不正確さにもとづいているというのである。ヴィッテは、ザルピウスのこのような構成もまた、ローマ法文と矛盾していると指摘する。

さらに、ヴィッテによれば、被指図人の受取人に対する給付は、指図人の財

産に作用する。それゆえ、一般的に、アンヴァイズングの結果として、指図人には、間接的な給付の効果が及ぶという。そうすると、被指図人の受取人に対する給付が、指図人の財産に効力を及ぼし、彼の給付が被指図人の指図人に対する給付となるように、指図人の受取人に対する委任が必要であるというのである[108]。

(2) エンデマン (Wilhelm Endemann) の見解

エンデマン (Wilhelm Endemann) は、アシグナチオ・アンヴァイズングがつぎのような場合に生ずると定義づける。すなわち、ある者(指図人)が他者(被指図人)に、第三者(受取人)に対して支払をなすように委任(Auftrag)を与え、同時に、受取人に、被指図人から受領するように委任を与える場合である。そして、アンヴァイズングには、支払委任(Zahlungsmandat)と取立委任(Inkassomandat)との結合が見られるという[109]。

この説明だけを単純に拾い上げるならば、エンデマンもヴィッテと同じく二重委任説に立脚しているようにみえる。しかし、エンデマンは、指図人と受取人との間でなされる委任の内容を説明する際に、授権概念を登場させる。すなわち、エンデマンによれば、取立委任(Einkassierungs- oder Inkassomandat)[110]とは、債権者が第三者に対して、債務者から一定の債務の弁済を受領するために付与する授権(Ermächtigung)[111]であるというのである。授権は、商品を受領するような場合にも関係しうる。エンデマンによると、このような取立委任は、ほんらい、支払委任[112]と表裏の関係にあるという[113]。

エンデマンは、一般的に、指図人の受取人に対する法律関係が委任(Mandat)であると解されているとしつつ、いずれにせよ、そのなかには、受取人のための、受領するための授権が含まれているという。しかし、エンデマンによると、この授権のより詳細な意義については第一に調べられなければならない。

さらにそのうえで、アンヴァイズングが、指図人の名と計算で取り立てるための授権であると解される場合には[114]、通常、アンヴァイズングの目的は、受取人が義務または与信給付として価値を保持しなければならないということになる。この場合には、アンヴァイズングの特性は、委任(Mandat)概念によるのとは異なる説明がなされなければならない[115]。これについて、従来から「自己の利益のための委任(mandatum in rem suam)」という概念が承認されて

きてはいるが[116]、自己の利益のための委任とは、その理論的な応急処置（Notbehelf）にすぎないというのである[117]。

このようにエンデマンは、アンヴァイズングの法的性質を、あくまでも支払委任と取立委任という二つの委任の結合に求めているが、指図人が受取人に対して与える取立委任とは、結局のところ、被指図人により給付されるものを受領するための授権であると解している[118]。

(3) デルンブルク（Heinrich Dernburg）の見解

通説である二重委任説は、アンヴァイズングのなかに、一方では、指図人の受取人に対する取立委任（mandatum accipiendi; Inkassomandat）、他方では、指図人の被指図人に対する支払委任（mandatum solvendi）という、二つの委任が含まれていると解している。デルンブルク（Heinrich Dernburg）は、この通説の見解は適切ではないとし、取立委任は、アンヴァイズングのなかで、決して不可欠なものではないと指摘する。

むしろ、アンヴァイズングのなかには、金銭その他の財産を第三者（被指図人）から、指図人の計算で取り立てるよう、指図人によって受取人に与えられた授権（Ermächtigung）が理解されるべきであるという[119]。指図人と受取人との指図関係においては、指図人による取立てのための授権が与えられているというのである。

たしかに、授権は指図人の利益のみにおいてなすことができ、その場合には、受取人は指図人の受任者となる。しかし、非常に多くの場合、アンヴァイズングは当事者双方の利益においてなされる。また、アンヴァイズングは受取人の利益のみにおいてもなされうる。たとえば、指図人が受取人に、アンヴァイズングを通じて、与信または贈与をなす意図であるような場合である。

ここで、デルンブルクは、アンヴァイズングが受取人の利益のみにおいてなされるような場合、すなわち、指図人が受取人に対して与信や贈与をなす意図でアンヴァイズングをおこなう場合には、委任のように、その履行が義務づけられるのは適切ではなく、むしろ受取人を義務づけない授権が考慮されるべきであるというのである。

指図人の受取人に対する指図関係とは対照的に、デルンブルクによれば、被指図人には、アンヴァイズングを通じて、通常、支払委任が与えられるとい

う[120]。ただし、デルンブルクは、アンヴァイズングが、つねに指図人の被指図人に対する支払委任を構成することについては懐疑的である[121]。しかし、そのような例外が度外視されうるほど、支払委任であるとの構成が原則となっているという[122)123)]。

(4) ラーデンブルク (Ladenburg) の見解

ラーデンブルク (Ladenburg) も、指図人と受取人との間の指図関係を取立委任であると解する二重委任説に異を唱えている。

ラーデンブルクによれば、アンヴァイズングという言葉は、指図人が受取人の利益のために被指図人に与えた支払委任のことを指す。被指図人が、支払委任の結果、支払をなした場合、被指図人は指図人に対して、その立替金の補償を請求することができる。

もし、二重委任説のように、指図人が受取人に取立委任を与えていると解する場合、受取人は、彼が取り立てたものを指図人に返還しなければならない。このような批判を克服するため、二重委任説の支持者は、アンヴァイズングの場合、受取人の指図人に対する引渡義務は必然的には生じないとし、そのために「自己の利益のための委任 (mandatum in rem suam)」なる概念を用いてきた[124]。

ラーデンブルクは、「自己の利益のための委任」はまったくローマ法に合致しておらず、ローマ法においてこのような委任は完全に無効とされていることを指摘し、その証拠として、学説彙纂17巻1章2法文序項（ガーイウス 日誌或は黄金本第2巻）[125]、学説彙纂17巻1章6法文5項（ウルピアヌス 告示註解第31巻）[126]を挙げている。

すなわち、すべての義務は、一方が権利を与えられ、他方が義務づけられる二人の異なる当事者を前提にしている。委任の場合、受任者は委任者に対して、たとえば彼のために金銭を取り立てる場合のように、彼のために何らかのことをなすべく、その義務を受け入れる。しかし、そのような委任の義務は、受任者が、取り立てた金銭の勘定を委任者につける、つまり、委任者に補償しなければならない場合にのみ意味を有する。

受任者自身がこれを保持すべき場合には、委任者は、当該委任の履行についてまったく利益を有していない。上掲のローマ法文によれば、このような場合

には supervacuum est mandatum、つまり「委任は無効である」と解されているのである。

このような委任の定義から、ラーデンブルクは、日常生活における多くの指図事例において、受取人自身が指図給付を取得していることから、指図人の受取人に対する関係においては、必ずしも委任が存在していないことを確認する。例外的に委任が存する場合もあるが、それは個々の事例の特殊性としてのものである。

この点について、ラーデンブルクは以下のような例を挙げる。AはBに、100フローリンの貸借をしてほしいと懇願した。そのために、BはAに、Bと当座勘定取引のある銀行家Cに向けたアンヴァイズングを与え、それに対してAは受け取る貸借に関する借用書を交付した。この場合、Aのみが指図された金額を受領することについての利益を有しており、反対に、Bは取立てに関する以外の利益を有さない。

たとえば、Bが銀行家Cに対して、Aによって取り立てられた金額に利息をつけなければならず、かつAによる取立ての遅延があった場合にはBの利益となる。なぜなら、彼は遅延期間中、利息を節約するからである。また、Aがまったく取り立てなかった場合にも、Bの計算上、指図された金額が負担になることはないためBの利益となる。

さらに、別の例として、書物の購入のために書籍商に一定の金額の借りがあることから、私が彼にアンヴァイズングを与えた場合を挙げる[127]。この場合、書籍商は、取立てをなすことができ、取り立てたものを保持しうる。しかし、取立てをなすよう拘束されることはない[128]。

最後に、ラーデンブルクは、AがBに、Aによって引き受けられた為替手形（Wechsel）を交付し、その代わりに、BがAに対して、銀行に向けたアンヴァイズングを与えるという事例を挙げる。ここでAは銀行に対し、指図された金額の貸方記入をなさせうる。この場合、Aは自己の利益のみにおいて行動したのであって、決してBの受任者として行動したのではない。

ラーデンブルクは、これらの事例でなされたアンヴァイズングは、取立委任とみなすことはできないという。それゆえ、指図人と受取人の関係において、アンヴァイズングは、つねに、指図人が受取人に対して一定額の取立てをするよう授権する、代理権（Vollmacht）であるというのである[129]。

(5) ヴィントシャイト（Bernhard Windscheid）の見解

ヴィントシャイト（Bernhard Windscheid）は、その基底をなす部分に関しては、ザルピウスのアンヴァイズングについての見解に賛意を示している。

まず、ヴィントシャイトは、間接的な財産給付が、委任だけではなく、単なるアンヴァイズングを通じても達成されうるとし[130]、指図人の被指図人に対する指図関係については指図人の授権を基礎としているというザルピウスの見解と同じく、アンヴァイズングは委任（Auftrag）から区別されるという。その区別の基準としてヴィントシャイトが指摘するのは、アンヴァイズングがその履行を義務づけられてはいないという点である。

ヴィントシャイトによると、ローマ法においては、現今のアンヴァイズングの代わりに、授権（iussum）やデレガチオという用語が使われており、後者が財産給付の発生に向けたアンヴァイズングにのみ用いられていたのに対し、前者は給付の取立てに向けたアンヴァイズングにも用いられていたという。

しかし、そのようなアンヴァイズングは、委任とは異なり、受取人が取り立てたものを保持しつづけ、給付されたものが指図人になされたものとみなされるが、当事者の意思によって、その取り立てたものを指図人に返還することもあり、給付が指図人からなされることもありうる。その場合には、履行に関する直接委任訴権（actio mandati directa）は基礎づけられないが、返還に関する直接委任訴権ないしは補償に関する反対委任訴権（actio mandati contraria）が基礎づけられるため、アンヴァイズングはふたたび委任となるという[131]。

つぎに、指図人と受取人との間の指図関係についても、ヴィントシャイトは、受取人はアンヴァイズングを実現するための権限が与えられているにすぎず、義務づけられているわけではないとし[132]、さらに、アンヴァイズングは取立委任（Einkassierungsmandat）ではないという[133]。そもそも、ヴィントシャイトにとって、現今のアンヴァイズングは、支払のためになされるのであって、受領のためになされるのではないし、約束するためになされるのでもない[134]。

(6) 小 括

ザルピウス以後、アンヴァイズングに関する学説は、新たな局面を迎えた。もちろん、ヴィッテのようにアンヴァイズングの法的性質を二重委任と解する学説も見られるが（ただしヴィッテは委任の定義自体に特殊性が見られる）、そのなか

にあって、圧倒的通説であった二重委任説とは異なる、さまざまな見解があらわれてきたのである。これは、委任（Mandat）概念がより分析的に精査され、そのなかに包摂されていた代理や授権といった概念が、独立の法概念として意識され始めたことに起因するものと考えられる。

　時系列に沿ってみていくと、指図人と受取人との間の指図関係が授権（Ermächtigung）を基礎としているという見解は、早くから主張され始めている。この点については、1858年に、イェーリングが「自己の利益のための委任」を、授権概念をもって説明しようとした試みが想起されるべきである[135]。ただし、後代の学説は、「自己の利益のための委任」という制度の存在それ自体に懐疑的な見解が多く、その代わりに授権概念を登場させているようである。

　また、ラーデンブルクのように、指図人と被指図人との指図関係を支払委任であるとしつつ、受取人との関係について、授権ではなく代理権（Vollmacht）という語を用いて説明する見解もある。アンヴァイズングの法的性質を単一の代理権によって説明する見解は、後にレーネル（Otto Lenel）[136]やレント（Friedrich Lent）[137]らによって主張されている。

　これに対して、指図人と被指図人との指図関係については、ザルピウス以後も、支払委任をその基礎と解する見解が主流であった。しかし、19世紀後半には、ヴィントシャイトのように、これを授権（iussum）と解する見解が登場するにいたっている[138]。

　これら授権（Ermächtigung; iussum）の意味する内容は、各論者によってさまざまであり、決して同一の意義において用いられているわけではないが、少なくとも、この時代から、アンヴァイズングと委任との分化が始まっていたことは見て取ることはできるだろう。

Notes

60) Botho von Salpius, Novation und Delegation nach römischem Recht, Berlin, 1864.
61) この点については、前章参照。
62) ザルピウスのいう信用指図（Kreditanweisung）とは、義務設定指図（delegatio obligandi, delegatio promittendi）のことであるといわれている（Wolfgang Endemann, Der Begriff der Delegatio im Klassischen Römischen Recht, Marburg, 1959, S.7 Anm.7）。義務設定指図については、前掲注48）参照。
63) なお、ザルピウスはモノグラフィーのなかで、iussumではなく、iussusという語を用いているが、これは、ローマ法文に必ずしも合致しているわけではない。iussusとい

う語は、奪格（iussu）としての利用はあっても、主格（iussus）としての利用は非常に稀であるからである。主格としてはつねに iussum が用いられるという（Paul GIDE, Études sur la novation et le transport des créances en droit romain, Paris, 1879, p.388; Eisenried, a. a. O. (Fn.18), S.67)。そこで、以下、本章では iussum と表記する。

64) Salpius, a. a. O. (Fn.13), §4, S.25.
65) 授権概念については、後掲注89)。
66) Salpius, a. a. O. (Fn.13), §9, S.51f.
67) Salpius, a. a. O. (Fn.13), §9, S.52.
68) Paul. (4 Plaut.) D.15, 4, 5 pr. Si dominus vel pater pecuniam mutuam accepturus iusserit servo filiove numerari, nulla quaestio est, quin ipsi condici possit: immo hoc casu de iussu actio non competit.
「消費貸金を受領しようとする奴隷の所有者或は父親が奴隷又は息子に支払わされるように命令したときには、その者自身に弁済請求されることができることは何等疑問がない。しかもこの事例では命令に関する訴訟は成立しない。」訳は、江南・前掲注19) 327頁。
69) Salpius, a. a. O. (Fn.13), §10, S.54.
70) Salpius, a. a. O. (Fn.13), §10, S.55.
71) Paul. (5 Plaut.) D.17, 1, 45, 4. Sed si mandavero tibi, ut creditori meo solvas, tuque expromiseris et ex ea causa damnatus sis, humanius est et in hoc casu mandati actionem tibi competere.
「しかし君が私の債権者に弁済するよう私が君に委任し、君が（弁済する代りに）既存債務の支拂を要約し、その原因に基づいて君が有責判決を受けたときには、この事例においても君に委任訴訟が成立するというのがより人間的である。」訳は、江南・前掲注19) 393頁。
72) Salpius, a. a. O. (Fn.13), §10, S.56.
73) Ulp. (30 sab.) D.46, 3, 12, 2. Sed et si quis mandaverit, ut titio solvam, deinde vetuerit eum accipere: si ignorans prohibitum eum accipere solvam, liberabor, sed si sciero, non liberabor.
「さらにまた、ある者がティティウスに対して支払う旨を私に命じ、その後彼がティティウスに受領を禁じた場合、私が右禁止を知らずに支払ったならば、解放される。逆に、知っていたならば解放されない。」訳は、遠藤・前掲注45) 506頁。
74) 前掲注46)。
75) Salpius, a. a. O. (Fn.13), §10, S.57f.
76) Paul. (8 ed.) D.3, 3, 42, 2. Ea obligatio, quae inter dominum et procuratorem consistere solet, mandati actionem parit. aliquando tamen non contrahitur obligatio mandati: sicut evenit, cum in rem suam procuratorem praestamus eoque nomine iudicatum solvi promittimus: nam si ex ea promissione aliquid praestiterimus, non mandati, sed ex vendito si hereditatem vendidimus, vel ex pristina causa mandati agere debemus: ut fit cum fideiussor reum procuratorem dedit.
「本人と訴訟受任者との間に普通に存在する債務関係は委任訴権を発生す。然れども時としては委任の債務関係が契約せられざることあり、例へば自己の利益の為めにする訴訟受任者を指定する者が之が為め判決債務の履行を約する場合の如し、何故となれば若し本人が右の約束に因り或ものを給付したるときは委任訴権に依らず売主訴権に依るか（若し相続財産の売買ありたるときは）又は保証人が主たる債務者を訴訟受任者として指定したる場合の如く本来の委任を原因として訴訟受任者に対し請求の訴を為すことを要すればなり。」訳は、春木一郎『ユースティーニアヌス帝学説彙纂ΠΡΩΤΑ（プロータ）』（有斐閣・1938）334頁。

77) Salpius, a. a. O. (Fn.13), §13, S.70f.
78) Kaser/Knütel, a. a. O. (Fn.41), §55, S.320; Eisenried, a. a. O. (Fn.18), S.79.
79) 前掲注40）参照。「私の債務者から金銭を受領するように私が君に授権した場合（si a debitore meo iussero te accipere pecuniam (…)）」
80) Ulp. (31 ed.) D.12, 1, 15. Singularia quaedam recepta sunt circa pecuniam creditam. nam si tibi debitorem meum iussero dare pecuniam, obligaris mihi, quamvis meos nummos non acceperis. quod igitur in duabus personis recipitur, hoc et in eadem persona recipiendum est, ut, cum ex causa mandati pecuniam mihi debeas et convenerit, ut crediti nomine eam retineas, videatur mihi data pecunia et a me ad te profecta.
「貸与された金銭に関して或特別な法規が採用されている。即ち私が私の債務者に君に金銭を与えるよう命ずるときには、たとえ君が私の貨幣を受領しないとしても、君は私に債務を負う。従ってこれは二人の人格において受入れられているので、これは一人の人格においても受入れられるべきである。その結果君が委任原因で金銭を私に支払う義務を負い、君がそれを貸与金として確保することに同意が行われた際には、金銭は私に授与され、そして私から君に金銭が移転されたと見られる。」訳は、江南・前掲注19）131頁。

第1部　ドイツ法における指図（Anweisung）

81) Iul. (54 dig.) D.46, 3, 34, 3. Si titium omnibus negotiis meis praeposuero, deinde vetuero eum ignorantibus debitoribus administrare negotia mea, debitores ei solvendo liberabuntur: nam is, qui omnibus negotiis suis aliquem proponit, intellegitur etiam debitoribus mandare, ut procuratori solvant.
「私がティティウスに対して自己の全財産の管理を委ね、次いで債務者の不知の間にティティウスに財産管理を禁じた場合、債務者はティティウスに支払うことによって解放される。なぜならば、全財産の管理を他人に委ねた者は、債務者に対して事務管理人に支払うことを命じたと理解されるからである。」訳は、遠藤・前掲注45）514頁。
82) Salpius, a. a. O. (Fn.13), §13, S.72f.
83) Eisenried, a. a. O. (Fn.18), S.81f.
84) Pomp. (24 ad Sab.) D.46, 3, 23. Solutione vel iudicium pro nobis accipiendo et inviti et ignorantes liberari possumus.
「弁済受領及び訴訟引受によって、我々は［債務者の］意に反し、または不知の間に［債務者を］解放することができる。」訳は、遠藤・前掲注45）510頁。
85) Ulp. (26 ed.) D.12, 1, 9, 8. Si nummos meos tuo nomine dedero velut tuos absente te et ignorante, aristo scribit adquiri tibi condictionem: iulianus quoque de hoc interrogatus libro decimo scribit veram esse aristonis sententiam nec dubitari, quin, si meam pecuniam tuo nomine voluntate tua dedero, tibi adquiritur obligatio, cum cottidie credituri pecuniam mutuam ab alio poscamus, ut nostro nomine creditor numeret futuro debitori nostro.
「君の不在中君の知らない間に私が君の名義で私の貨幣を授与するであろうときには、アリストは弁済請求訴訟が君に取得されると記述している。ユリアヌスもまたこの点について質問されて第10巻でアリストの見解は正しく、私が私の金銭を君の名義で君の同意を得て授与するであろうときには、日々他の者から金銭を消費貸与しようとして、債権者が我々の名義で将来我々の債務者となる者に支払うことを我々が要求するように、債務が君には取得されるということは疑われないと記述している。」訳は、江南・前掲注19）129頁。
86) Paul. (62 ed.) D.46, 3, 56. Qui mandat solvi, ipse videtur solvere.
「支払いを命じた者は、自己が支払ったとみなされる。」訳は、遠藤・前掲注45）523頁。
87) 訳語は、木庭顕『ローマ法案内――現代の法律家のために』（羽鳥書店・2010）157

88) Salpius, a. a. O. (Fn.13), §13, S.72f.
89) ただし、ここでザルピウスが主張する授権 (iussum) の意味内容は、現在のドイツ法における授権 (Ermächtigung) のそれと必ずしも一致しているわけではない。
　そもそも授権 (Ermächtigung) とは、従来、代理とともに委任 (Mandat) 概念に包摂されていたが、19世紀中葉ごろから、徐々にその分化が認められるにいたった概念である。本章で、iussum に「授権」という訳語を宛てているのは、現今の授権概念がローマ法上の iussum に相当するという、現在のローマ法に対する理解にもとづいているためである (前掲注41))。
　技術的概念として授権 (Ermächtigung) の問題が提唱されたのは、イェーリングの論攷 (Rudolf von Jhering, Mitwirkung für fremde Rechtsgeschäfte, in: Jahrbücher für die Dogmatik des heutigen römischen und deutschen Privatrechts, Bd.2 (1858)) が初めてであるといわれている (於保不二雄『財産管理権論序説』(有信堂・1954) 30頁)。イェーリングは、本論攷のなかで、授権学説については別稿にて論ずると述べるにとどまり (Jhering, a. a. O., S.131 Anm.68)、しかも、その詳細な検討は結局なされることなく終わった。ザルピウスの試み (1864年) は、授権概念が徐々に形成され、委任概念から分化する過渡期に位置するものであり、その当時に授権概念というものがかならずしも明確に認められていたわけではない。
　イェーリング以降、授権概念は、ドイツ普通法および現行ドイツ法の学説・判例においてしばしば論じられ、独立の概念として認められるに至ったが、その法律上の性質および内容に関して学説は一致しておらず、決して統一的に把握されているとはいえないという。
　授権概念の発展は、於保博士によれば、大体において三段階に分けることができ、まず、事実行為によるか法律行為によるかを問わないで、他人の権利圏内に干渉しうる権限の授与を観念する最広義のものから、つぎに、法律行為による場合のみに限定される広義のもの、最後に、狭義のものとして、代理権との対立において自己の名による法律行為によって他人の権利関係に干渉しうる権限のみが、とくに授権といわれるようになったという (於保・前掲31頁)。
　今日の授権概念は、狭義において一般的に承認されているが、この概念を理論的に体系づけたのは、ドイツ民法典が成立した後の、ルーデヴィヒ (Wilhelm Ludewig, Die Ermächtigung nach bürgerlichem Recht, Marburg, 1922) によるものであるといわれている (於保・前掲40頁)。
　それゆえ、諸学説が、アンヴァイズングの法的性質として授権概念を用いる場合であっても、その意味内容は、現在の授権概念とかならずしも一致しているとはいえない場合があり、学説ごとにその意味内容を確定していく必要があるのである。これについては別稿にまとめることにし、本章では、さしあたり委任からの分化という点についてのみ触れるにとどめる。
90) 前掲注86)。
91) Paul. (17 Plaut.) D.50, 17, 180. Quod iussu alterius solvitur, pro eo est, quasi ipsi solutum esset.
　「ある他人の指図で〔ある者に〕支払われるものは、あたかもその者自身に支払われたかのように取扱われる。」訳は、田中周友「ローマ法に於ける法原則の研究――学説彙纂第50巻第17章邦訳――」甲法11巻4号 (1971) 181頁。
92) Salpius, a. a. O. (Fn.13), §74, S.475.
93) H. Witte, Zur Lehre von der Stipulation, Novation, Delegation und Sukzession in obligatorischen Rechtsverhältnissen, in: Kritische Vierteljahresschrift, Bd.8, München, 1866, S.350f.

第1部 ドイツ法における指図 (Anweisung)

94) Ulp. (71 ed.) D.43, 26, 8 pr. Quaesitum est, si titius me rogaverit, ut re sempronii utatur, deinde ego sempronium rogavero, ut concederet, et ille, dum mihi vult praestitum, concesserit. titius a me habet precario et ego cum eo agam interdicto de precario: sempronius autem non aget cum eo, quia haec verba "ab illo precario habes" ostendunt ei demum competere interdictum, a quo quis precario rogavit, non cuius res est, an tamen sempronius mecum, quasi a me rogatus, interdictum habeat? et magis est, ne habeat, quia non habeo precario, cum non mihi, sed alii impetravi. mandati tamen actionem potest adversus me habere, quia me mandante dedit tibi: aut si quis dixerit non mandatu meo, sed magis mihi credentem hoc fecisse, dicendum est in factum dandam actionem et adversus me.

「ティティウスが、センプロニウスの物を使用することを私に懇願した。次いで許し与えるようセンプロニウスに私が懇願した、そして彼の者は私に履行されることを望んだ限りで、許し与えた。ティティウスは私由り容仮で持ち、そして私はその者を相手方として容仮占有についての特示命令で訴訟する。しかしながらセンプロニウスはその者を相手方として訴訟しない。蓋し「君が彼の者由り容仮で持つ」というこの文言は、この者の物である者にではなく、この者由り或者が容仮で懇願した者にだけどうにか特示命令が成立すると説明するからである。にも拘らず恰も私由り懇願されたかのようにセンプロニウスが私を相手方として特示命令を持つかどうかと問われた。そして持たないというのがより良い見解である。蓋し私は、私のためにではなく、却って他の者のために願い出たので、私は容仮で持たないからである。にも拘らずその者は私に向かって委任訴権を持つことができる。蓋し私が委任してその者が君に与えたからである。又は私の委任ではなく、却って寧ろ私に貸与する者がこれを為したと或者が云ったであろうときには、私に向かっても事実訴訟が賦与されるべきであると云われるべきである。」訳は、江南義之『『学説彙纂』の日本語への翻訳(2)』(信山社・1992) 453-454頁。

95) Ulp. (31 ed.) D.17, 1, 6, 4. Si tibi mandavero quod mea non intererat, veluti ut pro seio intervenias vel ut titio credas, erit mihi tecum mandati actio, ut celsus libro septimo digestorum scribit, et ego tibi sum obligatus.

「例えば君がセイウスのために介在するようにとか、君がティティウスに金を貸すようにとか、私に利害のないことを私が君に委任したときには、ケルススがディゲスタ第7巻で書いているように、君を相手方とする委任訴訟が私にはあるであろう。私も君に債務を負う。」訳は、江南・前掲注19) 370頁。

96) Ulp. (31 ed.) D.17, 1, 8, 6. Mandati actio tunc competit, cum coepit interesse eius qui mandavit: ceterum si nihil interest, cessat mandati actio, et eatenus competit, quatenus interest. ut puta mandavi tibi, ut fundum emeres: si intererat mea emi, teneberis: ceterum si eundem hunc fundum ego ipse emi vel alius mihi neque interest aliquid, cessat mandati actio. mandavi, ut negotia gereres: si nihil deperierit, quamvis nemo gesserit, nulla actio est, aut si alius idonee gesserit, cessat mandati actio. et in similibus hoc idem erit probandum.

「委任した者の利害が生じ始めるならば、その時には委任訴訟が成立する。その他には何等の利害もないときには、委任訴訟は行なわれず利害のある限度で委任訴訟は成立する。例えば君が土地を購入するように私が君に委任したときがそれである。購入したことに私の利害があるときには、君は拘束されるだろう。その他には私自身が同一のこの土地を購入したとき、或は他の者が私のために購入したが何等の利害もないときには、委任訴訟は行なわれない。君が業務を行なうように私が委任した。何も滅びないときには、仮令誰も業務を行なわなくとも、何等の訴訟もない。また他の者が適切に業務を行なったときには、委任訴訟は行なわれない。同一の規範はこれに類似の事例で是認されるべきであろう。」訳は、江南・前掲注19) 372頁。

97) Witte, a. a. O. (Fn.93), S.351.
98) Witte, a. a. O. (Fn.93), S.352.
99) このようなヴィッテの見解に対して、アイゼンリートは、委任訴権または反対委任訴権が財産上の利益の損傷によってのみ与えられるべきであるとのヴィッテの主張について、以下のように評している。すなわち、ヴィッテの見解は彼の引用する諸法文によって根拠づけられた、独自の優れた見解である一方で、これらの法文は、さらに詳論するに値する特殊事例であり、ローマ法上の委任は、ザルピウスが強調するように、原則的に委任訴権および反対委任訴権を生じるものであった（Eisenried, a. a. O. (Fn.18), S.66.）。
100) Witte, a. a. O. (Fn.93), S.353f.
101) Witte, a. a. O. (Fn.93), S.354.
102) Gai. inst. 4, 84. Procurator vero nullis certis verbis in litem substituitur, sed ex solo mandato et absente et ignorante adversario constituitur; quin etiam sunt, qui putant eum quoque procuratorem videri, cui non sit mandatum, si modo bona fide accedat ad negotium et caveat ratam rem dominum habiturum; quamquam et ille, cui mandatum est, plerumque satisdare debet, quia saepe mandatum initio litis in obscuro est et postea apud iudicem ostenditur.
　「これに対して、委託事務管理人は、特定の文言によらず訴訟のために立てられるが、〔事務管理を委託される〕相手方が不在であっても、またそれを知らなくても、委任だけで立てられる。それどころか、委任を受けていない者も、ある訴訟を善意で引き受けて、本人がその訴訟を追認するであろうと保証する場合には委託事務管理人とみなされると考える者さえいる。もっとも、委任を受けて〈いる〉者でも、通常、担保を設定しなければならない。というのは、委任は、訴訟のはじめには明らかではなく、後に審判人の面前で明らかにされることも多いからである。」訳は、早稲田大学ローマ法研究会（佐藤篤士監訳）「ガーイウス法学提要（X完）」早法76巻4号（2001）253頁。
103) Gai. inst. 2, 38. Obligationes quoquo modo contractae nihil eorum recipiunt: nam quod mihi ab aliquo debetur, id si velim tibi deberi, nullo eorum modo, quibus res corporales ad alium transferuntur, id efficere possum; sed opus est, ut iubente me tu ab eo stipuleris; quae res efficit, ut a me liberetur et incipiat tibi teneri. quae dicitur novatio obligationis.
　「債権債務関係は、いかなる方法で締結されたものであっても、握取行為と法廷譲渡のいずれによっても移転できない。すなわち、ある者が私に負っている債務を、あなたに対して負担するように私が望む場合には、有体物を他人に譲渡するいずれの方法によっても、私はこれを行うことができない。〔それには〕私の指図により、あなたがその者と要約することが必要である。その結果、彼が私から解放され、あなたに拘束されることになる。これは、債権債務関係の更改と言われる。」訳は、早稲田大学ローマ法研究会（佐藤篤士監訳）「ガーイウス法学提要（IV）」早法74巻1号（1998）10頁。
104) 前掲注40)。
105) Gai. (3 de verb. obl.) D.46, 2, 34 pr. Dubitari non debet, quin filius servusve, cui administratio peculii permissa est, novandi quoque peculiaria debita ius habeat, utique si ipsi stipulentur, maxime si etiam meliorem suam condicionem eo modo faciunt. nam si alium iubeant stipulari, interest, utrum donandi animo alium iubeant stipulari an ut ipsi filio servove negotium gerat; quo nomine etiam mandati actio peculio adquiritur.
　「この者に特有財産の管理が許可された息子又は奴隷が、兎角自身達が問答契約するとき、殊に更にその方法で自己の条件をより良好に為すときには、亦特有財産の負債を更改する権利を持つことが疑われてはならない。何故なら他の者が問答契約することをそれらの者が命令するときには、贈与する意思で他の者が問答契約することをそれらの

者が命令するか、それともその者が息子又は奴隷自身のために事務を管理するかは差があるからである。そしてこの名義で更に委任訴訟が特有財産に取得される。」訳は、江南・前掲注 94) 647–648 頁。

106) 前掲注 46)。
107) Witte, a. a. O. (Fn.93), S.357.
108) Witte, a. a. O. (Fn.93), S.359.
109) Wilhelm Endemann, Das deutsche Handelsrecht, Heidelberg, 1865, §129, S.639.
110) なお、エンデマンによれば、„Inkasso" とは、金銭給付の場合にのみ用いられるものであるという (Endemann, a. a. O. (Fn.109), §127, S.628)。
111) 授権は、支配権 (Prokura) のなかにつねに存在しており、時折、商業代理権 (Handlungsbevollmächtigung) のなかにも存在するという (Endemann, a. a. O. (Fn.109), §127, S.628)。
112) 支払委任とは、給付、とりわけ金銭の支払いを第三者に対して生じさせる委任 (Auftrag) である (Endemann, a. a. O. (Fn.109), §128, S.633)。
113) Endemann, a. a. O. (Fn.109), §127, S.628 Anm.7, §129, S.639.
114) アンヴァイズングがこの目的 (Zweck) を有するときは、取立委任の諸原則が適用される (Endemann, a. a. O. (Fn.109), §130, S.642 Anm.2)。
115) Endemann, a. a. O. (Fn.109), §130, S.642.
116) Endemann, a. a. O. (Fn.109), §127, S.632 Anm.23.
117) Endemann, a. a. O. (Fn.109), §130, S.642 Anm.3.
118) 後の版では、このことが定義のなかに盛り込まれている。すなわち、アンヴァイズングは、ある者 (指図人) が、他者 (受取人) に、授権 (Ermächtigung) または債務として、第三者 (被指図人) から受領するように、そして、被指図人には受取人に対して支払いをなすよう委任する場合に生ずるというのである (Wilhelm Endemann, Das deutsche Handelsrecht, 4 verbesserte Aufl., Leipzig, 1887, §155, S.563)。
119) Heinrich Dernburg, Pandekten, Bd.2, 3 verbesserte Aufl., Berlin, 1892, §119, S.318f.
120) Dernburg, a. a. O. (Fn.119), §119, S.319.
121) この点に関して、デルンブルクは、Heinrich Dernburg, Lehrbuch des Preußischen Privatrechts und der Privatrechtsnormen des Reichs, Bd.2, Das Obligationenrecht Preußens und des Reichs und das Urheberrecht, 4 neu bearbeitete Aufl., Halle, 1889, §52, S.130 を引用している。
122) Dernburg, a. a. O. (Fn.119), §119, S.319 Anm.4.
123) 以上のようなデルンブルクの見解は、コーン (Georg Cohn) の説明を参考にしていると考えられる。ただし、コーンは、指図人と受取人との関係において、受取人のみが利益を有している場合にのみ、デルンブルクと同様の構成を採る (Georg Cohn, in: Endemanns Handbuch des deutschen Handels- see- und Wechselrechts, Bd.3, Leipzig, 1885, §451, S.1098)。
124) Ladenburg, Die Anweisung, in: Archiv für Theorie und Praxis des allgemeinen deutschen Handelsrechts, Bd.10 (1867), S.35.
125) Gai. (lib. 2 Cott.) D.17, 1, 2 pr. Mandatum inter nos contrahitur, sive mea tantum gratia tibi mandem sive aliena tantum sive mea et aliena sive mea et tua sive tua et aliena. Quod si tua tantum gratia tibi mandem, supervacuum est mandatum et ob id nulla ex eo obligatio nascitur.
「単に私のためだけに私が君に委任するのであれ、他人のためだけに委任するのであれ、私と他人のためであれ、私と君のためであれ、君と他人のために委任するのであれ、委任は我々の間で契約される。もし君のためにだけ君に私が委任するならば、委任は無効

であって、このためそのことから何等の債務も生じない。」訳は、江南・前掲注 19) 367 頁。

126) Ulp. (31 ad ed.) D.17, 1, 6, 5. Plane si tibi mandavero quod tua intererat, nulla erit mandati actio, nisi mea quoque interfuit: aut, si non esses facturus, nisi ego mandassem, nisi mea non interfuit, tamen erit mandati actio.
「君に利害のあることを私が君に委任したときには、私の利害も亦あったのでなければ、委任訴訟が無効であることは明らかである。また私が委任したのでなければ、君がしようとしないときには、たとえ私の利害がなかったとしても、にも拘らず委任訴訟はあるであろう。」訳は、江南・前掲注 19) 370 頁。
127) Ladenburg, a. a. O. (Fn.124), S.36.
128) Ladenburg, a. a. O. (Fn.124), S.36f.
129) Ladenburg, a. a. O. (Fn.124), S.37.
130) Bernhard Windscheid, Lehrbuch des Pandektenrechts, Bd.2, 7 durchgesehene und vermehrte Aufl., Frankfurt, 1891, §412, S.493.
131) Windscheid, a. a. O. (Fn.130), §412, S.493 Anm.8a.
132) Windscheid, a. a. O. (Fn.130), §412, S.497.
133) Windscheid, a. a. O. (Fn.130), §412, S.498 Anm.17a.
134) Windscheid, a. a. O. (Fn.130), §412, S.496.
135) 前掲注 89)。
136) Otto Lenel, Stellvertretung und Vollmacht, in: Jherings Jahrbücher für die Dogmatik des bürgerlichen Rechts, Bd.36 (1896), S.1ff., insbesondere S.113ff.
137) Friedrich Lent, Die Anweisung als Vollmacht und im Konkurse, Leipzig, 1907.
138) Z.B. Otto Wendt, Das allgemeine Anweisungsrecht, Jena, 1895, S.28f.

V 小 括

本章では、アンヴァイズングに関する学説史を概観してきた。

アンヴァイズングの淵源は、ローマ法のデレガチオであるといわれているが、その連続性は永らく失われていた。これはデレガチオが更改の一種であるという誤った理解によるものである。アシグナチオは、デレガチオがそのような不当な桎梏を受けていた中世ヨーロッパにおいて、実際上の取引の需要から生じた指図的制度である。

それにもかかわらず、アシグナチオの法的性質については、これをローマ法の体系のなかで位置づけようという学問的努力がなされ、義務づけ行為としてのローマ法上の委任が基礎に置かれることになった。

すなわち、19 世紀中葉までのドイツ普通法学説は、アンヴァイズングの法

的性質として、指図人が被指図人に対して与える、あるいは、指図人が受取人に対して与える単一の委任であると解する学説が登場し、その後、これら双方の委任の結合体であると解する二重委任説が主流となり、これが通説の地位を占めることになった。

　二重委任説は19世紀中葉頃には圧倒的な通説となっていたが、これに異を唱えたのが1864年のザルピウスによる著作である。ザルピウスは、デレガチオが更改の一種であるということ、そして、アシグナチオが独立の法領域を有することを否定し、アシグナチオの淵源が、デレガチオにあることを論証した。そのうえで、アシグナチオの法的性質は二重委任などではなく、指図人が被指図人に対して与える授権（iussum）という一方的意思表示であると主張した。

　このようなザルピウスの見解は、ヨーロッパ指図法に多大なる影響を及ぼした。ザルピウス以降、徐々に二重委任説に対して反対の立場を採る見解が登場しはじめ、そのなかには、授権（Ermächtigung）概念による説明を試みる学説もあらわれてきた。

　現在のドイツ法において、アンヴァイズングの法的性質は、指図人が被指図人に与える授権、また指図人が受取人に与える授権という二重の授権であるとする二重授権説が通説となっている。事実、ドイツ民法典783条には、指図人は、被指図人および受取人に対して授権をなすものと規定されているのである[139]。

Notes

139)　前掲注4)。

第3章

ドイツ法における指図 (Anweisung) 立法の変遷

I　はじめに

　ドイツ法における指図 (Anweisung)（以下、「アンヴァイズング」）は、ローマ法を淵源とする独立の法的範疇であり、その法的性質については、これを二重授権 (Doppelermächtigung) であると解する学説（二重授権説）が現在の通説である[1]。

　アンヴァイズングに関する規定は、ドイツ民法典 (BGB) 783条以下に規定されており、その783条[2]において、アンヴァイズングの法的性質について以下のように規定されている。すなわち、アンヴァイズングには、指図人 (Anweisende)、被指図人 (Angewiesene)、受取人 (Anweisungsempfänger) という三当事者が存在し[3]、アンヴァイズングを通じて、指図人は、被指図人に対して指図人の計算で受取人に対して給付をなすよう授権し、受取人に対して自己の名で被指図人から給付を取立てるよう授権するのである。

　二重授権説は、かかるドイツ民法典783条の文理解釈から導き出された学説であり、それゆえ、二重授権説が通説たる地位を獲得したのは、ドイツ民法典が成立した後であるといわれている[4]。

　ところで、アンヴァイズングの直接の起源となったのは、12、13世紀ごろから、中世フランドル地方の都市の商慣習において認められていた assignatio（以下、「アシグナチオ[5]」）であるが、現在では、さらにその淵源は古くローマ法における指図 (delegatio)（以下、「デレガチオ[6]」）に遡るといわれており、それゆえアシグナチオも同じくデレガチオの一連の系譜に連なるものであると理解されている。

しかし、アシグナチオがデレガチオに包摂される概念であることが明らかになったのは、1864年のザルピウスの著作[7]からであり、それ以前において、両者の連続性は失われていた。そのもっとも大きな理由は、中世以降、学説彙纂46巻2章の解釈、および当時のデレガチオの利用実態から、デレガチオが更改の一種であるとの不当な桎梏を受けていたからであり、それゆえ、実務上の需要から、更改（免責）の効力を生じないものとして利用されたアシグナチオとは区別して考えられていたのである。

さて、そのようにして実際上利用されていたアシグナチオという取引の法的性質が問われた際、当時の学説はこれをどのように解したのか。19世紀初頭ごろには、ローマ法の委任（mandatum）にその範を求め、アシグナチオを単一の委任であると解する学説が有力であった。この学説は、指図人の被指図人に対する、受取人に一定の給付をなすための、単一の支払委任（Zahlungsmandat）であると解する見解と[8]、指図人の受取人に対する、被指図人から一定の給付を取り立てるための、単一の取立委任（Einkassierungsmandat）であると解する見解[9]とに分かれる。

さらに、19世紀中葉頃には、アシグナチオは、指図人が被指図人に与える支払委任と、指図人が受取人に与える取立委任との結合体であるとする、二重委任説が主流となり、以後長きに亘って通説の地位を占めることになった[10]。

これに対して、アシグナチオの基礎に委任を置く見解を否定したのが、前述した1864年のザルピウスによる著作である。ザルピウスは、まず、デレガチオが更改の一種ではないことを論証し[11]、そのうえで、アシグナチオが独立の法的領域を持つものではなく、デレガチオの下位概念であると主張した[12]。次いで、デレガチオ（アンヴァイズング）の法的性質が委任であることを否定したのである。

このザルピウスの学説の前後から、徐々に二重委任説とは縁切りを図り、アンヴァイズングの基礎に委任ではなく授権（Ermächtigung）を据える学説が登場しはじめ、最終的に、ドイツ民法典783条において、アンヴァイズングの法的性質は二重の授権であると規定されたのである。では、これらのドイツ普通法の諸学説は、ドイツ法の立法作業にいかなる影響を及ぼし、どのような経緯で二重の授権として規定されるに至ったのであろうか[13]。

本章は、学説の展開と同時期におこなわれていた一連の立法作業からドイツ

民法典に結実するまでの、アンヴァイズングの、殊にその法的性質に関する立法の変遷を明らかにすることを目的とする。まずはドイツ民法典立法にあたり、その準備作業に利用された、各地の地域特別法およびその草案について、つぎに、ドイツ民法典の立法過程について概観する。

Notes

1) Dieter Medicus/Stephan Lorenz, Schuldrecht II, B.T., Ein Studienbuch, 16., neu bearbeitete Aufl., München, 2012, Nr.1074f., S.376f.; Wolfgang Fikentscher/Andreas Heinemann, Schuldrecht, de Gruyter Lehrbuch, 10., völlig neu bearbeitete Aufl., Berlin, 2006, Nr.1380, S.685 u. s. w.
2) BGB § 783. Händigt jemand eine Urkunde, in der er einen anderen anweist, Geld, Wertpapiere oder andere vertretbare Sachen an einen Dritten zu leisten, dem Dritten aus, so ist dieser ermächtigt, die Leistung bei dem Angewiesenen im eigenen Namen zu erheben; der Angewiesene ist ermächtigt, für Rechnung des Anweisenden an den Anweisungsempfänger zu leisten.
　　ドイツ民法典783条「金錢、有價證券又ハ其ノ他ノ代替物ヲ給付スベキコトヲ他人ニ指圖スル證書ヲ第三者ニ交付シタル者アルトキハ、其ノ第三者ハ被指圖人ヨリ自己ノ名ヲ以テ給付ヲ取立ツル權限ヲ有ス；被指圖人ハ指圖人ノ計算ニ於テ指圖證書受取人ニ給付ヲ爲ス權限ヲ有ス。」訳は、柚木馨・上村明廣『現代外国法典叢書(2)獨逸民法 [II] 債務法』（有斐閣・1955）770頁から引用。
3) アンヴァイズングの原因となる法律関係も二つの方面で生ずる。すなわち、指図人と被指図人との間の「資金関係（Deckungsverhältnis）」という原因関係、指図人と受取人との間の「対価関係（Valutaverhältnis）」という原因関係である。
4) Günther Loewenfeld, Die Anweisung in Gesetz und Verkehr, Berlin, 1922, S.11.
5) 厳密には「アッシーグナーチオー」とすべきであろうが、本章では「アシグナチオ」と表記する。
6) 厳密には「デーレーガーチオー」とすべきであろうが、本章では「デレガチオ」と表記する。
7) Botho von Salpius, Novation und Delegation nach römischem Recht, Berlin, 1864.
8) Albrecht Schweppe, Das römische Privatrecht in seiner Anwendung auf Teutsche Gerichte, als Leitfaden zu den Vorlesungen über die Pandekten, 2 Aufl., Altona, 1819, § 488, S.306 u. s. w.
9) Christian Friedrich von Glück, Ausführliche Erläuterung der Pandecten nach Hellfeld, Bd.15, Abt.2, Erlangen, 1814, § 950, S.241 u. s. w.
10) Carl Friedrich Günther, in: Weiskes Rechtslexikon für Juristen aller teutschen Staaten enthaltend die gesammte Rechtswissenschaft, Bd.1, Leipzig, 1839, Anweisung, S.327 u. s. w.
11) この点については、すでに1835年にマイアーフェルト（Franz Wilhelm Ludwig von Meyerfeld）などの著作によって唱えられており、ザルピウスもこれを引用している。Cf. Franz Wilhelm Ludwig von Meyerfeld, Die Lehre von den Schenkungen nach römischem Recht, Bd.1, Marburg, 1835; Heinrich Thöl, Das Handelsrecht, Bd.1, 3 vermehrte Aufl., Göttingen, 1854.
12) 本書第1部第1章参照。

13) アンヴァイズングの法的性質に関する学説の変遷については、本書前章を参照。

II ドイツ民法典（BGB）以前

1 プロイセン一般ラント法

プロイセンにおいて全体国家のために法統一を実現しようという欲求から、1794年に発布されたのが、「一般ラント法（Allgemeines Landrecht（ALR））」である。プロイセン一般ラント法は、プロイセンの事実上の独立にも照応しており、ドイツの法典のなかでローマ法から完全に解放された最初のものであるとされる。この法典は、用語の上でも民族的であり、またそれぞれのラント法から汲み取られた多数のドイツ法に通用力を与えている[14]。

このプロイセン一般ラント法には、第1部第16章第5節251条以下にアンヴァイズングに関する諸規定が置かれており、その251条において、アンヴァイズングの概念は次のように説明されている[15]。すなわち、「ある者が他者に対して、委任者〔訳注：ある者〕が第三者に請求しなければならない何らかのものを、その者より彼のために自己の計算で取り立てるよう委任（Auftrag）を与えた場合、それはアンヴァイズングまたはアシグナチオ（Anweisung oder Assignation）であるとみなされる。」。

このように、プロイセン一般ラント法において、アンヴァイズングは単一委任であることが明言されている。指図人が被指図人に請求すべきものを自己の計算で取り立てるように受取人に委任した場合、これがアンヴァイズングとみなされるというのである。

この時期は、アンヴァイズングが単一の委任であると解する見解が有力であり、当時の学説にも合致する立法であったといえる。

2 ヘッセン民法典草案

プロイセン一般ラント法以後、注目すべき立法作業として、まずは1853年

のヘッセン民法典草案を挙げることができる。

　ヘッセン民法典草案は、第4部に債務法の規定が置かれており、アンヴァイズングに関する条文は、第2編の第3章第2節に規定されている[16]。その節の最初の条文である304条には「ある者（指図人（Anweiser））が他者（被指図人（Angewiesenen））に対して、自己の利益のために指図人によって取り立てるよう授権されている第三者（受領代理人（Empfangsbevollmächtigter））に一定の支払いを給付するよう委任（Auftrag）を与えた場合、この法律行為はアンヴァイズングと呼ばれる」と規定されている[17]。

　このように、ヘッセン民法典草案はアンヴァイズングを、指図人が受取人に対して取立てのための受領代理権を与え、被指図人に対して委任を与える法律行為であると捉えている。先のプロイセン一般ラント法の規定と比較すると、指図人が被指図人に委任を与えている点、および指図人が受取人に対して受領代理権を授権するという点に特色が見られる。

　理由書（Motive）によると[18]、前節（第2編第3章第1節）は、一般的な代理権授与契約（Bevollmächtigungsvertrag）[19]について規定しているが、その次の今節に規定されているアンヴァイズングは、当事者の一方に、第三者を通じてある金額の支払を得させるためという点に特殊性のある代理権授与を規定したものであり、これは、アシグナチオという実際上の取引を「アンヴァイズング」という形で法定したもの、つまり、規定化されたアシグナチオであるという。

　すなわち、アンヴァイズングは、ある者（指図人（Anweiser-Assignant））が他者（被指図人（Angewiesenen-Assignat））に、自己の利益のために取立てをするよう指図人から授権されている（ermächtigen）第三者（受領代理人（Empfangsbevollmächtigter-Assignatar））に対して一定の支払を給付するよう委任（Auftrag）を与える場合に存在するという。

　さらに、304条のなかで規定された概念は、アシグナチオが、一方では、一定の支払を受取人に給付するために与えられる指図人の被指図人に対する委任、他方では、被指図人から一定金額を自己の利益のために取り立てるよう与えられる指図人の受取人に対する委任という、二重委任（doppeltes Mandat）を基礎としているとの理解を通じて明らかとなるというのである。

　すでにこのころから、後にドイツ民法典783条にも採り入れられる「授権する（ermächtigen）」という文言が用いられている点は注目に値する。ただし、

ここで指図人が受取人に授権するのは受領に関する代理権であり、理由書によると、アンヴァイズングの法的性質は、あくまで委任をベースとして考えていたようである[20]。

3　バイエルン民法典草案

つぎに、1861年のバイエルン民法典草案が挙げられる。

バイエルン民法典草案は、第2部で債務関係について規定しており、722条以下がアンヴァイズングの規定である[21]。

バイエルン民法典草案722条「アンヴァイズング（アシグナチオ）は、第三者（被指図人（Assignaten））より一定の支払を自己の計算で取り立てるよう、一方当事者（指図人（Assignant））により他方当事者（受取人（Assignatar））に与えられた授権（Ermächtigung）にその本質を有する。」

本条をアンヴァイズング概念に関する自足的規定と捉えるならば、指図人が、被指図人から一定の支払を自己の計算で取り立てるよう、受取人に授権すること、つまり指図人の受取人に対する単一授権がアンヴァイズングの本質であるということになる。

ところが、たとえば、直後の723条2項には、「アンヴァイズングが書面的に交付されている場合、被指図人に対する支払委任（Zahlungsauftrag）は、当該書面によって黙示的に与えられているものとみなされる」という規定が置かれており[22]、指図人は被指図人に対して支払委任を与えているということが見て取れる。

この規定から、アンヴァイズングによって、指図人は、受取人に対して授権することと同時に、被指図人に支払委任を与えているとも考えられる。このように考えるならば、バイエルン民法典草案は、アンヴァイズングの法的性質を、支払委任と授権との結合体であると捉えていることになる。

しかし、723条は、はじめから「指図人」や「被指図人」という文言を用いていることから、指図人の被指図人に対する支払委任は、アンヴァイズングそれ自体とは無関係であると解することもできる。この場合には、アンヴァイズングの法的性質は、先述のとおり、指図人の受取人に対する単一授権であるということになる。

この点について、理由書によれば[23]、アシグナチオは、指図人によって与えられた二つの委任（Mandat）の結合体であるという。そして、狭義におけるアンヴァイズング、すなわち、第三者から独自に支払いを取り立てるように、一方当事者から他方当事者に与えられた授権（Ermächtigung）は、同時に、遅滞なく支払を給付するよう、第三者に別の委任（Auftrag）を与えることを指図人に義務づけると説明されている。

　この理由書の説明によると、たしかにアシグナチオは二つの委任の結合体であると説明されているが、ここから、アンヴァイズングの法的性質を二重委任であると捉えていると断定することは難しい。なぜなら、狭義のアンヴァイズングすなわち授権は、委任を与える義務を生ずると説明されているだけであって、当該義務自体は、アンヴァイズングに外在的なものであるとも考えられるからである。

　この点をさらに検討するために、725条1項の規定を挙げる。
　バイエルン民法典草案725条1項「被指図人は、支払委任の承諾について義務づけられない。」

　この規定から、被指図人になされた支払委任は、かならずしも承諾する必要はないことが分かる[24]。理由書によると、指図人の被指図人に対する支払委任に存する委任関係（Mandatsverhältnis）は、被指図人の側の、委任の承諾（Annahme des Auftrags）を通じて、ようやく実現する。そして、この承諾は、通常、受任者、ここでは被指図人の意思に含まれているという[25]。

　このことからすると、指図人が被指図人に対してなす支払委任は、アンヴァイズング自体の本質的要素には含まれないと解されることになりそうである。しかし、これについてはバイエルン民法典草案726条[26]も併せて見ておく必要がある。

　バイエルン民法典草案726条1項「被指図人が、指図人に対してアンヴァイズングを承諾した（annehmen）場合、彼はそれにより指図人に対して代理権授与契約（Vollmachtsvertrag）の取り決めにしたがって義務を負う。」

　この規定において注目すべきなのは、「被指図人が、指図人に対してアンヴァイズングを承諾した場合」という部分である。722条によれば、指図人が受取人に対して与える授権がアンヴァイズングであるとされていた。これに対して726条では、被指図人が指図人に対してアンヴァイズングを承諾する場

合について規定されている。そしてその場合には、被指図人は指図人に対して義務を負担するというのである。725条とも対照させて考えるならば、ここでいわれている「アンヴァイズング」とは、指図人が被指図人に与える「支払委任」のことであると解するのが自然である。

それゆえ、バイエルン民法典草案において、起草者は、アンヴァイズングの法的性質としては二重委任であると解しており、指図人と被指図人の指図関係として支払委任の存在を前提にしていたということになる。

しかし、さらに注意が必要なのは、草案起草者が、委任に二つの意味を持たせていることである。ここで委任に関する理由書の説明を確認しておこう[27]。

理由書によると、委任（Auftrag）は二つの方面で生じうるという。一方で、委任は、委任者の責任で、受任者を通じて行為の履行や事務の処理を目的とすることができる。しかし、この場合には、受任者は、委任者の名で第三者と法的関係を持つことはできない。他方で、委任者の代理（Vertretung）である場合は、委任者の名で、委任者の責任で、第三者と法律行為をなすことを目的とすることができるという。

そして、この後者の方面において、委任（Mandat）は、とくに代理権授与契約（Bevollmächtigungs゠Vertrag）とみなされることになり、これによって、任意代理（freiwilligen Stellvertretung）の関係が、法律行為によって生じることになる。したがって、草案では、委任（Mandat）の二つの方面を包含して規定しており、685条[28]において、概念規定に可能なかぎり一般的な枠組みを与えているというのである。

このように、理由書によれば、委任（Auftrag）は代理を目的とするか否かに応じて二つに区別される。代理を目的とはしない場合、受任者は、委任者の責任で事務を処理するのであるが、委任者の名をもって第三者と法律関係を形成することはできない。これに対し、代理である場合には、受任者は、委任者の名で委任者の責任で、第三者と法律行為をなすことができる。後者は、とくに代理権授与契約とみなされているという。

では、指図人が被指図人に与える支払委任は、この前者の意味であるのか、後者の意味であるのか。この点、先に挙げた726条1項には、「代理権授与契約（Vollmachtsvertrag）の取り決めにしたがって義務を負う」と規定されている。本条から、指図人が被指図人に与えたのは、後者の代理権授与契約の意味にお

ける委任であることが明らかになるのである。

　最後に、指図人と受取人との間の指図関係についてである。これまでは指図人の被指図人に対する指図関係に関する問題であったが、指図人と受取人との間の指図関係については、委任（Mandat; Auftrag）や代理権（Vollmacht）ではなく、授権（Ermächtigung）という語が用いられている。722条の規定から、それが取立てに関する授権であることは見て取れるものの、指図人が受取人に与えるとされる授権の具体的内容はいかなるものであるのかという点については、理由書のなかでとくに触れられていない。

　もちろん、先の理由書によれば、アシグナチオは二つの委任の結合体であると説明されているが、狭義のアンヴァイズング、つまり第三者から独自に支払を取り立てるように、一方当事者から他方当事者に与えられる授権については、かならずしも委任によって与えられるものであるとは述べられていないのである。

　バイエルン民法典草案は、アンヴァイズングによって、指図人から被指図人へは支払委任が、指図人から受取人へは取立てのための授権が与えられると規定しており、理由書によれば、アンヴァイズングの法的性質については、あくまで委任をベースとした理論構成を考えていたようである。しかし、その「委任」の内容は、従来の委任をより分析的に捉えたものであったことが窺える。

4　ザクセン民法典

　ドイツにおける法統一の思想は、いくつかの助走を繰り返すことによって、自己の道を拓いた。その一つとして挙げられるのが、ザクセン王国が1863年に公布した民法典である。本法典は、多少のローマ法的性格を持っているが、すでに総則編を有しており、後のドイツ民法典の5編の編別をも示している[29]。

　アンヴァイズングに関する規定は、1328条以下に規定されている[30]。1328条はアンヴァイズングの概念について規定する。

　ザクセン民法典1328条「アンヴァイズングすなわちアシグナチオは、他者すなわち被指図人（Angewiesene）が、第三者すなわち受取人（Anweisungsempfänger）に、金銭またはその他の物の給付をなす委任（Auftrag）である。被

指図人が受取人に対してアンヴァイズングを引き受けた場合、アンヴァイズングの目的物の給付に向けた受取人の被指図人に対する請求権が発生する。」

このように、ザクセン民法典において、アンヴァイズングは、被指図人が受取人に対して金銭その他の物の給付をなすべき委任であると定義されている。もちろん、これは被指図人と受取人との間で委任契約を締結しているわけではなく、指図人（Anweisenden）から与えられたものである。本条から見れば、ザクセン民法典において、アンヴァイズングは、プロイセン一般ラント法と同様に、単一委任であると捉えられているように読み取ることができる。

しかしながら、注釈書によると、本条は、商人指図（kaufmännische Anweisung）ではなく、単純なアンヴァイズングを取り扱った規定であり、かかるアンヴァイズングには、少なくとも原則としては、第一に、指図人が被指図人に対してなす委任、第二に、指図人が受取人に対してなす委任という二重委任（doppeltes Mandat）が存在していると説明されている[31]。これによると、ザクセン民法典も、アンヴァイズングの法的性質が二重委任であるということを暗黙の前提としていたことが窺える。

5　ドレスデン草案

債務法に関するドレスデン草案は、ザクセン民法典に依拠しつつ、プロイセンの参加なしに審議がなされた。これは1866年には完成されて、後にドイツ民法典の準備作業にあたって利用された[32]。

ドレスデン草案の作成に主立って関与していたキューベル（Franz Philipp von Kübel）は、ドイツ民法典の直接の立脚点となった起草資料である、いわゆる「部分草案」の債務法の起草を担当している。また、キューベルの部分草案は、彼の病気のために起草作業が遅延し、第一委員会本会議が始まった時点でいまだ完成を見ておらず、結局、起草することなく終わった債務法各則の一部については、ドレスデン草案と助手の作成した資料集をもとに審議がなされたという[33]。

さらに、部分草案についても、随所にドレスデン草案での起草説明が引用されており、これに大きく依拠するものであったことが窺える。このように、ドレスデン草案は、債務法に関するドイツ民法典の編纂において、多大なる影響

を及ぼしているのであり、ドイツ民法典債務法編の立法過程を明らかにするうえで非常に重要な資料となっているのである。

アンヴァイズングに関する規定は、他人の事務処理から生じる債務関係に関する部分の717条以下に規定されている[34]。

ドレスデン草案717条「アンヴァイズングを通じて、指図人（Anweisenden）により、他者すなわち受取人（Anweisungsempfänger）は、自己の名で、ある金額またはその他の代替物の一定量を、第三者すなわち被指図人（Angewiesenen）から取り立てるよう委任され（beauftragen）、被指図人は、指図人の計算で当該金額または一定量を受取人に対して給付するよう委任される。」

ドレスデン草案によれば、アンヴァイズングは二つの委任であると規定されている。すなわち、アンヴァイズングを通して、指図人は、受取人に対しては、自己の名で一定の金銭その他の代替物を、被指図人から取り立てるよう委任し、被指図人に対しては、指図人の計算で当該目的物を受取人に給付するよう委任するのである。

ただし、本条の原型として提案されていたドレスデン草案原案Bの760条では、次のような提案がなされていた。

ドレスデン草案原案B760条「他方当事者すなわち被指図人は、アンヴァイズングを通じて、第三当事者すなわち受取人に対して一定の給付を指図人の計算でなすよう、指図人から委任され（beauftragen）、受取人は、被指図人から独自に給付を取り立てるよう授権される（ermächtigen）。」

原案によると、指図人が被指図人に対して一定の給付を指図人の計算でなすよう委任を与え、受取人に対して独自にその給付を取り立てるよう授権されることがアンヴァイズングであると規定されているのである。

1864年10月1日の第175回会議では、本原案について以下のように述べられている。

そもそも、まず、アンヴァイズングという法制度は、ローマ法には見られない制度なのであり、これは、当事者間における金銭給付その他の給付を簡略化するという、近代の法的活動の需要から生じたものであるという。そして本制度は、そのような目的にしたがって、ますます発展してきている。それにもかかわらず、アンヴァイズングの理論は、ローマ法の体系のなかでその制度を調和させるべく努力され、委任（Mandat）の特殊な性質としてアンヴァイズング

が理解されることになったという。

しかしながら、このような恣意的に与えられた原則の枠内に、制度を無理やり押し込もうとしたことにより、アンヴァイズングの概念は非常に大きな混乱とさまざまな見解をもたらす結果となった[35]。

すなわち、第一の見解は、アンヴァイズングが、被指図人からの支払取立てのための指図人の受取人に対する委任（Auftrag）のなかに存すると解する見解であり、第二の見解は、アンヴァイズングが、受取人に対する支払給付のための指図人の被指図人に対する委任のなかに存すると解する見解、第三の見解は、アンヴァイズングが、これら二つの委任から構成されると解する見解であるという。これらの見解は、19世紀中葉までのアシグナチオ（アンヴァイズング）の法的性質に関するドイツ普通法学説のなかで有力に主張されていた学説である。

これに加えて、アンヴァイズングを通じて、指図人の受取人に対する既存債務が消滅するか、指図人の被指図人に対する既存債権が第三者に対する支払のために取り立てられると理解されたことによって、アンヴァイズングの本質的な制度目的が、社会の需要に反して、非常に狭く解されることもあるという。これはより古い見解に由来する考え方である。

このような考え方にもとづいた結果、アンヴァイズングは、あるときは第三者より支払を受領するための、債務者による、彼の債権者に対する委任、またあるときは債務者から支払を取り立てるための債権者の第三者に対する委任と理解されることになり、その立法例のひとつとしてプロイセン一般ラント法275条が挙げられている。しかし、このようにアンヴァイズングを単一の委任であるとする見解は誤りであるという。

このような考え方に対して、新たな学説では、指図人が被指図人の債権者であるか否か、指図人が受取人の債務者であるか否かは、アンヴァイズングとは無関係であるとされており、そのなかの多数説によれば、アンヴァイズングの本質は、一方では、被指図人によって一定金額またはその他の物が給付されるべき、指図人の受取人に対する委任、他方では、受取人に対して給付をなさしめる、指図人の被指図人に対する委任という二重委任（doppeltes Mandat）を基礎としているという。これは19世紀中葉までの通説に依拠した見解であり、議事録のなかでは、この見解にもとづく立法例として、ヘッセン草案304条、バイエルン草案722条および723条とその理由書、ザクセン民法典1328条

とその理由書などが挙げられている[36]。

しかし議事録によれば、その後、支払の取立てのための指図人の受取人に対する委任は、アンヴァイズングの概念にとってまったく重要ではないという見解が有力となり、この見解は、指図人が被指図人からの支払の取立てのための権限を与えるだけで足りると結論づけた。これによればアンヴァイズングの本質は、指図人が、受取人に対して一定額または一定の目的物を指図人の計算で支払うよう被指図人に対して与える委任とともに、受取人に被指図人を指図または指示することにあるという。

起草担当者によれば、アンヴァイズング制度の根拠と目的とが、とりわけ給付の簡略化に求められるということは、上記の有力説より由来する考え方である。すなわち、受取人に対してある特定の金額を支払おうとし、被指図人から同額を受領しようとしている指図人が、被指図人からその金額を受けて、受取人にこれを渡すのではなく、それらの給付の簡略化のために、受取人にはその金額を直接被指図人から受領するよう指図し、被指図人には直接に受取人に対して給付するよう指図するのである。

これにより、指図人と受取人との関係も、指図人と被指図人との関係も、既存の法律関係はまったく変更されることはなく、アンヴァイズングを通じてのみ、給付の簡略化がなされる。

アンヴァイズングにもとづいて被指図人が受取人に対して支払をなした場合には、法的に完全に、被指図人が指図人に対して、そしてまた、指図人が受取人に対して支払をなしたものとみなされるのであるという[37]。このように、アンヴァイズングを通じて、指図人によって受取人は、被指図人から金銭またはその他の目的物を取り立てることについてのみ授権され（ermächtigen）、被指図人の給付は、指図人の計算でのみなされるというのである[38]。

さらに、アンヴァイズングによって、指図人の代理人（Stellvertreter）としてではなく、指図された金額を自己の名で取り立てるべき、受取人の授権（Ermächtigung）が存在するというのであるが、このことからアンヴァイズングは、本質的に取立委任（Einkassierungsmandat）から区別されるという。取立委任を通じて、受任者は、委任者のための債権の取立てについてのみ授権されているからである。

このような取立委任に対して特別の規定を置く必要はなく、委任の原則規定

で十分である。これに対して、アンヴァイズングは、受取人が自己の名で指図された金額を取り立てるよう授権され、受取人は、アンヴァイズングを実現するため、被指図人による引受を受けることによって、指図人のためではなく自己のために、独自の権利を取得する。アンヴァイズング制度の独自の意義はここにあるという[39]。

ところが、本原案は起草担当者の説明をもとに審議がなされ、最終的に717条として成案を得るまでに、その文言についていくつかの修正がくわえられている。

まず、原案で、受取人は被指図人から独自に給付を取立てるべきことと規定されているところの、この「独自に（für sich）」という文言が、「自己の名で（im eigenen Namen）」という文言に修正された。

つぎに、原案で、指図人が被指図人に対して「一定の給付（eine bestimmte Leistung）」をなすよう委任されているという文言が用いられている点に関して、判例において、アンヴァイズングが「金額またはその他の代替物の一定量（Summe Geldes oder einer bestimmten Menge anderer vertretbarer Sachen）」の給付に向けられていなければならないと判示されていることや、ザクセン民法典1328条で「金銭またはその他の物（Geld oder andere Sachen）」という文言が用いられていることから、異議が出された。

この異議は多数の賛同を受け、原案の「一定の給付」という文言は、「一定の金額またはその他の代替物の一定量（eine bestimmte Summe Geldes oder eine bestimmte Menge anderer vertretbarer Sachen）」という文言に修正された[40]。

最後に、原案における、指図人によって受取人が「授権される（ermächtigt）」という文言を、「委任される（beauftragt）」という文言に変更するように提案がなされ、この提案は、委員会の大多数をもって可決された。委員会では、アンヴァイズングの法的性質として、結局、当時の通説である二重委任説が採用されることになっており、「授権する」という語は、単に妙なる響きのために用いられていたが、かかる言葉は多義的であることから、そのような響きの美しさより、言葉の明瞭性が重視されたのであるという[41]。

このような形で、結局アンヴァイズングは二重の委任であると結論づけられたのであるが、アンヴァイズングに含まれる二つの委任のうち、指図人が受取人に与える委任の特殊性については、ドレスデン草案においても意識されてい

たということは看取しうるであろう。

Notes

14) ハインリッヒ・ミッタイス（世良晃志郎・廣中俊雄共訳）『ドイツ私法概説』（創文社・1961）34頁。
15) プロイセン一般ラント法の条文については、Allgemeines Landrecht für die Preußischen Staaten, Erster Teil, Zweiter Band, Berlin, 1855, S.142.
16) ヘッセン民法典草案およびその理由書については、Werner Schubert (hrsg.), Bürgerliches Gesetzbuch für das Großherzogthum Hessen, Entwürfe und Motive (1842-1853), Bd.5, 4. Abteilung (Schuldrecht), Entwürfe und Motive von 1853, Frankfurt/Main, 1986.
17) Werner Schubert (hrsg.), Entwurf eines bürgerlichen Gesetzbuchs für das Großherzogthum Hessen nebst Motiven, Zweites Buch, Gesetzesentwurf, Darmstadt, 1986, S.83.
18) Werner Schubert (hrsg.), Entwurf eines bürgerlichen Gesetzbuchs für das Großherzogthum Hessen nebst Motiven, Zweites Buch, Motive, Darmstadt, 1986, S.121f.
19) 代理権授与契約によって、代理人は委託された事務の処理が義務づけられる（ヘッセン民法典草案266条参照）。
20) Vgl. Schubert (hrsg.), Zweites Buch, Motive, a. a. O. (Fn.18), S.106f.
21) Entwurf eines bürgerlichen Gesetzbuches für das Königreich Bayern, Teil II., Recht der Schuldverhältnisse, München, 1861, S.156ff.
22) そのほか、指図人が被指図人に与える支払委任について、724条、725条などでも言及されている。
23) Motive zum Entwurfe eines bürgerlichen Gesetzbuches für das Königreich Bayern, München, 1861, S.218.
24) ただし、被指図人が指図人の債務者であった場合にはこの限りではない（725条2項参照）。
25) Motive zu dem Hauptstücke, Von den Rechtsgeschäften, in: a. a. O. (Fn.23), S.219.
26) バイエルン民法典草案726条2項「受取人に対しては、被指図人は、被指図人が受取人に支払いを約束するかまたは指図引受（Annahme der Anweisung）を認めた場合にのみ義務を負う。」
27) Motive zu dem Hauptstücke, Von den Rechtsgeschäften, in: a. a. O. (Fn.23), S.208f.
28) バイエルン民法典草案685条「委任または代理権授与契約（Auftrags = oder Vollmachtsvertrag）は、ある者が他者に事務を処理するよう委任し（beauftragen）、他者がこの委任（Auftrag）を承諾することによって締結される。」
29) ミッタイス（世良・廣中共訳）・前掲注14）44頁以下。
30) ザクセン民法典については、Bürgerliches Gesetzbuch für das Königreich Sachsen, nebst Publication=Verordnung, Dresden, 1863, S.209.
31) Eduard Siebenhaar/Karl Magnus Pöschmann, Commentar zu dem bürgerlichen Gesetzbuche für das Königreich Sachsen, Das Recht der Forderungen, Bd.2, Leipzig, 1865, S.295.
32) ミッタイス（世良・廣中共訳）・前掲注14）45頁。
33) 石部雅亮「ドイツ民法典編纂史概説」石部雅亮編集『ドイツ民法典の編纂と法学』（九州大学出版会・1999）23頁以下。

34) ドレスデン草案については、Bernhard Francke (hrsg.), Dresdener Entwurf eines allgemeinen deutschen Gesetzes über Schuldverhältnisse, Dresden, 1866, S.142ff.
35) Protocolle der Commission zur Ausarbeitung eines Allgemeinen Deutschen Obligationenrechtes, Dresden, 1865, S.2545f.
36) Protocolle der Commission, a. a. O. (Fn.35), S.2546.
37) Protocolle der Commission, a. a. O. (Fn.35), S.2547.
38) Protocolle der Commission, a. a. O. (Fn.35), S.2547f.
39) Protocolle der Commission, a. a. O. (Fn.35), S.2548.
40) Protocolle der Commission, a. a. O. (Fn.35), S.2554f.
41) Protocolle der Commission, a. a. O. (Fn.35), S.2555f.

III　ドイツ民法典 (BGB) 立法過程

アンヴァイズングに関する規定は、これまで見てきたような各地の地域特別法の立法作業の集大成として、ドイツ民法典783条以下に結実することとなった。

しかしながら、その法的性質について見ると、ドイツ民法典783条では、それまで二重委任として取り扱われることの多かったアンヴァイズングが、二つの授権として規定されている。ここでは、ドイツ民法典の立法過程において、アンヴァイズングの法的性質についていかなる議論がなされていたのかについて概観したい。

1　部分草案

ドイツ民法典の編纂作業は、連邦参議院が民法典編纂の計画と方法についての諮問を目的として準備委員会を設置し、1874年4月15日に準備委員会が編纂方針に関する鑑定意見を連邦参議委員に提出したことにより、本格的に開始されることになった。その準備委員会の鑑定意見を受け、同年、連邦参議院は後に第一委員会と呼ばれる立法委員会を組織する。第一委員会では、まずザクセン民法典にしたがって、総則、債務法、物権法、家族法、相続法の5編の編別が決定され、その各編の草案（部分草案）の起草が、それぞれ5人の委員に委嘱された[42]。

各起草委員は、1874年から79年にかけて、週一回、起草委員会議をもって打ち合わせをおこなうとともに、1875年から80年までは、毎年一回秋頃に開かれた、数週間にわたる他の委員との合同会議において、部分草案の原案を提案し、討議に付した。こうして完成したのが部分草案と部分草案理由書であり、この二つが1881年10月1日に始まる第一委員会本会議の討議資料となった。これらは、ドイツ普通法学の精華が凝縮された作品であり、編纂史研究の最重要資料のひとつであるといわれる[43]。

　部分草案の債務法に関する部分は、前述のとおり、ドレスデン草案の起草に主たる貢献を果たしたキューベルによって起草された。彼は1884年1月4日に病没しており、債務法全体の完全な部分草案を第一委員会に提案することはできなかった。しかし、キューベルは、第一委員会の討議資料のうち、債務法総則部分および各則部分のうち、売買・交換、消費貸借、事務管理、不当利得、不法行為（特殊の不法行為を除く）など、その一部については部分草案を完成させており、アンヴァイズングに関する規定もまた、キューベルの起草による部分草案が作成・提案されている。

　部分草案におけるアンヴァイズングに関する規定は、債務法編各則の225条以下に規定されている[44]。アンヴァイズングの概念について規定しているのは225条である。

　225条「ある者が他の者に、第三者に対するある金額またはその他の物に向けたアンヴァイズングを与えた場合、それにより、アンヴァイズングの受領者は、指図された金額またはその他の物を、指図された第三者から自己の名で取り立てる権限を付与され（berechtigen）、同時に、第三者は当該額または物を指図人の計算で受取人に給付するよう要請される（auffordern）。」

　従来のアンヴァイズングに関する立法では、「委任」という文言が強調されていたが、本条を見ると、そのような文言は用いられていない。ここにはどのような立法意図があったのか。

　前述のとおり、部分草案は、キューベルの個人的事情のため、ドレスデン草案の議事録が引用されることが多くなっている。しかしながら、キューベルが新たに起草したアンヴァイズングの部分草案には、ドレスデン草案起草時には参照されていなかった学説が多分に盛り込まれている。

　そして、そのなかでもとりわけザルピウス以後の学説が新たに参照されてい

る点は注目に値する。というのも、ザルピウス以後の学説は、当時のアンヴァイズングに関する通説であった二重委任説を批判する画期的理論を多く含んでおり、キューベルは、以下で見るように、これらの学説に強い影響を受けていることが窺えるからである。

　起草資料では、部分草案の立法理由を説明する前に、当時のアンヴァイズングに関する学説の動向がまとめられ、次いで、各ラント法やその草案がまとめられている。学説の動向に関してはドレスデン草案の議事録と重複する部分も多く含まれるが、参照した学説・立法が示されているため、ここでふたたび取り上げる価値があると考えられる。立法関係についてはすでに見てきたところであるので、ここではキューベルが学説をどのようにまとめたのかという点を中心に見てみよう。

　まず、アンヴァイズングという法制度は、ローマ法ではなく、近代の法的活動によって発展してきたものである。しかしながら、普通法学説は、アンヴァイズングをローマ法の体系のなかで理解しようと努力し、とりわけローマ法における委任の原則をその基礎に置いた。

　その結果、さまざまな見解が主張されることになり、アンヴァイズングは、あるときは、第三者から支払を受領するべき債務者の債権者に対する委任 (Auftrag) [45]、あるときは、債権者に支払を給付するべき債務者の第三者に対する委任 [46]、またあるときは、債務者から支払を取り立てるべき債権者の第三者に対する委任 [47] などと理解される。つまり、既存の債権債務関係を前提に「債権者」「債務者」という形でアンヴァイズングの当事者を理解する見解である。

　これに対して、新しい学説によれば、指図人が被指図人の債権者であるか否か、また指図人が受取人の債務者であるか否かはアンヴァイズングにとって問題とならない [48]。そして、多数説によれば、アンヴァイズングの基礎は二重委任に置かれる。すなわち、一方では、被指図人に一定金額を支払わせ、またはそれ以外のある特定の目的物を給付させる指図人の受取人に対する委任、他方では、受取人に対して給付をなさせる被指図人に対する委任である。つまり一方では取立委任が、他方では支払委任がなされており、当事者は取立委任にもとづいて取り立て、受領すべきであり、支払委任にもとづいて支払をなすべきであるというのである [49]。

その他にも、アンヴァイズングが、場合によっては、要請にもとづいて給付をなすべき被指図人に対する委任とともに、受取人に対する取立てのための授権（Ermächtigung）としてあらわれると解する見解[50][51]、また、二重委任を否定して、支払取立てのための指図人の受取人に対する委任は、アンヴァイズングの概念にとってまったく本質的ではないと解する見解もある[52]。

　この後者の見解は、受取人がアンヴァイズングによって権限（Befugnis）のみを有する場合には、委任が、すなわち支払取立てについての義務が付加されなくとも十分であるとし、また、アンヴァイズングがいかなる目的でなされていようとも（たとえば贈与目的や支払目的など）無関係であるとする。

　それゆえ、アンヴァイズングの本質は、受取人に一定金額または一定の目的物を指図人の計算で支払うよう被指図人に委任するとともに、指図人が受取人に対して、被指図人を指図または指示することに求められるという[53]。

　また、これと同様の見解として、アンヴァイズングを、ある金額等を指図人の計算で受取人に支払うための被指図人に対する要請（Aufforderung）とともに、受取人の当該金銭等の取立てのための授権（Ermächtigung）であると説明する見解が挙げられている[54]。

　さらに続けて、ザルピウス（Botho von Salpius）の見解[55]がふんだんに取り上げられている。ザルピウスもまた、指図人と被指図人との関係も、指図人と受取人との関係も、ローマ法的な意味における委任（mandatum）と解されるべきではないという点から出発している。

　さらにザルピウスは、ローマ法におけるデレガチオが、すでに一般的意味におけるアンヴァイズングを指し示しており、特殊な意味において、信用指図（Kreditanweisung）を意味したということ、そして、アシグナチオには、デレガチオに対する独自の制度としての意義はないことから、アシグナチオという名称を排斥する。

　ザルピウスは、指図人と被指図人との間の法律行為を、一方的意思表示である授権[56]（iussum[57]）であると捉えている。これにより、アンヴァイズングの結果としてなされた事務から、授権者（iubens）と被指図人との間に義務的契約を介在させることなく、授権者に直接債務が生ずるというのである[58]。

　ヴィントシャイト（Bernhard Windscheid）もまた、アンヴァイズングは委任と区別されるという。アンヴァイズングは、その履行が当然に必要とされるよ

うな義務の発生に向けてなされているわけではないからである[59)][60)]。

キューベルは、以上のような学説の動向、次いで各地域特別法を踏まえたうえで、部分草案の立法理由について、つぎのように述べている。

本草案は、さしあたって以下のような理解から出発している。すなわち、アンヴァイズングの基礎および目的は、非常にさまざまな性質でありうる。そして、債務消滅の目的は、アンヴァイズングによって実現される目的のひとつにすぎない。指図人が受取人に対して債務を負担しており、アンヴァイズングを通じてその履行が仲介的になされるような場合がそれである。

また、たとえば、アンヴァイズングを通じて、受取人に信用取引が開設される場合のように、支払を通じて、受取人の指図人に対する債務が基礎づけられることもある。いわゆる信用状(Kreditbrief)取引である。さらに、アンヴァイズングは、受取人に贈与をなす目的のために与えられうる。その他、アンヴァイズングは、受取人が指図人のために取立てをなす、または取り立てたものを指図人に引き渡す目的でもなされうる。

同様に、被指図人が指図人に対して既存の債務関係を有するか否かも問題とはならない。それゆえ、アンヴァイズングは、指図人の被指図人に対する債権を終極的に取り立てる(「債務にもとづくアンヴァイズング(Anweisung auf Schuld)」)という目的を有しうるし、被指図人が指図人の債務者ではないのにアンヴァイズングがなされ(「信用にもとづくアンヴァイズング(Anweisung auf Kredit)」)、それにより、アンヴァイズングの支払を通じて、指図人と被指図人との間に債務関係が基礎づけられるという目的を有しうる。したがって、アンヴァイズングの概念は、アンヴァイズングを動機づける基礎、すなわち原因関係としての法律関係の如何とは無関係に認められうる。

アンヴァイズングの発生および発展を支えている需要は、一般的には、取引の決済に資する支払の軽減にある。そして、その主要な意義は、ちょうど人が同様の方法で、この行為形式を、手形(Wechsel)のようにさまざまな目的について利用しうることにもとづいている。

それによって、アンヴァイズングもまた、手形のように、法的活動の需要から発展した独自の法制度として評価されうる。アンヴァイズングの本質は、受取人に対して、ある金額またはその他の物を、自己の名で指図人の計算で、アンヴァイズングを通じてそのような金額または物の給付を請求される第三者か

ら取り立てるよう権限を与えるということに存する。

　アンヴァイズングが二つの委任の結合、すなわち、取立委任（Einkassierungsmandat）および支払委任（Zahlungsmandat）の結合であると評価されるならば、それは不正確で、アンヴァイズングという法的制度の理解にとって無益である[61]。そのような委任がアンヴァイズングの基礎をなすことはありうるが、これはアンヴァイズングの本質的要素ではない[62]。たとえ、委任の原則が、多種多様に応用的に用いられる場合であっても、委任はアンヴァイズングの概念には属さない。

　このことから、キューベルは、アンヴァイズングを二重委任であると解する従来の通説を明確に否定しており、指図人と受取人との指図関係については、これを委任とは見ていないことが理解できる。そして、つぎに、アンヴァイズングの法的性質について以下のように説明している。

　第一に、受取人の指図人に対する関係に関して、アンヴァイズングは、独自に、そして基礎となっている法律関係（原因関係）とは無関係に、給付を自己の名で指図人の計算で取り立てるための、受取人に対する資格（Legitimation）のみを含んでいる。

　受取人は、アンヴァイズングを通じて、指図された給付の取立てのための権限（Berechtigung）を有する。受取人が、この取立てのために指図人に対して義務を負うのではない。それはアンヴァイズングの概念には存在しない。もし受取人が義務づけられているのであれば、それは既存の法律関係を通してのみ基礎づけられうる。

　そもそも、一般的に、アンヴァイズングの際に重要なのは受取人の利益である。たとえば、信用取引の開設（いわゆる信用状）のために、アンヴァイズングが与えられる場合、これにより、受取人には権限が与えられるが、取立てを義務づけられているわけではない。受取人がそのアンヴァイズングを利用して、指図された給付を取り立てようとするか否かは、彼の自由意思にゆだねられている。アンヴァイズングが指図人の受取人に対する贈与目的で与えられている場合には、より理解が容易であろう[63]。その他にも、たとえば、債務者が彼の債権者に対し、第三者を人的担保とする目的でアンヴァイズングを与えた場合を考えてみても同様のことがいえる。

　それゆえ、アンヴァイズングの付与においては、指図された給付の取立ての

ための権限付与のみが存在する。そして、アンヴァイズングを受けた受取人は、これによって債務を負うわけではない。そのような債務は、アンヴァイズングに至った指図人と受取人との間の具体的な法律関係からしか生じないのである[64]。

ところで、アンヴァイズングにおいては、受取人に対する、指図された給付の取立てのための権限付与と同時に、指図された給付を、指図人の計算で受取人になすための被指図人に対する要請（Aufforderung）が存在する。これら二つの結合によって、アンヴァイズングの概念が形成される。

受取人が、被指図人から取り立てるよう権限を与えられただけでは、その目的の達成のために十分ではなく、被指図人の側でもまた、指図された給付をなすよう指示されなければならないのである[65]。そして、この指示（Veranlassung）は、被指図人が受取人に対して、指図人の計算で給付をなすべき、指図人による被指図人に対する要請なのである[66]。

アンヴァイズングが受取人に与えられる一方で、独自に被指図人に対するそのような要請もまた含まれている。バイエルン民法典草案723条2項は、これを、書面上のアンヴァイズングにおいてのみ見出そうとしている。

しかし、口頭でのアンヴァイズングと、書面上のアンヴァイズングとの間に、概念上の差異は存在しない（ただし、多くの場合、アンヴァイズングは書面的になされる）。さらに、指図人による、被指図人に対する要請が含まれないアンヴァイズングは与えられない。それゆえ、指図人の被指図人に対する要請は、口頭のアンヴァイズングにおいてもまた、重要である。

ここで述べられている要請（Aufforderung）は、通常、支払委任（Zahlungsmandat）として理解される。しかし、ここでもまた、委任は必然的に存在するわけではない。たとえば、問屋（Einkaufskommissionär）が、販売価格のために、委託者（Komittenten）に売主を指図した場合、被指図人（委託者）は委任者でありつづけ、受任者とはならない。ここでも同様に、まさしく具体的な法律関係が重要となるのである[67]。

このように、キューベルは、指図人と被指図人との指図関係を、指図人が被指図人に対して、指図人の計算で受取人に給付をなすように与える要請であるとし、この要請は、委任とは区別されるというのである。この点から、キューベルはアンヴァイズングの概念の基礎に委任を置いていないことが理解できる。

さらに、キューベルは、受取人に付与される権限の内容について、以下のように述べている。

アンヴァイズングは、受取人に対して、指図された給付を自己の名で取り立てるための権限を与えている。この点について、プロイセン一般ラント法第1部第16章第5節251条は、自己の計算で、彼のために取り立てるという受取人の権限を認めている[68]。その他の立法例を見ると、ヘッセン民法典草案304条は「自己の利益のため」、バイエルン民法典草案722条は「自己の計算で」、ドレスデン草案717条は「自己の名で」という文言が用いられている。

これに対して、受取人は被指図人から自己の名で取り立てることと同様に、取り立てられた金額を独自に保持しつづける必要があることは、アンヴァイズングの概念にとって非本質的なことであるとする見解もあり[69]、ザクセン民法典1328条なども、自己の名で請求するということを概念規定から取り除いている。

ただし、すでに述べたとおり、アンヴァイズングを通じて追及される目的は、アンヴァイズングの概念にとって本質的なものではない。それゆえ、受取人が、独自に保持する目的で被指図人から給付を取り立てるのか、それを指図人に引き渡すため、またはそれ以外としてなされるかどうかはアンヴァイズングには関係しない。アンヴァイズングを通じて、さまざまな目的が追及されうるが、それらはすべて原因となる法律関係にしたがっているのである。

しかし、受取人が、アンヴァイズングを通じて、被指図人に対して自己の名でなす権限を受けることは、アンヴァイズングの概念に本質的に存する。これは、委任者のための取立てについてのみ受任者に与えられる取立委任とは異なる[70]。受取人に、自己の名で給付の取立てをなす権限が与えられていない場合は、取立委任が用いられている。

被指図人に対する指図人の要請は、前述のとおり、指図人の計算で受取人に給付するように作用する。ドレスデン草案717条において明瞭に述べられていることは、その他でも承認を受けている。このように、被指図人が指図人の計算で給付することはアンヴァイズングにとって本質的である。それゆえ、なされた支払もまた、指図人との関係で勘定しなければならない。被指図人が指図人の計算で支払わない場合には、被指図人に対して向けられている要請はアンヴァイズングではなく、いわゆる信用委任（mandatum qualificatum）であ

る[71]。

　以上の立法理由に徴すれば、キューベルが構想したアンヴァイズングの概念は、二重委任を基礎としたものでないことは一目瞭然である。草案の文言も、ドレスデン草案のそれよりも、二重委任との峻別を意識させる、より直接的な表現が用いられており、一方では、指図人が受取人に対して与える、自己の名で被指図人から給付を取り立てる権限の付与、他方では、指図人が被指図人に対して与える、指図人の計算で受取人に対して給付をなす要請であるというのである。

　最後に、キューベルが、アンヴァイズングの当事者を指す用語として、ドイツ民法典においても採用されている、指図人（Anweisenden）、被指図人（Angewiesene）、受取人（Anweisungsempfänger）という用語法について言及している箇所に触れておく。

　アンヴァイズングの当事者について、たとえば、バイエルン民法典草案は、ラテン語の用語である、指図人 Assignant、被指図人 Assignat、受取人 Assignatar という語を維持しつづけている。プロイセン一般ラント法は、指図人として Assignanten、被指図人として Assignatar というように、被指図人に Assignatar という用語を宛てている。

　ヘッセン民法典草案は、指図人 Anweiser、被指図人 Angewiesener、受取人 Empfangsbevollmächtigter という文言を用いている。ザクセン民法典およびドレスデン草案などは、指図人 Anweisender、被指図人 Angewiesener、受取人 Anweisungsempfänger という文言を用いており、部分草案では、この用語法にしたがっている。受取人（Anweisungsempfänger）という用語は、ぎこちない長さではあるが、これらの用語は、当事者の関係をあらわすものとしてもっとも適切な用語であると判断したからである[72]。

2　第一草案

　1881年、第一委員会の各起草担当者によって作成された部分草案をもとに審議がはじめられ、その結果、第一草案が作成された。この第一草案作成に主導的な役割を演じたのは、ヴィントシャイトであるといわれる[73]。

　アンヴァイズングに関する規定は、605条以下に置かれている[74]。

第一草案 605 条「ある者が他者に、彼が第三者に対して他者に給付をなすよう要請する証書（Urkunde）を交付したときは（アンヴァイズング）、その他者（受取人（Anweisungsempfänger））は、自己の名で第三者（被指図人（Angewiesener））から当該給付を取り立てるよう授権され（ermächtigen）、被指図人は、要請者（指図人（Anweisender））の計算で受取人に当該給付をなすよう授権される。指図人の側からの被指図人へのさらなる通知は必要としない。」

　第一草案では、部分草案の規定がより厳格に、より洗練された文言で規定されることになった。すなわち、第一に、原則となるアンヴァイズングを書面上のアンヴァイズングとして規定しているという点、第二に、部分草案において、アンヴァイズングは、指図人が受取人に権限を付与し（berechtigen）、被指図人に要請する（auffordern）と規定されていたところ、双方ともに、授権する（ermächtigen）という文言が用いられている点である。

　第一草案理由書[75]では、本草案について以下のように述べられている。アンヴァイズングの制度は、近代の法的活動の所産である。これをローマ法の体系に組み込もうとする努力は、アンヴァイズングの概念および本質に関するさまざまな見解をもたらした[76]。

　今日の見解は、アンヴァイズングの本質を二重委任であるとみなしている[77]。すなわち、指図人から受取人に与えられる取立委任（Einkassierungsmandat）、および、指図人の被指図人に対する支払委任（Zahlungsauftrag）であり、受取人がアンヴァイズングの目的物を、独自に、自己の名で取り立てなければならないかどうかは議論があるところである。

　これに関して、アンヴァイズングの本質を規定するのに、当事者間でアンヴァイズングに至った法律関係、そして、アンヴァイズングとともに達成される目的についての考慮は必要ないように考えられる。

　各ラント法および草案におけるアンヴァイズングの規定は、それらの成立時に有力であった学説に影響を受けている。たとえば、プロイセン一般ラント法は、アシグナチオによって受取人に対する指図人の債務を消滅させる、より厳密には、委任を通じて、債権者（受取人）に対して、指図人の債権を第三者から自己の計算で取り立てる意図がその基礎に置かれている（プロイセン一般ラント法第 1 部第 16 章第 5 節 251 条、252 条）。ただし、プロイセン一般ラント法は、さらに別の場合についても規定しており、アンヴァイズングが受取人の指図人

に対する債務の消滅のためになされていない場合や（298条、299条）、指図人と第三者との間に債務関係が存在しない場合についても規定している（259条）。

その他の立法は、アンヴァイズングの概念を債務消滅の手段としての目的とは関係なく、二重委任こそがアンヴァイズングであるとみなしている。たとえば、ザクセン民法典1328条、ヘッセン民法典草案304条以下、バイエルン民法典草案722条およびドレスデン草案717条である。

本草案は、アンヴァイズングの基礎と目的とは、非常にさまざまな性質を有しうるという理解から出発している。アンヴァイズングは、以下のような場合でもおこなうことができる。すなわち、アンヴァイズングを通じて指図人の受取人に対する債務の履行が仲介される場合、また、その支払を通じて、受取人が指図人に対して債務を負う場合である。後者は、たとえば、アンヴァイズングを通じて、受取人に信用取引が開始されるような場合である。いわゆる信用状（Kreditbrief）取引は、アンヴァイズングの一事例であるにすぎない。

さらに、アンヴァイズングは、受取人に対する贈与目的のためにも生じうるし、受取人がアンヴァイズングにもとづいて取り立てたものを指図人の利益において利用する目的で、あるいはまた、取り立てたものを指図人に引き渡す目的で生じうる。

被指図人の指図人に対する既存の債務関係が存在するか否かもまた、問題とはならない。アンヴァイズングは、指図人の被指図人に対する既存の債権を取り立てるような目的を有しうるし（債務にもとづくアンヴァイズング（Anweisung auf Schuld））、被指図人が指図人の債務者ではなく、アンヴァイズングを通じて、指図人と被指図人との間に債務関係が基礎づけられるような目的（信用にもとづくアンヴァイズング（Anweisung auf Kredit））を有しうる。

アンヴァイズングの概念それ自体は、アンヴァイズングに関する基礎を形成する原因関係とは無関係である。アンヴァイズングは、アンヴァイズングの外に存する基礎や目的の達成のための、給付をもたらす手段としてのみ生じる。

このように、第一草案理由書によるアンヴァイズングの一般的説明に関しては、部分草案におけるそれとほとんど変わりないものといえる。つづいて、理由書では、アンヴァイズングの本質的要素へと話が進んでいく。

近代のアンヴァイズングの発生に寄与した需要とは、本質的には取引の便宜のため、支払の軽減にあり、アンヴァイズングは、手形（Wechsel）のように、

独自の取引社会から発展してきた制度である。しかしながら、そのようなアンヴァイズングとして実際上重要なのは、書面上のアンヴァイズングのみである。それゆえ、本草案は、書面上のアンヴァイズングのみを規定しており、その他のアンヴァイズングの法律効果の確定は、当事者の意思の探求のごとき一般原則の適用にゆだねている。

　書面上のアンヴァイズングは、それ自体としては、単に、被指図人に対して向けられた、受取人にある給付をなさせるための要請（Aufforderung）を含んでいる。しかし、一般的に、アンヴァイズングとみなされる法律行為は、本質的に、被指図人が指図人の計算で給付をなさなければならず、なされた給付が指図人のもとで計算されなければならない。

　さらに、受取人との関係では、アンヴァイズングは、少なくとも給付の取立てのための委任を含んではおらず、かえって自己の名で給付を取り立てるための授権（Ermächtigung）のみを含んでいる。この権限を欠いた、受取人に対する被指図人のアンヴァイズングの引受もまた、受取人に与えられる支払約束（Zahlungsversprechen）として作用しえない[78]。まさに、ここにおいて、アンヴァイズングという制度独自の意義があらわれるのである。

　このような権限が与えられていない場合には、取立委任がその目的のために用いられる。ただし、権限が与えられている場合であっても、受取人が被指図人からの給付を、独自に保持する必要があるのか、これを指図人に引き渡さなければならないのかについては、決せられない。

　前述のとおり、アンヴァイズングには、受取人に給付を生じさせる指図人の要請、被指図人に対する「授権（iussum）」が含まれているが、この指図人の要請は、直接被指図人に向かってなされる必要はなく、それが通常の場合であるともいえない。

　指図人が受取人に取立授権（Erhebungsermächtigung）を与えず、給付をなさせるための被指図人に対する授権（iussum）のみが与えられている場合には、法律上の規定は与えられていない。そのようなアンヴァイズングは、実際上わずかな意義しか有しておらず、特別に規定を置く必要はない。また、指図人による口頭でのみ、たとえば受取人および被指図人の面前で、双方に向けられたアンヴァイズングは、たとえ草案が沈黙していたとしても、その有効性が否定されるわけではない[79]。

第一草案理由書によると、アンヴァイズングそれ自体に委任は含まれないという部分草案の見解が踏襲されているといえる。そのうえで、アンヴァイズングは、指図人が受取人に与える、自己の名で被指図人から給付を取り立てるための授権（Ermächtigung）、および、指図人が被指図人に与える、指図人の計算で受取人に給付をなすための要請（Aufforderung）であるとされる。そして、この後者の要請は、授権（iussum）とも呼ばれている。

　なお、第一草案では、これら双方の関係で「授権する（ermächtigen）」という文言が用いられている。このように、条文の文理的な意味で、指図人が被指図人および受取人に与える二つの授権という形でアンヴァイズングを規定したのは、第一草案からである[80]。

　また、書面上のアンヴァイズングを原則とした点については、アンヴァイズングがそもそも取引社会の決済簡略化の需要のなかで生成・発展してきた概念であり、実際上、その多くが証書を用いてなされていることから、この点を重視したのだと説明されている。しかし、これは口頭でなされるアンヴァイズングを排斥したわけではないという。

3　第二草案

　第一草案は、第二委員会において修正がくわえられ、これが第二草案となった。

　第二委員会は、1890年12月4日の連邦参議院の決議にもとづいて、第一草案を修正する目的で設置され、1891年4月1日から1896年2月8日まで総計456回の本会議で審議をおこなった。その議事録を含むのが、いわゆる第二委員会の議事録である[81]。

　当該議事録によると、アンヴァイズングの定義を定めた第一草案605条に対しては、以下のように修正すべきであるとする二つの提案がなされている。

　第一の提案は、「ある者が、他者の利益のために第三者に対して、金銭または代替物の一定量、あるいは有価証券の給付に向けられた、書面的アンヴァイズングを与え、アンヴァイズングに関して振出された証書が他者に交付された場合、受取人は指図された第三者から、自己の名で給付を取り立てるよう授権される。同時に、被指図人は指図人の計算で受取人に対する給付をなすよう授

権される」というように文言を修正する提案である。

　第二の提案は、第一草案605条において規定されている、「指図人の側からの被指図人へのさらなる通知は必要としない」という一文を削除すべきであるとの提案である。

　どちらの提案も、605条の「指図人の側からの被指図人へのさらなる通知は必要としない」という後段の文章を削除している。受取人に交付される指図人の書面的表示が、同時に被指図人に対しても与えられているということは、自明のことであるとみなされるからである。

　第二の提案が、削除すべきであると主張する後段の文章以外をそのまま存続させようとしている一方で、第一の提案は、第一草案605条において、アンヴァイズングの対象としてあらゆる給付が認められているところ、これを金銭、代替物および有価証券に制限するべきであると主張している[82]。

　しかしながら、アンヴァイズングの法的性質、殊にその基礎を委任に求めるのか授権に求めるのかという点に関して、第一草案を修正すべきであるとする提案はとくになされていない。

　ただし、第一の提案の冒頭では、草案の実質的修正を意図するものではないとしつつも、書面上で受取人に交付されるアンヴァイズング以外に、被指図人に対して向けられるアンヴァイズングがなおも必要であるのかは疑問がある。すなわち、指図人が被指図人にアンヴァイズングを与えることは、指図意思が被指図人に向けられている場合にのみ肯定しうるのではないか、との発言がなされている[83]。

　本提案は、その後、第二委員会に設置された編集会議による審議等を経て、第二草案として確定された。第二草案におけるアンヴァイズングに関する規定は619条以下に置かれている。

　第二草案619条「ある者が、彼が他者に金銭または一定量の代替物または有価証券を第三者に給付することを指図する証書を第三者に交付した場合、彼は自己の名で被指図人のもとで給付を取り立てるよう授権され、被指図人は指図人の計算で受取人に給付するよう授権される。」

　本草案は、現在のドイツ民法典783条の文言と対照させてみても、大体においてほとんど差異のない規定内容となっている。指図人が被指図人および受取人を授権するという点についても変更は加えられていない。なお、第二草案

では、「量（Menge）」の前に「一定の（bestimmte）」という語が付加されているが、これは第二読会において提案されたものである。

Notes

42) 石川博康『『契約の本性』の法理論』（有斐閣・2010）306頁以下。
43) 児玉寛「ドイツ民法典編纂資料一覧」石部編・前掲注33）8頁（viii）。
44) Werner Schubert (hrsg.), Die Vorlagen der Redaktoren für die erste Kommission zur Ausarbeitung des Entwurfs eines Bürgerlichen Gesetzbuches, Recht der Schuldverhältnisse, T.3, Besonderer Teil II, Berlin, New York, 1980, S.585f.
45) Glück, a. a. O. (Fn.9), §950, S.241.
46) Schweppe, a. a. O. (Fn.8), §488, S.306.
47) 同旨、Anton Friedrich Justus Thibaut, System des Pandecten-Rechts, Bd.2, Jena, 1803, §1078, S.272f.
48) Günther, a. a. O. (Fn.10), S.327 u. s. w.
49) Carl Friedrich Ferdinand Sintenis, Das Practische gemeine Civilrecht, Bd.2, 2 Aufl., Leipzig, 1868, §113 Anm.72, S.589 u. s. w.
50) Rudolph Freiherrn von Holzschuher/Johannes Emil Kuntze, Theorie und Casuistik des gemeinen Civilrechts, ein Handbuch für Praktiker, Bd.3 (Obligationenrecht), 3 neu vermehrte und verbesserte Aufl., nach dem Tode des Verfassers, Leipzig, 1864, S.667f.
51) Schubert (hrsg.), a. a. O. (Fn.44), S.587.
52) Schubert (hrsg.), a. a. O. (Fn.44), S.587f.
53) 同旨、Friedrich Ludwig Keller, Pandekten, Leipzig, 1861, §317, S.594f.
54) Plathner, Zur Lehre von der Assignation, in: Deutsche Gerichtszeitung, Organ des Deutschen Juristentages, Neue Folge, Bd.2, Berlin, 1867, S.4ff.
55) Salpius, a. a. O. (Fn.7), §§9-14, S.48-78, §§73 u. 74, S.467 u. 468.
56) 現在のドイツ法における授権（ermächtigen, Ermächtigung）概念は、ローマ法のiubere, iussumに相当すると解されているため（Max Kaser/Rolf Knütel, Römisches Privatrecht, Ein Studienbuch, 20., überarbeitete und erweiterte Aufl., München, 2014, §54, S.318f.）、本章でもこれにしたがうことにする。
57) 原文ではiussusという語が用いられている。しかし、iussusという語は、奪格（iussu）としての利用はあっても、主格（iussus）としての利用は非常に稀であり、主格としてはつねにiussumが用いられるといわれる（Ulrich Eisenried, Die bürgerlich-rechtliche Anweisung und ihre Entstehung, Diss. Passau, 2010, S.67）。そこで、本章ではiussumと表記する。
58) このiussum (iussus)の具体的内容については将来の課題とせざるをえないため、本章ではこれ以上言及しない。
59) 同旨、Bernhard Windscheid, Lehrbuch des Pandektenrechts, Bd.2, 7 durchgesehene und vermehrte Aufl., Frankfurt, 1891, §412, S.493 Anm.8a.
60) Schubert (hrsg.), a. a. O. (Fn.44), S.588.
61) Schubert (hrsg.), a. a. O. (Fn.44), S.590.
62) Schubert (hrsg.), a. a. O. (Fn.44), S.590f.
63) ここでは、Plathner, a. a. O. (Fn.54), S.11f. が参照されている。
64) ここでは、Windscheid, a. a. O. (Fn.59), §412, S.493 Anm.8a u. 17a; Ladenburg,

Die Vollmacht als Verkehrsmittel, in: ZHR 11 (1868), S.79f. およびザクセン民法典 1336 条が引用されている。
65) Schubert (hrsg.), a. a. O. (Fn.44), S.591.
66) Schubert (hrsg.), a. a. O. (Fn.44), S.591f.
67) Salpius, a. a. O. (Fn.7), §9, S.49; Plathner, a. a. O. (Fn.54), S.6f. が引用されている。
68) Plathner, a. a. O. (Fn.54), S.5 も参照。
69) Heinrich Thöl, Das Handelsrecht, Bd.1, T.3, 5 umgearbeitete Aufl., Leipzig, 1875, §325, S.486; Sintenis, a. a. O. (Fn.49), §113, S.589ff. u. s. w.
70) Schubert (hrsg.), a. a. O. (Fn.44), S.592.
71) Schubert (hrsg.), a. a. O. (Fn.44), S.593.
72) Schubert (hrsg.), a. a. O. (Fn.44), S.595.
73) ヴィントシャイトの第一草案における役割については、石部・前掲注 33) 25 頁以下。
74) 第一草案の条文については、Benno Mugdan, Die gesamten Materialien zum bürgerlichen Gesetzbuchs für das deutsche Reich, Bd.2, Berlin, 1899, S.99 (XCIX) f.
75) 第一草案の起草資料が膨大な量にのぼることから、その簡便な利用に供するための「圧縮された理由書」として作成されたのが、「第一草案理由書」である。その作成にあたっては、各編に一名の第一委員会助手があたることとされた。これは担当者が部分草案理由書と議事録とから抜粋し、要約して執筆したものであり、第一委員会総会の校閲と承認を経ていない。しかし、その高度な学問的水準は一般に承認されており、第一草案の基礎を明らかにするうえでの重要な補助手段であることは疑いないといわれる（児玉・前掲注 43) 9 頁（ix））。
76) Mugdan, a. a. O. (Fn.74), S.310.
77) Mugdan, a. a. O. (Fn.74), S.310f.
78) Mugdan, a. a. O. (Fn.74), S.311.
79) Mugdan, a. a. O. (Fn.74), S.312.
80) したがって、伊澤博士が、「獨逸民法草案は此の立場〔引用者注：二重委任説〕によつて起草されて居る」と主張されている点は（伊澤孝平「指圖（Anweisung）の本質（一）」法協 48 巻 11 号（1930）28 頁）、あたっていないと考えられる。

　伊澤博士は、上記の主張をするに際して、論拠となる二つの条文を挙げている（伊澤・上掲 31 頁）。それが、第一草案 606 条および 608 条である。

　第一草案 606 条「被指図人が指図人に対してアンヴァイズングを引き受けた場合、被指図人は指図人に対して、受任者（Beauftragter）が委任者（Auftraggeber）に対するのと同様に、その指図を遵守する義務を負う。」

　606 条には、被指図人が、指図人に対してアンヴァイズングを受け入れたときには、被指図人は委任契約を締結した場合のように、指図の履行について義務を負うと規定されている。さらに、608 条には次のように規定されている。

　第一草案 608 条「被指図人が指図に応じて、受取人に対し給付をなした場合、被指図人は、自己と指図人との間に別段の定めをなさない限りは、指図人の受任者（Beauftragter）のように指図人に対して給付したものの償還を要請する権利を与えられる（berechtigen）。」

　このように、一定の場合については、委任に関する法原則が準用されているようである。しかし、これらの規定はアンヴァイズングそれ自体の法的性質とは無関係の規定であるし、これらの関係が委任関係であると規定しているわけでもない。
81) 児玉・前掲注 43) 10 頁（x）。
82) Mugdan, a. a. O. (Fn.74), S.960.
83) Mugdan, a. a. O. (Fn.74), S.961.

IV 小 括

　アンヴァイズングに関する各立法は、その当時に有力であった学説の影響を強く受けてきた。

　1794年のプロイセン一般ラント法が立法された当時は、学説上もアンヴァイズングが単一委任であるとの理解が有力であったところ、指図人が受取人に与える単一委任であると規定されているし、1853年のヘッセン草案、1861年のバイエルン民法典草案、1863年のザクセン民法典、そして1866年のドレスデン草案では、従来の通説であった二重委任説の影響を受け、アンヴァイズングの基礎に二重の委任を置いた立法となっている。

　しかしながら、19世紀中葉以後は、従来の委任（Mandat）概念がより分析的に理解されるようになる時代であり、少なくとも、指図人と受取人との関係では、それが代理権授与と規定されるにせよ、授権と規定されるにせよ、一定程度において、委任からの分化・独立が立法的試みとしても志向されていた。

　このような状況は、1864年のザルピウスによる著作を端緒とする一連の学説の展開により一変する。ザルピウスは、アンヴァイズングが指図人と被指図人との関係においても、指図人と受取人との関係においても委任を基礎としていないとし、二重委任説を痛烈に批判した。

　ドイツ民法典立法の討議資料として、第一に作成されたのが、部分草案である。ここでは、アンヴァイズングが委任とは異なることが条文のなかで明確化されているが、これはザルピウスの見解の影響を強く受けたものと考えられる。

　指図人と被指図人または受取人との指図関係を、どちらも「授権する（ermächtigen）」という文言で規定したのが、第一草案である。その理由書によれば、アンヴァイズングとは、指図人が受取人に与える授権（Ermächtigung）、および被指図人に与える要請（Aufforderung）から成るものであるという。

　この要請は、ザルピウス、そしてこれに続くヴィントシャイトらが主張する、授権（iussum）を意味するという。第二草案においては、第一草案の規定がさらに精緻に規定されているが、アンヴァイズングの法的性質はなんら変更されていない。

　以上のことから、アンヴァイズングの本質が、指図人が被指図人に対して与

える授権と、指図人が受取人に対して与える授権という二重の授権[84]にある
と規定する現行法の原型は、第一草案の時点ですでに完成をみていたというこ
とができ、指図人と被指図人との関係は授権（iussum）を、指図人と受取人と
の関係は授権（Ermächtigung）を、それぞれ基礎に据えているといえる。

Notes

84)　「授権」概念については、さしあたり、於保不二雄『財産管理権論序説』（有信堂・
　　 1954）、Wilhelm Ludewig, Die Ermächtigung nach bürgerlichem Recht, Marburg,
　　 1922; Philippos Doris, Die rechtsgeschäftliche Ermächtigung bei Vornahme von
　　 verfügungs-, Verpflichtungs- und Erwerbsgeschäften, München, 1974 u. s. w.
　　 アンヴァイズングと二重授権とのかかわりについては今後の課題としたい。

第 4 章

ドイツ法における指図引受 (Annahme der Anweisung) の受容

I　はじめに

　ドイツ法における指図 (Anweisung)(以下、「アンヴァイズング」) については、いくつかの先行研究が見られる[1]。しかし、これらの先行研究は、主としてアンヴァイズングそれ自体を対象としたものであり、アンヴァイズングの引受、いわゆる指図引受 (Annahme der Anweisung; Anweisungsakzept) を対象としたものではない。

　そこで本章では、アンヴァイズングのドイツ法への集成過程を解明するため、指図引受を検討対象の基軸に据えることにする。本論に入る前に、まずアンヴァイズングに関する一般的事項を確認しておこう。

　アンヴァイズングの淵源は、19世紀後半まで、12、13世紀の商業実務のなかから誕生した assignatio (以下、「アシグナチオ」[2]) であると考えられていたが、現在では古くローマ法上の指図 (delegatio)(以下、「デレガチオ」[3]) であると解されている。デレガチオはアシグナチオをも包含する非常に広範な理論であることが明らかになったからである[4]。

　アンヴァイズングの法的性質は、ドイツ民法典 (BGB) 783条によれば、二重授権 (Doppelermächtigung)、つまり、指図人による、受取人に対する授権および被指図人に対する授権であると規定されている。

　かかる授権は、それ自体からは当事者にいかなる義務も基礎づけることはない。被指図人は、受取人に対して給付をなすよう義務づけられることはなく、同様に、受取人は、被指図人から給付を取り立てるよう義務づけられることはないのである。

アンヴァイズングそれ自体からは、受取人に対する直接の権利は生じない。そのため、アンヴァイズングが履行されるか否かは、少なくとも被指図人の意思に従属することがらである。したがって、受取人は、早急に被指図人が自分に対して債務を負担することに多大なる関心を払うのである。これは指図引受を通じて実現されることになる。

　しかしながら、「引受（Annahme）」という言葉は、日常生活のなかで、あるいは種々の意味で法律用語として用いられている。さらに、指図引受という用語も、ドイツ法学説の沿革をたどれば、つねに一貫して用いられているわけではなかったのである。では、本章で対象となる指図引受とはいかなる行為を指すのであろうか。ここで用語の意義を明らかにしておこう。

　アンヴァイズングには、少なくとも、指図人、被指図人、受取人の三当事者が関与することになるため、指図引受は、さしあたり当該三当事者のいずれかの行為であると考えられる。

　第一に、アンヴァイズングを企図した当事者、すなわち指図人は引受行為をおこなわない。それゆえ、指図人がなす行為が引受である可能性は除外される。

　第二に、満期に指図人から債権を取り立てる代わりに、被指図人から弁済を受けるという、受取人の指図人に対する積極的な意思表示が引受であると考えることができる。このように解した場合には、ドイツ民法典783条における意味では、引受と同時に、指図人から受取人への指図証書（Anweisungsurkunde）の受取（Entgegennahme）をなすことになろう。

　事実、ドイツの文献のなかには、指図引受における引受の用語をこのような意味で用いているものもある[6]。このような行為は、引受というよりは「引取（Abnahme）」と呼ばれうるが、このような用語法は不正確である。指図証書の受領は、通常、引受とも引取とも呼ばれることはない。

　第三に、引受は、指図証書にもとづいて受領者に支払うよう義務づけられる被指図人の指図人に対する意思表示であると考えることができる。法典上、この意味でかかる用語が用いられる例もある。それがドイツ民法典第一草案606条である。そこでは「被指図人が指図人に対してアンヴァイズングを引き受けたとき（Wird die Anweisung von dem Angewiesenen dem Anweisenden gegenüber angenommen）」とされており、被指図人が受取人ではなく指図人に対して指図引受をなす旨が規定されている。

第一草案以前に、このような意味で引受という用語を採用している立法例も存在する。それが1861年のバイエルン民法典草案であり、その726条1項には「被指図人が、指図人に対してアンヴァイズングを引き受けたとき（Hat der Assignat die Anweisung gegenüber dem Assignanten angenommen）」と規定されている[7]。

　また、ライヒ裁判所（Reichsgericht）の判決のなかにも、引受の語を同様の意味において用いているものがあり[8]、被指図人の指図人に対する意思表示を指して、引受という語が用いられることも多かったのである。

　さて、1890年12月4日には、第一草案が第二委員会に付託されることが決定された。そこでは、引受という用語は、指図人と被指図人との関係においては避けられるべきであり、受取人と被指図人との関係においてのみ用いられなければならないとして、第一草案の用語法に対して異が唱えられた[9]。

　この第一草案における引受の用語の不正確さは第二読会において修正され、ドイツ民法典は、この修正を最終的な規定の様式として維持しつづけている。このような過程を辿ることによって、指図引受は専門的・法的意味として、現在のように、被指図人が受取人に給付をもたらせようとする意思表示を意味することになった。本章で対象とするのは、無論、かかる意味における指図引受である。

　アンヴァイズングにより、被指図人および受取人に対する二重授権（doppelte Ermächtigung）のみが存在する。被指図人は受取人に対して給付をなし、受取人は被指図人から給付を取り立てる権限（Befugnis）のみを指図人から与えられる。

　この段階では、アンヴァイズングは受取人にとって経済的価値も有しておらず、彼は被指図人が自己に対してもまた、実際に給付をなすという確信をもたなければならない。その場合に、この授権は、受取人に給付を取り立てるための権限以外に、被指図人が給付を約束しうる許可を与えている。この約束（Versprechen）が指図引受であるという。

　この給付約束（Leistungsversprechen）から、アンヴァイズングそれ自体からは発生しえない受取人の被指図人に対する直接の債権が発生する。それゆえ、引受はアンヴァイズングの本質ではなく、まさに独自の、被指図人の恣意にゆだねられた結果であるというのである。

すでにアンヴァイズングの本質を委任であると解する古い時代の見解のなかで、受取人はアシグナチオにもとづいて被指図人を訴えることはできず、これは指図人による債権譲渡（Cession）または訴訟代理権（Prozeßvollmacht）の結果としてのみ可能であると主張されてきた[10]。

アンヴァイズングの本質を授権であると解する現在の見解によれば、アンヴァイズングが一方的意思表示として、受取人の第三者に対して弁済を請求する権利（ius exigendi）を生じさせることができないということに特段の論述は必要ないであろう。受取人の被指図人に対する権利は、被指図人の給付約束を通じてのみ発生するのである[11]。

指図引受は、現在、ドイツ民法典784条[12]に規定されている、784条によると、指図引受は、指図証書（Anweisungsurkunde）にもとづく被指図人による書面上の記載を通じてなされ、ここから、被指図人の受取人に対する独立の拘束力が基礎づけられる。

これにより、被指図人と受取人との間に給付関係（Leistungsverhältnis）が形成され、指図引受より発生する被指図人の受取人に対する義務は、指図人と被指図人との間の原因関係（資金関係）、および指図人と受取人との間の原因関係（対価関係）に存するカウザ（causa）から切り離された無因的な（abstrakt）効力を有するのである[13]。

さて、このような指図引受の有効性は、当初より一貫して認められていたわけではなく、19世紀ドイツ普通法学のなかで徐々に承認されてきたものである。指図引受にはいかなる理論的問題があり、学説はこれをどのように超克したのか。本章では、指図引受の有効性に関する学説の論争を概観し、その受容過程を明らかにすることを目的とする。

なお、この論争については、後述のザルピウス（Botho von Salpius）による著作が大きなターニングポイントになっていると考えられる。そのため、以下ではザルピウスの以前と以後に区別して学説の変遷を辿ってみよう。

Notes

1) 代表的なものとして、大西耕三「指圖に就て」論叢17巻5号（1927）760頁、伊澤孝平「指圖（Anweisung）の本質（一）」法協48巻11号（1930）1頁など。
2) 「アッシーグナーチオー」と表記するのが正確ではあるが、ここではこのように表記する。

3) 「デーレーガーチオー」との表記が正確であるが、ここではこのように表記する。
4) 詳細は、本書第１部第１章および第２章。
5) BGB §783. Händigt jemand eine Urkunde, in der er einen anderen anweist, Geld, Wertpapiere oder andere vertretbare Sachen an einen Dritten zu leisten, dem Dritten aus, so ist dieser ermächtigt, die Leistung bei dem Angewiesenen im eigenen Namen zu erheben; der Angewiesene ist ermächtigt, für Rechnung des Anweisenden an den Anweisungsempfänger zu leisten.
 ドイツ民法典783条「金錢、有價證券又ハ其ノ他ノ代替物ヲ第三者ニ給付スベキコトヲ他人ニ指圖スル證書ヲ第三者ニ交付シタル者アルトキハ、其ノ第三者ハ被指圖人ヨリ自己ノ名ヲ以テ給付ヲ取立ツル權限ヲ有ス；被指圖人ハ指圖人ノ計算ニ於テ指圖證書受取人ニ給付ヲ爲ス權限ヲ有ス。」訳は、柚木馨・上村明廣『現代外国法典叢書(2)獨逸民法［II］債務法』（有斐閣・1955）770頁から引用。
6) Max Ernst Eccius/Franz August Alexander Förster, Theorie und Praxis des heutigen gemeinen preussischen Privatrechts, Bd.3, 5.Aufl., Berlin, 1887, §160, S.49.
7) Entwurf eines bürgerlichen Gesetzbuches für das Königreich Bayern, Teil II., Recht der Schuldverhältnisse, München, 1861, S.157.
8) Entscheidungen des Reichsgerichts in Zivilsachen, Bd.11, Leipzig, 1884, Nr.26, S.136.
9) Benno Mugdan, Die gesamten Materialien zum bürgerlichen Gesetzbuchs für das deutsche Reich, Bd.2, Berlin, 1899, S.959ff.
10) Johann Adam Seuffert's Archiv für Entscheidungen der obersten Gerichte in den deutschen Staaten, Bd.22, München, 1870, Nr.41, S.60.
11) Georg Rust, Das Anweisungsakzept, Diss. Kaiser-Wilhelms-Universität Straßburg, 1914, S.21; Otto Wendt, Das allgemeine Anweisungsrecht, Jena, 1895, S.146.
12) BGB §784. Nimmt der Angewiesene die Anweisung an, so ist er dem Anweisungsempfänger gegenüber zur Leistung verpflichtet; er kann ihm nur solche Einwendungen entgegensetzen, welche die Gültigkeit der Annahme betreffen oder sich aus dem Inhalt der Anweisung oder dem Inhalt der Annahme ergeben oder dem Angewiesenen unmittelbar gegen den Anweisungsempfänger zustehen.
 Die Annahme erfolgt durch einen schriftlichen Vermerk auf der Anweisung. Ist der Vermerk auf die Anweisung vor der Aushändigung an den Anweisungsempfänger gesetzt worden, so wird die Annahme diesem gegenüber erst mit der Aushändigung wirksam.
 ドイツ民法典784条「被指圖人ガ指圖ヲ引受ケタルトキハ、指圖證書受取人ニ對シテ給付ヲ爲ス義務ヲ負フ；被指圖人ハ受取人ニ對シ、引受ノ效力ニ關スル異議又ハ指圖ノ内容若ハ引受ノ内容ヨリ當然生ズル異議又ハ被指圖人ガ直接指圖證書受取人ニ對シテ有スル異議ノミヲ對抗セシムルコトヲ得。
 引受ハ指圖證書上ノ記載ヲ以テ之ヲ爲ス。證書上ノ記載ガ指圖證書受取人ニ對スル交付前ニ爲サレタルトキハ、引受ハ受取人ニ對シテハ交付ノ時ヨリ其ノ效力ヲ生ズ。」訳は、柚木ほか・前掲注5) 771頁。
13) Wolfgang Fikentscher, Andreas Heinemann, Schuldrecht, 10 Aufl., Berlin, 2006, §99, Rn.1381, S.685.

II ザルピウス以前——手形引受（Wechselakzept）との関係

19世紀前半には、為替手形の引受すなわち手形引受（Wechselakzept）の有効性はすでに承認されていた[14]。これに対して、ドイツ普通法学説上、商業取引および非商業取引における指図引受の有効性を認めるべきであるかに関しては見解の一致をみていない。

19世紀中葉までのドイツ普通法学説において、アンヴァイズング（アシグナチオ）の法的性質は、指図人の二つの委任（Mandat）の結合によって特徴づけられると解されていた[15]。すなわち、アシグナチオの本質は、一方では、被指図人に、受取人に対してなんらかのもの（たいていは金銭）を与えるための、他方では、受取人に対して、指図されたものを被指図人から受領するための、指図人の二重委任（doppelter Auftrag）にある、というのである[16]。それゆえ、被指図人の指図の引受（Annahme der Anweisung）は、沿革的には、まず被指図人の指図人に対する委任を承諾する意思表示ということになる。これに対して、ドイツ民法典784条に結実した現在の意味における引受は、被指図人が受取人に対して独立に債務負担を基礎づける。

この引受によって、たしかに被指図人は受取人に対して義務づけられるのであるが、これは特殊な債務関係となる。なぜなら、被指図人は、受取人に対しては、独立して義務を負うなんらのカウザも有していないからである。

そして、被指図人が受取人に負担する債務は、原因との効力的牽連性が切断された無因的効力を有するものと解されている[17]。このような効力は、当時、手形引受の場合には認められていたが、非常に例外的なものであったため、指図引受の有効性それ自体が争われたのである。

1 ロイヒス（Johann Michael Leuchs）

ロイヒス（Johann Michael Leuchs）は、引受による厳格な拘束力は手形引受としては有効であるとしながら、商人および非商人の（kaufmännische und nichtkaufmännische）指図引受については、その拘束力を認めていない。

他地で支払うべく定められているアンヴァイズングは、たしかに、振出され

た手形証書（Wechselbriefe）のごとく機能する。ただし、手形法が要求する手形引受人（Acceptanten）および手形呈示人（Präsentanten）の厳格な拘束力はここでは適用されない[18]。

われわれがアンヴァイズングを振り出すのは、われわれが自己の債権の取立てを銀行に依頼する場合であるという。この場合、われわれは、銀行に厳格な取立期日の遵守を促したいわけではなく、われわれの債務者に厳密な支払を遵守させたいわけでもない。そのような場合には、手形証書の代わりにアシグナチオが選ばれるというのである。というのも、アンヴァイズングは通常、手形法の規制には服さないからである。

それゆえ、所持人がこれを呈示し、所持人に取り立てさせる必要がある場合でも、彼はそのために責任を負うことはない。同様に、支払人が満期に支払をなすようアンヴァイズングを引き受け、そのために所持人がアンヴァイズングを振り出してもらった場合でさえ、支払人はアンヴァイズングを引き受けるよう義務づけられることはない。これもアンヴァイズングが手形法の適用を受けないからであるという[19]。

このように、ロイヒスは、アンヴァイズングの場合には支払人がこれを引き受ける義務を負うことはなく、これを引き受けたとしても、手形法が要求する手形引受の厳格な拘束力は生じないというのである。

2　ギュンター（Carl Friedrich Günther）

つぎに、当時の文献のなかで多くの引用がある、ヴァイスケ（Julius Weiske）の法律辞典におけるギュンター（Carl Friedrich Günther）の見解をみてゆこう。ギュンターは、ロイヒスの見解とは対照的に、指図引受の有効性を例外的に承認している。

本来の意味における引受（Acceptation）は、為替手形（Tratte）の場合においてのみ、すなわち、商人指図（kaufmännische Anweisung）[20]、およびアンヴァイズングを基礎に置く手形（Wechsel）、つまり為替手形（Wechseltratte）の場合にのみおこなわれる。引受は、そのような場合に、事柄の性質に基礎づけられた行為の完全性のための必要条件であるという。

そして、引受は、支払人（または予備支払人などの支払人の代わりに支払に参加する

者）の意思表示であり、これによって、彼は自分宛てに振出されたアンヴァイズングまたは為替手形を支払うよう義務づけられる。この者が引受の意思表示を与えるかぎり、この者は引受人（Acceptant）と呼ばれるという[21]。

商業取引以外の通常の取引に用いられるアンヴァイズングでは、例外的にではあるが被指図人の受取人に対する支払義務が生ずる場合として、以下のような事例が挙げられている。

受取人が指図人に対して既存債権を有しており、指図人が、被指図人に対するアンヴァイズング（証書）を受取人に与えた場合に、被指図人からの支払の履行をもって、指図人の債務が消滅するべきであったところ、受取人がこのアンヴァイズングを適時に呈示することなく、受取人が指図人に対して、原因関係上の既存債権を行使しようとしている。

このような場合において、指図人の側では、受取人のかかる遅滞により損失が生じた場合、たとえば、被指図人が指図人の債務者であり、満期時には支払能力を有しており、支払準備が完了していたにもかかわらず、後に支払不能に陥ってしまった場合に、指図人がこのことを引き合いに出して受取人の既存債権の行使を拒みうるかという問題が生じる。

被指図人の側では、受取人は被指図人を訴えることはできず、アンヴァイズングの引受（Annahme）および支払を強制することもできない。それにもかかわらず、被指図人が、受取人に委任の履行を約束した場合、これによって被指図人は受取人に対して独立した拘束力を負担するというのである[22]。

引受（Acceptation）については、前述のとおり、為替手形についてなされるものであり、アンヴァイズングの引受は異例であるとされている[23]。しかし、ギュンターはつぎのようにも述べている。アシグナチオが引受（Acceptation）のために呈示されなければならないことについて、地域特別法はどこにも定めていないが、引受をなすことは可能であり、書面的引受（schriftliche Acceptation）によってのみ支払をなすよう義務づけられることが、おそらくは前提とされているというのである[24]。

それゆえ、引受のなかには、一方では、為替手形振出人（Trassanten）から為替手形支払人（Trassaten）に与えられた、為替手形の支払のための委任（Auftrag）の引受が、他方では、引受人が少なくとも手形の所持人またはアンヴァイズングの所持人に、引き受けられた金額を支払うよう義務を負う独立し

た約束（selbstständiges Versprechen）が存在する。そして、それゆえに引受は、為替手形に存する委任が、振出人の手形能力（Wechselfähigkeit）欠缺のため、または、為替手形の要式に誤りがあったため、無効となった場合であってもまた、引受人を義務づけるという[25]。

このように、ギュンターは引受を通じた、被指図人の受取人に対する独立した拘束力については肯定している。

3　ジンテニス（Carl Friedrich Ferdinand Sintenis）

ギュンターと同じく当時の文献にたびたび引用のあるジンテニス（Carl Friedrich Ferdinand Sintenis）は、被指図人と受取人との関係、および指図引受について以下のように結論づけている。

被指図人が受取人に特殊な支払約束を与えうることは、自明のことである。これによって、被指図人は受取人と特殊な関係性をもつに至り、たとえば、被指図人と指図人との間に存する債務関係が解消される。それゆえ、かかる支払約束の後では、被指図人は二人の連帯債権者（Correalgläubiger）をかかえることになる。指図人は、恣意的に撤回権を行使することによって、原因債権をふたたび行使しうるようになるためである。

なお、ジンテニスによると、被指図人が受取人に対して義務づけられるよう、指図人から指図されていた場合は、被指図人と受取人との関係はまったく変わった関係になるという。すなわち、その場合には、デレガチオ、除約（Expromission）[26] あるいは何か類似する別の行為に変わるというのである。

しかし、受取人がアシグナチオにもとづいて被指図人に照会して支払をなすよう彼に要求し、そして、被指図人がこれに賛同して、場合によっては給付の種類や時期などについて商議がなされる場合に、つねに、そのような被指図人の受取人に対する特殊な支払約束が生じうるということはできない。有効に債務関係が形成されているといえるかどうかは、個々の特殊事情が第一の決定要因になりうる。そのため、委任（Mandat）のなかに、かかるカウザが探し求められなければならないという。

このように、ジンテニスは、被指図人の受取人に対する支払約束を場合によっては有効であるとし、その根拠に指図人の委任を挙げるのであるが、彼は

これを裏付けるローマ法文の確実な例を見つけられてはいないという。

さらに、ジンテニスによると、いまではアシグナチオの行為の基礎は完全に民法に置かれているという[27]。商法上の利用は、これに加えてさらに書面的形式 (schriftliche Form) を必要とする。この書面的形式は、指図証書 (Assignationsurkunde) の呈示 (Präsentation)、書面的引受 (schriftliche Acceptation)、振出通知書 (Avisbrief) などをともなう。そして、引受 (Acceptation) を通じて被指図人と受取人との間の固有の債務関係が発生するという本質的変更が採り入れられているという[28]。

このことから、ジンテニスは、ギュンターと同様に、被指図人が受取人に対して義務を負担する場合があるとし、これを特殊な支払約束であるという。ただし、そもそも指図人が被指図人に対して、受取人に義務を負担するよう指図していた場合には、その行為はデレガチオその他の別の行為になると解している。つまり、ジンテニスはいわゆる義務設定指図 (delegatio obligandi vel delegatio promittendi)[29] についてはデレガチオ、支払指図についてはアシグナチオという棲み分けをおこなっているものと考えられる。

さらに、ジンテニスは、いまではアシグナチオの基礎が民法に置かれており、商法上の利用の場合には書面的形式を要するとしており、被指図人の受取人に対する特殊な支払約束は書面によらずに有効であると解しているようである。

4　テール (Heinrich Thöl)

テール (Heinrich Thöl) によると、受取人が、指図人の助力なく、自己の権限にもとづいて被指図人から支払を取り立てようとする場合、商業取引においては、受取人が独自に約束を得ようとする引受 (Acceptation) のための呈示 (Präsentation) がつねに必要であり、被指図人が引受によって、独自に自己の指図人に対する関係に依存しない支払約束 (Zahlungsversprechen) を受取人に与えることが必要であるという[30]。

しかしながら、普通法上では、この約束の有効性は非常に疑わしい、むしろ確実に無効であるといえる。なぜなら、引受のなかに含まれている被指図人の受取人に対するこの約束は、純粋金銭支払約束 (reines Summenversprechen) であるからである[31]。

テールによれば、このような約束は、手形（Wechsel）の場合には有効である。すなわち、手形約束（Wechselversprechen）の場合には明らかに有効な約束である。それゆえ、その約束が金銭支払約束であり、かつ手形にもとづいてなされている場合に有効であることは当然である。しかし、これは法令の規定による例外である。

金銭支払約束は、本来は、つまり特別な例外を除けば、明らかに無効である。なぜなら、かかる約束は、金銭支払以外何もなく、かつあらゆる既存関係とは無関係に約束されるため、債務原因（causa debendi）が欠如しているのであるが（原因不記載証書（cautio indiscreta）は同様の約束を含む）、現行法上、そのような約束は無効となるのが原則であるからである。

自己の債務であれ他者の債務であれ、債務を支払う約束は有効である。債務額を支払う約束もまた有効である。しかし、単に金銭を支払う約束、すなわち、純粋な金銭支払約束は無効であり、例外的に、この約束が手形上で与えられる場合には有効になるというのである[32]。

テールは、この例外を「手形法のアンヴァイズングへの適用」というタイトルのもと、商人指図（kaufmännischen Anweisung）へと拡張しているが[33]、前述のとおり、手形法的特徴を備えた商業取引以外の取引に用いられる場合において、テールはこのような約束の有効性を承認していない。

なお、テールの上記見解は、アンヴァイズングとデレガチオとの理論的区別にも関係している。

テールは、アンヴァイズングの法的性質を指図人の二重委任であると解している。アンヴァイズングをおこなう場合、ある者（指図人）は、他者（被指図人）が第三者（受取人）に支払をなし、第三者がそれを受領するための委任（Auftrag）を与える。すなわち、指図人は、被指図人および受取人に、支払委任（Zahlungsmandat）および取立委任（Einkassierungsmandat）という二重の委任（zweifacher Auftrag）を与えるのである[34]。

その一方で、テールは、デレガチオの法的性質もまた、二重の委任であると解している。すなわち、デレガチオによって、ある者（指図人）が他者（被指図人）に、第三者あるいはその代わりの者（受取人）に対して約束をなすよう委任（Auftrag）し、多くの場合、指図人が受取人にこの約束を引き受けるよう委任する。

また、既存の債務関係はデレガチオの要素ではなく、デレガチオによって新債務者が旧債務者と交替する、あるいは新債権者が旧債権者と交替する関係と見るのは不適切であるという[35]。デレガチオは、指図人と被指図人との間の約束をするための委任、指図人と受取人との間の約束を受けさせる委任、被指図人と受取人との間の約束という関係三者の同意によって形成されるというのである[36]。

　さらにテールによると、デレガチオにおけるこの二つの委任が、ローマ法にしたがえば、口頭でも書面でも、明示的にでも黙示的にでも与えられ、承諾されうるとし、今日では、被指図人と受取人との間の約束についても同様のことがいえるという[37]。

　このように、テールは、デレガチオは更改の一種であるとする従来の見解を否定し、アンヴァイズングとデレガチオとは、二重の委任であるという点で共通していると解している。そのうえで、両者の峻別は、被指図人の受取人に対する債務負担を認めるのか否かにあると解しているようである。

5　シュレージンガー（Rudolph Schlesinger）

　これらの見解に対して、シュレージンガー（Rudolph Schlesinger）は、商業取引以外の取引に用いられる場合においてもまた、指図引受の有効性を承認する。

　すなわち、今では為替手形（Tratte）およびアンヴァイズングは、証書上に定められた書面上の支払人または被指図人の引受（Accept）が、形式的契約（Formalkontrakt）[38]を含んでいるという点で一致している。

　それによって、支払人または被指図人が、手形受取人または受取人に対して、それどころか振出人に対してもまた、手形またはアンヴァイズングを満期に呈示した当事者のもとで、委任にしたがい（auftragsgemäß）、当該金額の支払をなすよう義務づけられるという[39]。シュレージンガーは、手形法の規定が、類推的にアンヴァイズングにも適用されうるというのである[40]。

　シュレージンガーは、振出人または指図人の支払委任（Zahlungsauftrag）が、従来の解釈にしたがえば、引受（Accept）を通じて義務づけられるための委任としても締結されうることは、これによって引受の義務的効力が当然に生ずるわけではないとしつつも、疑う余地がないように見えるという[41]。

さらに、指図引受（Anweisungsaccept）の形式的性質は、手形引受（Wechsel-accept）との類推に達しているかぎりでのみ、つまり、慣習的形式で作成された受取人に手渡された書面的なアンヴァイズングで、かつアンヴァイズング自体にもとづいた書面的引受（schriftliches Accept）としてのみ認められうることになる[42]。

　しかしながら、シュレージンガーは、商人のもとでの商人指図（kaufmännischen Anweisung）と、それ以外の者のもとでのアンヴァイズングとの間で、前者にのみ引受が形式的契約を基礎づけるという区別について、実際上アンヴァイズングが商業取引において非常によく用いられるものであるとしながらも、その根拠は明らかではないという[43]。

6　小　括

　アンヴァイズングには指図人を起点とする三当事者が介在する。被指図人は指図人との資金関係にもとづいて、受取人は指図人との対価関係にもとづいて、それぞれ行動するのである。

　この場合、指図引受の当事者である被指図人と受取人の関係において、被指図人は受取人に独立して債務を負担する原因を有しておらず、受取人もまた独自に被指図人から債権を取得する原因を有していないことになる。このような当事者間で、債務関係を形成することはできるのか、これが争点となり、19世紀中葉までのドイツ普通法学説は、かかる約束を（原則）無効と解するのが支配的であった。これを貫徹すれば、商人が用いようとそれ以外の者が用いようと、口頭であろうと書面であろうと、指図引受の効力は生じないと結論づけられる。ロイヒスはこのように解していたと考えられる。

　これに対して、引受の効力が例外的に認められていたのが手形引受である。為替手形の支払人が、受取人その他の手形の呈示をなした者に対して書面的引受をなすと、それ以後、支払人（引受人）は、その者に対して手形債務を負担する。当時、このような例外は、手形に関する法令によって認められた特殊例外的な効果であると解されていた。それゆえ、引受（Acceptation）とは、そもそも法令上の具体的制度、とりわけ為替手形に固有の制度であると位置づけられていたようである。

指図引受は、当然ながら手形法令の適用対象にはなっていない。しかし、商業取引において書面的なアンヴァイズングがなされるようになると、手形引受のごとくこれに効力を認めるべきであるという見解が登場するようになる。つまり、この時代の共通認識として、指図引受という制度の起源は、商業実務のなかで誕生した書面的アンヴァイズングのなかに見出され、これを前提として、為替手形との類似性から、手形引受の有効性を書面的指図引受にまで及ぼしうるかが論じられていたのである。

　こうして多くの文献では、商業取引で用いられる書面的アンヴァイズングについては、指図引受の有効性が積極的に顧慮されるようになった。そのなかでシュレージンガーは、商業取引以外であっても指図引受の有効性を否定していない点で異色である。

　ところで、19世紀も中葉に至ると、ローマ法のデレガチオに関する研究が新たな局面を迎えることになった。すなわち、近世以降、デレガチオは更改（Novation）の一種であるとの理解が多世紀に亘って支配的であった。たとえば16世紀の学説によると、デレガチオは、指図人が被指図人の債権者であり、同時に受取人の債務者でなければならないという。その後、被指図人が受取人に、問答契約を通して義務づけられることにより、債務者の交替と債権者の交替という二重の更改が生ずると解されていた。このような理解から、近世初頭において「デレガチオはつねに更改をともなう（In delegatione semper inest novatio）」という規範が打ち立てられた[44]。

　デレガチオを更改の一種と解する見解は、19世紀初頭においてもいまだ健在であり、通説は、デレガチオには、被指図人の指図人に対する既存債務か、指図人の受取人に対する既存債務かのいずれかの更改を要した。

　このような従来の解釈に対し、その後の学説形成に大きな影響を及ぼしたテールは、既存の債務関係、延いては更改がデレガチオにとって本質的ではないことを証明しており[45]、デレガチオが更改の一種ではないことはその後の学説の賛同を得るに至った。

　ところが、これにより思いがけず新たな問題が生じることになった。これまでアンヴァイズングとデレガチオは更改の有無という点で明確に区別されていたが、デレガチオにとって更改が本質的ではないという場合、これらを隔てる基準が曖昧なものとなってきたのである。

この点、ジンテニスは、指図により被指図人が受取人に義務づけられる場合に、指図人によって与えられる委任が、被指図人の受取人に対する債務負担に向けられていた場合にはデレガチオ、そうでない場合にはアンヴァイズングという区別をなしているようである。

　テールも、デレガチオの法的性質をアンヴァイズングと同じく二重の委任であると解しつつも、デレガチオは約束に向けられた委任であるとして、指図人による委任が約束に向けられているかどうかが区別の基準であると解しているようである。さらにそのうえで、アンヴァイズングの場合には、手形引受に類似するほんのわずかな例外を除いて、指図引受の有効性を原則として認めないことによって、テールはこの区別をいっそう際立たせているのである。

　このように、指図引受の有効性については、手形引受との関係に加えて、19世紀中葉以降はデレガチオとの関係でも問題となってくるのである。これらの議論は、前述のとおり、ザルピウスの新理論によって新たな局面を迎えることになる。そこで、つぎにザルピウスの見解を概観しつつ、その後の議論の変遷を辿ることにしよう。

Notes

14）納富義光『手形法に於ける基本理論』（新青出版・復刻版・1996）103頁以下。
15）アンヴァイズング（アシグナチオ）の法的性質に関する学説の変遷については、本書第1部第2章参照。
16）Carl Friedrich Günther, in: Weiskes Rechtslexikon für Juristen aller teutschen Staaten enthaltend die gesammte Rechtswissenschaft, Bd.1, Leipzig, 1839, Anweisung, S.327.
17）Fikentscher, Heinemann, a. a. O. (Fn.13), §99, Rn.1381, S.685.
18）Johann Michael Leuchs, Vollständiges Handelsrecht, Nürnberg, 1822, S.171f.
19）Leuchs, a. a. O. (Fn.18), S.172.
20）商人指図とはアンヴァイズングの一種であり、ドイツ商法典（HGB）363条に規定されている証書を用いたアンヴァイズングのことである。
21）Carl Friedrich Günther, in: Weiskes Rechtslexikon für Juristen aller teutschen Staaten enthaltend die gesammte Rechtswissenschaft, Bd.1, Leipzig, 1844, Acceptation der Wechsel und Anweisungen, S.2.
22）Günther, a. a. O. (Fn.21), Anweisung, S.329f.
23）Günther, a. a. O. (Fn.21), Anweisung, S.334f.
24）Günther, a. a. O. (Fn.21), Anweisung, S.336.
25）Günther, a. a. O. (Fn.21), Acceptation der Wechsel und Anweisungen, S.2.
26）「除約」とは、新旧債務者の間で当事者の交替が生じる際に、旧債務者がなんら干渉することなく、新債務者が自発的に債権者に対して義務を負担する行為のことである。「除約」の訳語については、わが国の旧民法典を参照した。詳細は、本書第2部第3章

参照。
27) Carl Friedrich Ferdinand Sintenis, Das praktische gemeine Civilrecht, Bd.2, Das Obligationenrecht, Leipzig, 1847, §113 Das Mandat, S.581 Anm.72.
28) Sintenis, a. a. O. (Fn.27), S.581f. Anm.72.
29) 義務設定指図とは、デレガチオが問答契約 (stipulatio) を通じて、すなわち、被指図人と受取人との間に直接の債権債務関係を生じさせるべくなされる指図類型のことである。
30) Heinrich Thöl, Das Handelsrecht, Bd.1, 3 vermehrte Aufl., Göttingen, 1854, §125, S.468.
31) Thöl, a. a. O. (Fn.30), §125, S.468 Anm.2b.
32) Heinrich Thöl, Das Handelsrecht, Bd.2, Göttingen, 1847, §181, S.120f.
33) Thöl, a. a. O. (Fn.30), §127, S.471ff.
34) Thöl, a. a. O. (Fn.30), §121, S.461.
35) Thöl, a. a. O. (Fn.30), §128, S.478.
36) Thöl, a. a. O. (Fn.30), §129, S.480.
37) Thöl, a. a. O. (Fn.30), §129, S.480f.
38) シュレージンガーによれば、形式的契約 (Formalkontrakt) は、問答契約 (Stipulatio) のように、なんらかの実定法上の単純な方式で締結されるかぎり、単純な約束 (einfaches Versprechen) を意味する。テールの叙述にあった、金銭支払約束 (Summenversprechen) とは、一定金額の取得に向けられた形式的契約のことであるという (Rudolph Schlesinger, Zur Lehre von den Formalkontrakten und der Querela non numeratae pecuniae, Zwei Abhandlungen, Leipzig, 1858, §1, S.10.)。
39) Schlesinger, a. a. O. (Fn.38), §12, S.168f.
40) Schlesinger, a. a. O. (Fn.38), §12, S.168 Anm.9.
41) Schlesinger, a. a. O. (Fn.38), §12, S.169.
42) Schlesinger, a. a. O. (Fn.38), §12, S.170.
43) Schlesinger, a. a. O. (Fn.38), §12, S.171.
44) この規範はイタリアの註釈学派に淵源を有する (Botho von Salpius, Novation und Delegation nach römischem Recht, Berlin, 1864, §2, S.8)。
45) ただし、デレガチオが更改をともなわない場合があることは、1835年に、すでにマイアーフェルトによって明らかにされている (Franz Wilhelm Ludwig von Meyerfeld, Die Lehre von den Schenkungen nach römischem Recht, Bd.1, Marburg, 1835, §15f., S.241ff.)。

III　ザルピウスおよびそれ以降——デレガチオとの関係

1　ザルピウス (Botho von Salpius)

19世紀後半の指図引受の有効性に関する議論は、ザルピウス (Botho von Salpius) の著作を通じて、新たな刺激を受けた。ザルピウスは、1864年に刊

行した著作において、ローマ法のデレガチオが更改とは別個独立であること、そして、アンヴァイズング（アシグナチオ）が、中世ドイツの創作物なのではなく、デレガチオに包摂される概念であるとし、アンヴァイズングの理論がローマ法と連続性を有することを証明した[46]。

ザルピウスによれば、広義のデレガチオは、給付がアシグナチオ（iussus）にもとづいて任意の性質を生ぜしめるすべての場合を包摂する。そして、狭義のデレガチオは、信用指図（Creditanweisung）、すなわち、権利の創設を給付の本旨とする特殊な場合であるというのである[47]。

詳述すると、デレガチオ（アンヴァイズング、Delegare aliquem）は、与えること（dare）を目的としているか、約束すること（promittere）を目的としているか、で区別することができる。前者の主要な場面は、金銭の支払であり、支払指図（Zahlungsanweisung）に関してデレガチオという言葉が用いられるのは前者の主要事例である。後者は、通常問答契約を通じてなされる義務の引受であり、これは信用指図と呼ばれる[48]。ザルピウスは、被指図人が問答契約により受取人に義務づけられるか否かで、支払指図と信用指図とを区別しているのである（無論、指図引受に関係があるのは、信用指図である）[49]。

さらに、信用指図の場合には、被指図人の受取人に対する債務が、資金関係または対価関係に依存する指定問答契約（titulierte Stipulation）方式であるか、原因関係上の債権へなんらの関係づけもなく存在しうる無因問答契約（abstrakte Stipulation）方式であるかによって、指定指図（titulierte Delegation）と純粋指図（reine Delegation）[50]とが区別されなければならないという[51]。

このような前提のうえで、ザルピウスは、指図引受を無制限に有効であるとみなした。

ザルピウスによると、従来、引受（Accept）は、ローマ法との有機的関連性がまったくない普通法上の制度であるアンヴァイズングに人工的に継ぎ足された異国的成果物であると考えられており、同制度に関する難解な問題は解消されておらず、むしろ解決は断念されているという。なぜなら、主要な基本概念が欠けており、例外的に引受が許容される慣習法に関するさまざまな疑問もなおざりにされているからである。

引受は、手形形式でなされるアンヴァイズングに制限されるべきであるのか。この問いかけに対して、ザルピウスは、先のシュレージンガーの見解を引用し

ながら、これを否定する。なぜなら、指図引受とは、(原因関係の)消滅的効果を奪われた、ローマの指図問答契約(Delegationsstipulation)にほかならないからであるという。

ザルピウスはこの指図問答契約の例として、確定額(certa pecunia)の支払に向けた純粋な((reine)つまり無因的な)形式における指図問答契約の例を挙げる。すなわち、AはBに対して、彼の計算で、Cに100を約束するよう指図する(iubeo)。それと同時に、AはCに、Bから問答契約を通じて100の債権を取得する可能性を開く。これにより、BとCとの間で問答契約が締結される。Cは「汝は100を与えると誓約するか？(Centum dari spondes?)」と要約し、Bは「予は誓約する(spondeo)」と諾約する。

現行法が、あらゆる約束について、このようなローマの方式ではなく無方式の(方式自由な)約束を代替させようとする場合に、われわれはまさに現在の指図引受を想起することになるのである。

このような指図問答契約には、二つの主要な特性があるという。第一の特性は、アンヴァイズングの実体的な基礎、すなわち資金関係および対価関係への影響である。指図問答契約の結果として生じた債務は、現金(baares Geld)(決済)のごとく評価される[52]。しかし、指図問答契約の消滅効は、通例として挙げられたにすぎない[53]。この特性は、現行法のアンヴァイズングでは失われており、受容されていないという。

これに対して、第二の特性は、契約当事者の間での指図問答契約の効力、すなわち、新たに基礎づけられる債務の性質に関係する。指図問答契約は、その実体的基礎(原因関係)にもとづいて取り消すことができない。被指図人は、指図人と受取人との関係より生ずる抗弁を受取人に対抗することはできないのである。この特性は、現在の指図引受にも受け継がれている[54]。

ザルピウスによれば、引受人が指図人より生ずる抗弁を援用することができないというこの第二の特性は、近代法の発明品なのではなく、学説彙纂46巻2章19法文(パウルス 告示註解第69巻)[55]において定められた原則にもとづいているという[56]。それゆえ、ザルピウスは、普通法の原則上、相容れないと考えられてきた指図引受の(無因的)側面は、まさしくローマ法上の制度的基礎と完全な連続性を有しているというのである[57]。

テールによる、指図引受が純粋な金銭支払約束として無効であり、第三者の

委任にもとづいていてもなお、有効にはなりえないとの主張は、ザルピウスによれば、かならずしも正確とはいえない債務原因（causa debendi）の解釈に基礎を置く誤った推論であり、被指図人の約束は、十分に債務原因を基礎づけうるものであるという[58]。

このように、ザルピウスは、これまで近代ドイツ法における発明品であると考えられていた引受制度の淵源が、じつはローマ法の指図問答契約に遡るものであると主張した。そして、これまで手形法の例外規定の類推適用という視点で捉えられていた指図引受の有効性をローマ法に立脚するものとして完全に承認したのである。

ザルピウス以降、指図引受の有効性に関する論争は、指図問答契約が無因的になされうるのか否かということを主な争点とするようになる。

2　ファンゲロウ（Karl Adolf von Vangerow）

ファンゲロウ（Karl Adolf von Vangerow）は、ザルピウスの見解を完全に踏襲している。

ファンゲロウによると、まずデレガチオは、被指図人の給付に応じて二つに区別しうるという。被指図人の給付が支払（solvere）に向けられている、いわゆる支払指図（Zahlungsanweisung）と、被指図人の給付が約束（promittere）に向けられている、いわゆる信用指図（Kreditanweisung）との区別である[59]。信用指図の場合には、とりわけザルピウスが正当に明らかにしたように、さらに、純粋指図（reine Delegation）と指定指図（titulierten Delegation）とが区別されなければならないという。

ファンゲロウによると、前者は、受取人と被指図人との間の問答契約が、既存の債務関係とはまったく関係なく締結される、無因的金銭支払約束（abstraktes Summenversprechen）である場合に存在するという。

被指図人の受取人との間の新たな債務が、被指図人と指図人との間の既存債務にまったく依存しないことは、自明のことである。とくに、被指図人は、ザルピウスによって引用された、学説彙纂46巻2章19法文（パウルス　告示註解第69巻）からも明らかなように、被指図人が指図人に対抗することができた抗弁をもって、受取人に対抗することはできないのである[60]。

このように、ファンゲロウはザルピウスの見解を引用しつつ、被指図人の無因的問答契約を有効であるとみなしている。

3　デルンブルク（Heinrich Dernburg）

デルンブルク（Heinrich Dernburg）もファンゲロウと同様に、ザルピウスの見解を踏襲している。

デルンブルクによると、被指図人は受取人に対して、いわゆる指図引受（Annahme der Anweisung）を通じて支払を約束しうるという。それ以後、被指図人は、引受約束（Annahmeversprechen）にしたがって拘束される[61]。

この引受（Acceptation）は、二つの異なる意味において生じうる。第一に、被指図人が当該金額を支払うよう絶対的に義務づけられる場合である。この場合には、被指図人は、指図人に対する関係から生じた抗弁を受取人に対抗することができないように義務づけられる。

第二に、被指図人が受取人に対して、被指図人が指図人に義務づけられているものを約束する場合である。この場合には、被指図人は、引受をしたにもかかわらず、指図人に対して有していたあらゆる抗弁をもって受取人に対抗することができる[62]。

このように、デルンブルクは、指図引受には無因的なものとそうではないものとの二種類があるとして、ザルピウスと同じく無因的指図引受を認めている。そのうえ、ここで述べられている無因的指図引受は、為替手形における引受制度の類推などではなく、まさにローマ法との連続性のなかで独自に有効性が承認されているのである。

4　ヴィントシャイト（Bernhard Windscheid）

ヴィントシャイト（Bernhard Windscheid）は、無因的指図引受が、普通法上の取引において有効性を有するべきであるかどうかという問題に、明確には答えていない。

ヴィントシャイトは、被指図人が受取人に対して約束をなしたのと同時に、指図人がもはやアンヴァイズングを撤回することができなくなるという法原則

の説明に関連して以下のように述べている。

　被指図人は、約束を支払に先行させ、支払いの不可避性を独自に形成することにより、被指図人が、彼に与えられた委任の本旨においてなさなければならないなんらかのものをなす。

　被指図人は、アンヴァイズングの所持人に対して、彼がアンヴァイズングを引き受ける（annimmt; acceptirt）ことによって義務を負う。この被指図人の約束は純粋約束（reines Versprechen）、いわゆる形式的契約（Formalvertrag）であるのか。この問いかけに対して、ヴィントシャイトは、前述したザルピウスの見解とテールの見解とを引用するにとどめているが、その有効性は、ドイツ商法典（HGB）のなかでは明確に承認されているという[63]。

5　ヴェント（Otto Wendt）

　ヴェント（Otto Wendt）もまた、ザルピウスの見解を踏襲し、指図引受がローマ法に基礎づけられていると主張する。

　ヴェントによれば、ローマのデレガチオは、あらゆる点において今日のアンヴァイズングと符合する。今日の生活のなかでアンヴァイズングを研究する者が、これを後世におけるデレガチオの代替物であるかのように評価するのは正当ではなく、むしろ実際にはこれと同一物と評価されなければならないという。

　今日の判例のなかにデレガチオの事例を見出さなかった者は、たんにデレガチオという言葉のみを探し求めただけなのであって、その実体を探し求めたわけではない。中世以降新たに発生したアシグナチオという言葉もまた、かの法的定義[64]に誇張された重要性を置いた証拠であるにすぎないというのである[65]。

　ヴェントによれば、指図人の指図が約束に向けられていない、いわゆる支払指図（Zahlungsanweisung）がなされた後、被指図人が受取人と問答契約を締結したとしても、まるでそれが約束すること（promittere）に向けられたアンヴァイズング（いわゆる信用指図（Creditanweisung））にもとづいて生じたかのように、通常の問答契約となんら異なる意義および法的効果も有さないという。

　ヴェントは、アンヴァイズングがもともと支払に向けられていたが、被指図人が支払の代わりにたんに将来の給付を約束した場合について、ローマ法大全

(Corpus Iuris) 上の典拠には事欠かないとし、その一例として、学説彙纂16巻1章19法文5項（アフリカヌス 質疑録第4巻）[66]における「手元に金銭を有していなかったため（quia ad manum nummos non habebam）」という箇所を引用している[67]。

　このように、ヴェントによれば、被指図人の受取人に対する支払約束と、たんに約束に向けたアンヴァイズングにもとづいて生ずる問答契約とは法的に統合されうるというのである。つづけて、ヴェントは、指図引受を非商人指図において普通法上無効であると解していたテールの理論的根拠について、以下のように批判している。

　第一に、テールの見解は矛盾しているという。すなわち、テールは、デレガチオには受取人に約束を与える、指図人の被指図人に対する委任が含まれていると定義する。その際に、デレガチオにとって、一定の（既存の）債務関係は本質的ではないという。ここでテールは、デレガチオの場合には、さらなる詳論なく、被指図人の受取人に対する約束が有効であるということから出発している。これに対して、アシグナチオ、すなわち、給付に向けたアンヴァイズングの場合には、テールは、被指図人から受取人に与えられた支払約束を、純粋な金銭約束として、無効であるとみなしている[68]。

　第二に、指図引受は、テールの見解にもかかわらず、非常によく債務原因（causa debendi）を基礎づけている。すなわち、指図引受（Anweisungsaccept）が債務原因を欠いているということはまったく根拠がないことである。もちろん、無因債権が引受人とアンヴァイズングの所持人との間の関係から生じ、事実としてそれらの関係に原因関係は存在していない。両者は経済的には他人であり、相互になんらの関係もない。しかし、それにもかかわらず、引受（Accept）、ローマ法では指図問答契約（Delegationsstipulation）は、債務原因をその背後に有しているというのである。

　アンヴァイズングの本質に徴すれば、この債務原因は、被指図人と受取人との関係において見出されるのではなく、両当事者の第三者、すなわち指図人に対する関係で見出される。資金関係および対価関係は、給付についてと同様、被指図人の約束（promissio）についても経済的な基礎（Grundlage）を与えており、それゆえに、テールのいう被指図人の義務に関する十分な法的正当性をも与えているのである[69]。

具体的には、被指図人の受取人に対する給付は、二つの異なる給付に分解することができる。その二つの給付とは、被指図人の指図人に対する給付と、指図人の受取人に対する給付であり、被指図人の受取人に対する給付は、経済的にも法的にもこれら二つの給付に相当するのである。

たしかに指図問答契約は、それらの間になおも中間段階をあてはめて、被指図人と受取人との間にも法的関係を作り出しているが、それは最終的な給付のために用意された主導的方法にすぎず、自分自身のためにおこなうのではないという[70]。

Notes

46) この点については、本書第1部第1章および第2章参照。
47) Botho von Salpius, Novation und Delegation nach römischem Recht, Berlin, 1864, §4, S.25.
48) Salpius, a. a. O. (Fn.47), §7, S.39.
49) 現在では、デレガチオは講学上、支払指図 (delegatio solvendi, Zahlungsanweisung) と義務設定指図 (delegatio obligandi vel delegatio promittendi, Verpflichtungsanweisung) とに区別されている。義務設定指図とは、ザルピウスのいう信用指図を意味する (Wolfgang Endemann, Der Begriff der Delegatio im Klassischen Römischen Recht, Marburg, 1959, S.7 Anm.7)。
50) なお、titulierte Delegation, reine Delegation に、「有因指図」、「無因指図」という訳語を宛てるものや（石坂音四郎『債権總論下巻』（有斐閣・1918）1678頁)、tituliete Delegation に「権原指図」の訳語を宛てるものもある（柴崎暁『手形法理と抽象債務』（新青出版・2002) 215頁)。
51) Salpius, a. a. O. (Fn.47), §14, S.75ff.
52) Salpius, a. a. O. (Fn.47), §75, S.481.
53) Salpius, a. a. O. (Fn.47), §75, S.481f.
54) Salpius, a. a. O. (Fn.47), §75, S.482.
55) Paul. (69 ad ed.) D.46, 2, 19. Doli exceptio, quae poterat deleganti opponi, cessat in persona creditoris, cui quis delegatus est. idemque est et in ceteris similibus exceptionibus, immo et in ea, quae ex senatus consulto filio familias datur: nam adversus creditorem, cui delegatus est ab eo, qui mutuam pecuniam contra senatus consultum dederat, non utetur exceptione, quia nihil in ea promissione contra senatus consultum fit: tanto magis, quod hic nec solutum repetere potest. diversum est in muliere, quae contra senatus consultum promisit: nam et in secunda promissione intercessio est. idemque est in minore, qui circumscriptus delegatur, quia, si etiamnunc minor est, rursum circumvenitur: diversum, si iam excessit aetatem viginti quinque annorum, quamvis adhuc possit restitui adversus priorem creditorem. ideo autem denegantur exceptiones adversus secundum creditorem, quia in privatis contractibus et pactionibus non facile scire petitor potest, quid inter eum qui delegatus est et debitorem actum est aut, etiamsi sciat, dissimulare debet, ne curiosus videatur: et ideo merito denegandum est adversus eum exceptionem ex

persona debitoris.

「指図する者に対置されることができる悪意の抗弁は、この者に或者が指図された債権者の人格に於いて行われない。そしてその他類似の抗弁に於いても同一であり、実に元老院決議に基づいて、家子に賦与されるそれに於いても同一である。何故なら金銭を元老院決議に反して消費貸与した者由りこの者に指図された債権者に向って抗弁を使用しないからである。蓋しその確約に於いては何事も元老院決議に反して為されないからである。寧ろここでは弁済されたものを返済請求することができないことだけである。元老院決議に反して確約した婦人に於いては異なる。何故なら第二の確約に於いても介入があるからである。欺かれて指図された未成年者に於いても同一である。蓋し更に今未成年であるときには、再び欺かれるからである。仮令依然として第一の債権者に向って回復にされることができるとしても、25歳の年齢を超えたときには異なる。しかしながらそれ故に第二の債権者に向って抗弁が拒絶される。蓋し私的契約及び約束に於いては、指図された者と負債者の間で如何なる意図で行われるか請求者が容易に知ることができないからである。更にもし知るとしても無遠慮と見られないようにするために、秘さねばならない。そしてそれ故に負債者の人格に基づく抗弁はその者に向かって拒絶されるべきである。」訳は、江南義之『『学説彙纂』の日本語への翻訳(2)』(信山社・1992)643-644頁。

56) Salpius, a. a. O. (Fn.47), §75, S.484.
57) Salpius, a. a. O. (Fn.47), §75, S.482.
58) Salpius, a. a. O. (Fn.47), §75, S.483.
59) Karl Adolf von Vangerow, Lehrbuch der Pandekten, Bd.3, 7 vermehrte und verbesserte Aufl., Marburg und Leipzig, 1869, §619, S.375.
60) Vangerow, a. a. O. (Fn.59), §619, S.377f.
61) Heinrich Dernburg, Pandekten, Bd.2, 3 verbesserte Aufl., Berlin, 1892, §119, S.320.
62) Dernburg, a. a. O. (Fn.61), §119, S.320 Anm.9.
63) Bernhard Windscheid, Lehrbuch des Pandektenrechts, Bd.2, 7 durchgesehene und vermehrte Aufl., Frankfurt, 1891, §412, S.497 Anm.16.
64) 学説彙纂46巻2章11法文序項（ウルピアヌス告示註解第27巻）(Ulp. (27 ad ed.) D.46, 2, 11 pr.) のウルピアヌスによる定義のことである。

「デレガチオは、自己の代わりに他の債務者を債権者あるいは彼が命令した者に与えることである (Delegare est vice sua alium reum dare creditori vel cui iusserit)」。本法文については、本書第1部第1章。

65) Otto Wendt, Das allgemeine Anweisungsrecht, Jena, 1895, §17, S.149f.
66) Cum haberes titium debitorem et pro eo mulier intercedere vellet nec tu mulieris nomen propter senatus consultum sequereris, petit a me mulier mutuam pecuniam solutura tibi et stipulanti mihi promisit ignoranti, in quam rem mutuaretur atque ita numerare me tibi iussit: deinde ego, quia ad manum nummos non habebam, stipulanti tibi promisi: quaesitum est, si eam pecuniam a muliere petam, an exceptio senatus consulti ei prosit. respondit videndum, ne non sine ratione dicatur eius loco, qui pro muliere fideiusserit, haberi me debere, ut quemadmodum illi, quamvis ignoraverit mulierem intercedere, exceptio adversus creditorem detur, ne in mulierem mandati actio competat, ita mihi quoque adversus te utilis exceptio detur mihique in mulierem actio denegetur, quando haec actio periculo mulieris futura sit. et haec paulo expeditius dicenda, si prius, quam ego tibi pecuniam solverim, compererim eam intercessisse: ceterum si ante solverim, videndum, utrumne nihilo minus mulieri quidem exceptio adversus me dari debeat et ego tibi condicere

pecuniam possim, an vero perinde habendum sit, ac si initio ego pecuniam mulieri credidissem ac rursus tu mihi in creditum isses. quod quidem magis dicendum existimavit, ut sic senatus consulto locus non sit: sicuti et cum debitorem suum mulier deleget, intercessioni locus non sit. quae postea non recte comparari ait, quando delegatione debitoris facta mulier non obligetur, at in proposito alienam obligationem in se transtulerit, quod certe senatus fieri noluerit.

「君がティティウスを負債者として持ち、婦人がティティウスのために保証人として介入することを望んでいたが、君は元老院決議の故に婦人の債務名義を受入れなかったので、婦人は私から君に弁済されるべき金銭を借りることを請求し、如何なる用件のため借りるのかという理由を知らない私と問答契約をして私に与えると要約し、且つこのように私が君に支払うよう命令した。次いで私は手許に貨幣を持たなかったので、問答契約をして君に与えると要約した。私がその金銭を婦人から請求するときに、元老院決議の抗弁が婦人に役立つかどうか問われた。私が婦人のために保証した者のように見なされるべきであると云われることが理由がないことかどうか観察されるべきであると解答された。婦人に対する委任訴訟が成立しないようにするために、たとえ婦人が保証人として介入することを知らなかったとしても、債権者に対する抗弁があの（女のために保証する）者に賦与されるのと同じように、私にも亦君に対する準抗弁が賦与されそして私には婦人に対する訴訟が否定される。この訴訟は婦人の危険によって生ずるであろうからである。私が君に金銭を弁済する前に、婦人が介入したことを私が確知したときには、このことは幾分かは比較的容易に云われるべきであろう。のみならず前以って私が弁済したときには、それにも拘らず勿論私に対する抗弁が婦人に賦与されるべきであって、私が君に金銭を弁済請求することができるのか、それとも反対に初めから私が婦人に金銭を貸し、そして再度君が私に金を貸すに至ったかのように見なされるべきかが観察されるべきである。勿論後者がよりよい見解であると云われるべきだと判断され、その結果婦人が自己の負債者を指図する際に、保証人として介入する余地がないように、元老院決議の余地はないであろう。負債者の指図が行われても婦人は債務を負わないので、これらの事例は正しく比較されてはいないと後に同人は述べる。これに反して報告された事例では婦人が他人の債務を自分に移転させている。このことが行われることを元老院が望んでいなかったのは確実である。」訳は、江南義之『『学説彙纂』の日本語への翻訳(1)』（信山社・1992）338頁以下。

67) Wendt, a. a. O. (Fn.65), §17, S.149.
68) Wendt, a. a. O. (Fn.65), §19, S.168f.
69) Wendt, a. a. O. (Fn.65), §19, S.170.
70) Wendt, a. a. O. (Fn.65), §19, S.171.

IV 小 括

　19世紀ドイツ普通法学説を振り返ると、中葉までは指図引受の有効性について無効と解する見解が優勢であった。有効性の理論的障碍となっていたのは、なんら原因関係の存しない被指図人と受取人との関係において、債務関係を生

ぜしめる債務原因が見出せないことである。これに対し、その当時から、為替手形の引受は有効であるとされていたが、これは手形法令の力による政策的効果であると解されていた。

このような状況のなかで、アンヴァイズングが商業取引に用いられ、かつ被指図人が手形引受と同様に受取人に書面的支払約束をするようになると、これに効力を認めようとする見解が生じてきた。そこで、19世紀中葉までの学説は、指図引受が書面的かつ商業取引に用いられるかぎりにおいて、手形法を類推するという方法で、限定的にその効力を認めるという解釈を展開していた。

ところが、1864年にザルピウスが上梓した論文によって、これまでの議論状況が大きく変容することになった。彼はまず、アンヴァイズングが中世ドイツの創作物であるとする従来の考え方を根底から覆し、ローマ法上のデレガチオにその淵源があることを証明した。

そのうえで、指図引受の理論的基礎が、指図問答契約により被指図人が義務を負うデレガチオにあるとし、障碍となっていた被指図人と受取人との債務関係については、ローマ法上、指図人との間の各原因関係により債務原因が基礎づけられているというのである。この見解にしたがえば、指図引受の有効性は、手形法とは関係なく（それゆえ、商業取引にかぎらず）ローマ法から直截に、理論的問題なく承認されうることになる。

ザルピウスの見解は後の学説の賛同を受け、それ以降、アンヴァイズングの理論的基礎がデレガチオに置かれ、指図引受も指図問答契約に濫觴をなすものであるとの考え方が浸透するようになった。

このような変遷を経て、指図引受は、制度自体は中世以降の商業実務のなかから発展したものであるにもかかわらず、理論的には手形法の類推ではなく、ローマ法上の指図問答契約のドイツ法的発現と捉えられるようになり、商業取引にかぎらずその一般的有効性が受容されるに至ったのである。

第 2 部　フランス法における指図 (délégation)

第1章

フランス法における指図 (délégation) の歴史的展開

I はじめに

　第2部では、フランス法における指図（délégation）（以下、「デレガシオン」）[1]の沿革を概観してゆく。これまでのわが国における指図研究は、とりわけドイツ法における指図（Anweisung）（および商法上の商人指図）に関する沿革の概観ならびに学説の紹介と検討とが中心であった[2]。そこで、本章では、デレガシオンを研究の基軸に据え、そのフランス法における解釈の変遷をたどることを目的とする[3]。

　その理由としては、第一に、指図理論の全体像の解明に資するであろうということ、第二に、ドイツ法に歴史的に先行しかつ多大なる影響を及ぼしたと思われること[4]、第三に、ボアソナードの起草にかかるわが国の旧民法における更改規定とデレガシオンとが密接に関係しているためである（この点については、第2部第3章参照）。

　まず、デレガシオンを、フランスの標準的な教科書にしたがってさしあたり定義づけておくと、「デレガシオンとは、ある者（被指図人（délégué））が、他の者（指図人（délégant））の指示（instruction）にもとづいて、第三者（受取人（délégataire））に対して義務を負う法的取引（opération juridique）である」[5]。このようなデレガシオンは、フランス民法典1275条[6]および1276条[7]に規定されている。

　以下では、フランス法におけるデレガシオンの沿革を、フランス民法典成立前と成立以降とに分けて考察する。フランス民法典成立前については、フランス民法典に多大なる影響を及ぼしたドマ（Jean Domat）[8]およびポチエ（Robert-

Joseph Pothier)⁹⁾の見解を見ることによって、当時の学説がデレガシオンをどのように理解していたのかについて概観する。

フランス民法典成立以降については、フランス民法典のデレガシオンに関する規定についての立法理由を参照し、その後、かかる規定を前提として展開された学説の変遷を見てゆくことにする。

Notes

1) délégation・délégant・délégué・délégataire の訳語については、山口俊夫『フランス法辞典』（東京大学出版会・2002）149頁以下にしたがい、それぞれ、指図・指図人・被指図人・受取人と訳出した。

なお、délégation の訳語について、「『指図』の訳語を宛てることは、その内容の豊富さからいって不満が残る（指図人による一方的な指示とも受け取れるからである）」との指摘もある（柴崎暁「フランス法における指図（la délégation）の概念」山形大学法政論叢 3 号（1995）62 頁）。

2) たとえば、大西耕三「指圖に就て」論叢17巻5号（1927）760頁以下、伊澤孝平「指圖(Anweisung)の本質（一）」法協48巻11号（1930）1頁以下、伊澤孝平「指圖(Anweisung)の本質（二・完）」法協 49 巻 6 号（1931）32 頁以下、同「指圖の效果（一）」法學 5 巻 1 号（1936）1 頁以下、同「指圖の效果（二・完）」法學 5 巻 2 号（1936）40 頁以下、納富義光『手形法に於ける基本理論』（新青出版・復刻版・1996）380 頁以下など。

3) 先行研究として、上柳克郎「フランス法における指圖について」民商28巻1号（1953）1頁以下、柴崎暁『手形法理と抽象債務』（新青出版・2002）193頁以下。

4) Levin Goldschmidt, Vermischte Schriften, 2. Bd., Berlin, 1901, S.205.

5) François TERRÉ, Philippe SIMLER et Yves LEQUETTE, Droit civil, Les obligations, 9ᵉ éd., Paris, 2005, n°1439, p.1358.

6) Art.1275. La délégation par laquelle un débiteur donne au créancier un autre débiteur qui s'oblige envers le créancier, n'opère point de novation, si le créancier n'a expressément déclaré qu'il entendait décharger son débiteur qui a fait la délégation.

「債務者が債権者に他の債務者を付与し、その者が債権者に対して義務を負う旨の指図 délégation は、債権者が指図を行った債務者を免責する意図がある旨を明示的に申述した場合でなければ、なんら更改を生じない。」訳は、法務大臣官房司法法制調査部編集（稲本洋之助訳）『フランス民法典──物権・債権関係──』（法曹会・1982）103頁から引用。

7) Art.1276. Le créancier qui a déchargé le débiteur par qui a été faite la délégation, n'a point de recours contre ce débiteur, si le délégué devient insolvable, à moins que l'acte n'en contienne une réserve expresse, ou que le délégué ne fût déjà en faillite ouverte, ou tombé en déconfiture au moment de la délégation.

「指図を行った債務者を免責した債権者は、指図を受けた者 délégué が支払不能となる場合にも、その債務者に対してなんら求償権を有しない。ただし、その行為が求償権について明示の留保 réserve expresse を含む場合、又は指図を受けた者が指図の時にすでに破産開始 faillite ouverte〔の状態〕にあった場合、若しくは支払不能 déconfiture に陥っていた場合には、その限りでない。」訳は、司法法制調査部編集（稲本訳）・前掲注 6）103頁から引用。

8) ドマについては、野田良之「ジャン・ドマとフランス民法典──特に民事責任の規定

を中心として——」比雑3巻2号（1956）1頁以下参照。
9）ポチエについては、金山直樹「ポティエの法律学」姫路3号（1989）117頁以下参照。

II フランス民法典成立前

1 総説

はじめに、ローマ法における指図に関して一般的にいわれていることについて、ごく簡約に触れておこう。

指図の淵源は、ローマ法における指図[10]（delegatio）（以下、「デレガチオ」[11]）であるといわれており、デレガチオは、学説彙纂（Digesta）および勅法彙纂（Codex Justinianus）のなかで、更改と同一の章にまとめて規定されていた[12]。デレガチオは、それ自体としては指図人が被指図人に対してデレガチオの意思を表示する一方行為で方式を必要とせず、被指図人がデレガチオにしたがって受取人に対する債務を負担するためには、問答契約の締結または争点決定によることを必要とした[13]。

このようなデレガチオは、後のローマ法研究によって、支払指図（delegatio solvendi）と義務設定指図（delegatio obligandi）という区別がなされており[14]、このなかで、既存の債権債務関係を消滅させる義務設定指図が主要な利用形態であったという[15]。

史家の研究によれば、ローマにおいては現今の英米諸国と同様、銀行取引が非常に発達しており、金銭取引は銀行を仲介として銀行の帳簿上にて決済され、現金取引は避けられていた。そして、デレガチオの主要な利用形式は、銀行の預金者である指図人が、銀行を被指図人として、他の預金者である受取人の預金のなかに一定金額の受入記入をなすことを指図するというものであり[16]、この受入記入は、受取人に対する現実の支払ではなく単なる債務の約束であるにすぎないが、指図人のなす現実の支払と同一視されていたという[17]。

伝統的な学説は、デレガチオが更改と同一の章に規定されていたこと、また、学説彙纂46巻2章11法文序項（ウルピアヌス 告示註解第27巻）においてウルピ

アヌス（Ulpianus）が、「デレガチオとは、債務者が自己に替わる債務者を債権者に与え、またはこれを債権者の指定する第三者に与えることである」[18]と定義づけていたことから、デレガチオを更改の一種と考えていた[19]。

指図が更改であるのか否かという問題は、取りも直さず指図という法律行為の性質決定に直結する極めて重要な問題である。したがって、指図に関する議論は、まず更改と指図との関係から論じられなければならない。

では、フランス民法典に多大なる影響を及ぼし、更改および指図規定の礎石を築いたドマおよびポチエは、指図についてどのような理解をしていたのか。以下において、両者の見解を見てゆくことにしよう。なお、フランス民法典における指図規定への影響という点に関しては、ポチエのそれが極めて重要である[20]。ポチエに関しては、ローマ法に対する理解も併せて見てゆくことにする。

2　ドマ（Jean Domat）の見解

(1)　総説およびデレガシオンの要件

ドマによれば、ある者が負担している債務を他の者の債務負担に替えることによってそれらの債務を消滅、あるいは軽減しうる方法は二種類あるという。それが更改（novation）およびデレガシオンであり[21]、デレガシオンとは「債務者の交替」であるという。すなわち、一方で指図人が免責され彼の債務が消滅し、他方で受取人が被指図人の債務によって満足を得るよう、債務者（指図人）が自己の債権者（受取人）に対して債務を負担する第三者（被指図人）と交替する場合に、債務者の交替によるデレガシオンがおこなわれている[22]。たとえば、貸付によって生じた債務を弁済しなければならない者（指図人）が、自身が免責されるよう、債権者（受取人）に対して債務を負担する他の債務者（被指図人）と交替した結果、指図人の債務が消滅し、被指図人が債務者となる場合がそれである[23]。

このようなデレガシオンには二つの方法がある。第一の方法は、まるで分裂した債務であるかのごとく、被指図人の債務が、指図人の受取人に対する既存債務と同一の性質（nature）となるように指図する方法であり、第二の方法は、被指図人の債務が、指図人の受取人に対する既存債務とは異なる性質となるように指図する方法である。したがって、最初の債務が存続しつつ最初の債務者

が債務から解放されるように指図することも、被指図人のみが異なる債務者として存在するように指図することもできる。これらデレガシオンの二つの方法に共通することは、いずれにしても指図人の債務が消滅するということであるという。

デレガシオンと更改との関係については、既存の債務に新たな債務を代替するのであるから、すべてのデレガシオンが更改を含むが、更改が新たな債務者を介在させることなく新たな債務によって既存の債務を変更しうるのであるから、すべての更改がデレガシオンを含むということはない[24]。それゆえ、デレガシオンと更改との差異は、デレガシオンが指図人・被指図人・受取人の三者の同意（consentement）によってのみ実現されるという点に存在する[25]。しかし、デレガシオンは更改の一種である。指図人の債務は、被指図人の負担する新たな債務によって消滅するからである[26]。

(2) 譲渡との差異

債務者が第三者に対して有している債権の譲渡（transport）とデレガシオンとを混同すべきではない。デレガシオンが被指図人の意思を必要とし、指図人を自己の債務から解放するのに対し、譲渡は第三者の同意を必要とせず、第三者が負担している債務の売却（vente）に等しく、また、譲渡をなす者が以前のように義務を負担し続けるよう合意することも可能であるからである[27]。譲渡をなした旨の通知がいまだ第三者になされていない場合、譲渡人は自身が譲渡した債務の弁済を受けることができる点等にも差異がある[28]。したがって、譲渡はデレガシオンでも更改でもない[29]。

(3) デレガシオンの効力

受取人に対して既存債務を負っている指図人によって指図された被指図人は、デレガシオンによって消滅した指図人の債務を蘇らせることも、指図人が有していた財貨（biens）を担保に置くこともできない。そして、被指図人が爾後支払不能に陥ったとしても、デレガシオンの時点ですでに支払不能に陥っていたとしても、受取人は指図人に対して遡求権（recours）をもたない。なぜなら、指図人の債務の始原（origine）はもはや考慮されず、それを消滅せしめた被指図人の新たな債務のみが考慮されるからである。これらのことは、更改が実現

された真なるデレガシオン（véritable Délégation）の場合において理解される必要がある[30]。

真なるデレガシオンの場合においては、被指図人が指図人に対して正当な防御手段（défenses）を有する場合、たとえば指図人のなんらかの欺瞞行為（dol）によって対抗手段を有する場合でさえも、彼は受取人に対してはその防御手段を用いることができない。なぜなら、指図人の債務はもはや存在しておらず、被指図人の債務は受取人との関係で負担するものであり、受取人は、指図人と被指図人との間で先在したあらゆる事由とは関係のない利益（intérêt）を有しているからである。したがって、たとえば被指図人が指図人に対する贈与を理由として受取人に対して債務を負担している場合、被指図人は、受贈者（指図人）の忘恩によって贈与を撤回する権利、あるいは贈与される金額の支払について支払強制を抑制させるようなさまざまな権利のように、贈与者が受贈者に対して有する抗弁をもって受取人に対抗することはできない[31]。

(4) ドマの見解の小括

われわれは、ドマの見解について、以下の五つの点を確認しておかなければならない。すなわち、第一に、デレガシオンは債務者の交替であり、更改の一種であるという点。第二に、被指図人の負担する債務には二つの種類があり、指図人の負担していた債務と同一の性質を有する場合とそうではない場合があるという点。第三に、デレガシオンは指図人・被指図人・受取人の三当事者の同意が必要であり、被指図人が新たな債務者となることで指図人の受取人に対する既存債務が消滅するという点。第四に、「更改が実現されたデレガシオン」を「真なるデレガシオン」であるとし、この場合、たとえ被指図人がデレガシオンの時点ですでに支払不能に陥っていようとも、受取人は指図人に対してなんら遡求権をもつことができないという点。第五に、真なるデレガシオンの場合、被指図人は指図人との間で生じた抗弁を受取人に対抗することはできないという点である。

3　ポチエ（Robert-Joseph Pothier）の見解（Pandectae）

ポチエはその著作[32]のなかで、法文を随所に引用しながらローマ法の説明

をおこなっている。まず、ポチエの著述にしたがってポチエがローマ法におけるデレガチオをどのように理解していたのかについて見てゆくことにしよう。

(1) 総説およびデレガチオの要件

デレガチオは債権が移転する新たなる者の介在によってなされる更改の一種である。したがって、ウルピアヌスは次のように述べている。すなわち、「デレガチオとは、債務者が自己に替わる債務者を債権者に与え、またはこれを債権者の指定する第三者に与えることである」[33]。「そして、デレガチオは当事者間の問答契約、あるいは争点決定によって実現される」[34]。

問答契約によって実現されるデレガチオについては、特にその形式および効果が問題となる[35]。デレガチオの形式は、指図人の側の同意のみを必要とする。そして、「ある者が意思を表示することができない場合、彼は自らの債務者を身振りあるいは書面によって指図することができる」[36]。指図する者の同意が先であったか後であったかということはあまり重要ではない。「私の不在時に、ある人々が更改をなさしめる意思をもって私の債務者と契約を交わし、私がその約束を承認した場合、私は私に対する彼の債務の更改をなす」[37]ことができるからである。

このようなデレガチオは、実際には債権者(受取人)に対する指図人の債務の更改、および、指図人に対する債務者(被指図人)の債務の更改が存在しているという。しかし、単に指図人が被指図人に、受取人への支払義務を負わせたということのみでは、指図人が被指図人に更改するように指図したことにはならない[38]。

指図人の受取人に対する債務を被指図人に負わせることで、受取人は指図人の債務の更改をおこない、指図人の意に反してさえも指図人を解放する。被指図人は指図人の同意なく解放されることはないため、指図人に対する被指図人の更改はなされていない。ただし、被指図人が指図人を義務から解放した場合、指図人は被指図人が受取人に負担した債務に応じて被指図人に対して拘束される。それゆえ、被指図人は指図人に対して相殺の抗弁を有する[39]。

以上はデレガチオをなす側についての説明であるが、このほかに被指図人の側の問答契約も必要である。この点で、デレガチオは債務者の同意を必要としない債権譲渡とは異なる。この差異はアレクサンデル(Alexander)の勅令のな

かで明確に指摘されている。すなわち、「債務のデレガチオは、債務者が同意して問答者に約諾することがなければ法的に完成されえない。しかし、債権の売却は、訴権を与えることに反対する者の知らぬうちに、そして彼の意に反してさえもおこなうことができる」[40] のである[41]。

(2) デレガチオの効力

このようなデレガチオには三つの効果がある。第一に、指図人が受取人に対する義務から解放されるという効果、第二に、被指図人が指図人に対する義務から解放されるという効果である。この点で、デレガチオと単なる訴権の譲渡とは異なる[42]。第三に、被指図人がデレガチオを承諾したことが錯誤による場合であっても、被指図人がまったく指図人の債務者ではないにもかかわらず、指図人に対する求償権（recours）は別として、被指図人は受取人に対して拘束されるという効果である[43]。

第一と第二の効果は、ゴルディアヌス（Gordiano）の勅令によって理解することができる。すなわち、「あなたがあなたの債務者に弁済させるために、あなたの債権者に諸々の訴権を譲渡したにもかかわらず、あなたがあなたの債務者を指図せず、あなたが彼に対する諸々の訴権を維持した場合には、彼とあなたの債権者との間の争点決定の時、あるいは、あなたの債権者が指図された金額を受領する時、あるいは、あなたの債権者があなたの債務者にデレガチオを通知する時までは、依然としてあなたはあなたの債務者に対して、彼があなたに支払わなければならない金額を要求することができる。そして、あなたはこの方法によって指図された金額を要求するあなたの債権者を妨げることができる」[44]。「しかし、デレガチオが存在する場合、あなたは更改によって解放され、問答契約によって実現された更改があなたを彼から解放したのであるから、あなたは、不払いが生じた場合にあなたの債権者があなたに遡求してくることを、もはや心配する必要はない」[45)46]。

第三の効果について、ウルピアヌスは次のように述べている。すなわち、「私が、債務者ではない者をあたかも債務者であるかのように債権者に指図した場合、指図された者は私の債権者に対してなんらの抗弁も有さないが、私に対して個人的な訴権を有する」[47)48]。

「同様に、私の債務者が私に対してあなたを債務者にしようと欺き、あなた

と問答契約を締結したあと私があなたに訴訟を起こす場合には、悪意の抗弁が私に対抗されるのであろうか？　最良なのは、あなたを欺いたのは私ではないのであるから、あなたが私に対して私の債務者の詐欺を抗弁事由とすることはできないが、債務者に対してその抗弁を用いることはできると述べることである」[49]。

　パウルス（Paulus）もまた、「ある者によって指図された債務者が、悪意の抗弁によって支払を拒みうることを知っていたならば、彼は当該抗弁を放棄したとみなされるため、贈与をなした者と同様であると評価される。この被指図人が錯誤に陥って債権者に約束していたならば、債権者は自らに支払われるべきものを受け取るのであるから、被指図人はもはや彼に対して当該抗弁を用いることはできない。そして、デレガチオをなした者は、金銭が支払われなかった場合には不確定物の訴権によって[50]、支払われた場合には確定物の訴権によって[51]拘束される。それゆえ、金銭を支払う被指図人は委任訴権を有するであろう」[52]と述べている[53]。

　また、指図人に対して対抗できるあらゆる抗弁は、受取人に対しては対抗することができない。なぜなら、個々人の契約あるいは合意において、受取人が指図人と被指図人との間の事情を知ることはほとんど不可能であることに加え、指図人に抗弁を対抗できる場合であっても、被指図人と受取人との間の約束に問題はないからである。したがって、被指図人が受取人に対する抗弁を与えられないことには正当な理由がある。しかし、被指図人と受取人との間の約束にも問題が生じている場合には、被指図人は例外的に受取人に対して抗弁を対抗することができる[54]。

　指図人に指図された被指図人が、彼に贈与することを望んで受取人に対して債務を負担した場合であっても、被指図人は指図人に対して対抗することができた抗弁をもって受取人に対抗できない。受取人は自身に支払われるべきものを請求しているのみであるからである[55]。問題は、指図人が受取人に贈与することを望んでデレガチオがなされた場合である。

　この場合、「ユリアヌスが述べて曰く、もし私が、私があなたに支払うべきだと信じた金額を支払うために、あなたの指示によって、あなたが贈与をなすことを望んだ者に誓約した場合、私は悪意の抗弁を対抗することができ、さらに私を解放するために問答契約者に対して個人的な訴権を有するだろう」[56]。

「そして、あなたが自分の債権者であると信じた者[57]に対して、私があなたに支払うべきだと信じた金額を約諾する場合、私は悪意の抗弁によって支払を拒絶し、約された額の支払済証書を彼に与えさせるために、問答契約者に対して不確定物の訴権を有するだろう」[58)59)]。

(3) 争点決定によってなされるデレガチオ

争点決定によってなされるデレガチオについては、指図人から諸々の訴権を行使することについて任された受取人が、指図人の債務者（被指図人）に対してそれを証明した場合に実現する[60]。

(4) ポチエの見解 (Pandectae) の小括

ローマ法におけるデレガチオに対するポチエの理解をまとめてみよう。なお、この作品には索引が用意されており[61]、そのなかでは内容の要約もなされているため、併せて参照する。

ポチエによると、ローマ法におけるデレガチオは、債権が移転する新たなる者の介在によってなされる更改の一種であり、問答契約あるいは争点決定によって実現される。問答契約によってなされるデレガチオの形式は指図人の同意のみが必要とされ、その同意の先後は重要な問題ではない。デレガチオが実現するためには被指図人の側の問答契約も必要である。それゆえ、ローマ法におけるデレガチオは、一方では指図人の同意、他方では問答契約あるいは争点決定という二つの要素によって組成されるものであるという。

このようなデレガチオには三つの効果がある。第一に、指図人が受取人に対する債務から解放される効果、第二に、被指図人が指図人に対する債務から解放される効果、第三に、指図人と被指図人との間に抗弁事由が生じても、被指図人は受取人に対して拘束されるという効果である。第一の効果によって、デレガチオ以後、受取人はもはや指図人に遡求することができない。第三の効果によって、被指図人と受取人の約束に問題が生じていた場合を除き、被指図人は指図人に対抗できたあらゆる抗弁をもって受取人に対して対抗することができない。なお、第二の効果は、ドマが認めていなかった効果である。

第三の効果は、被指図人と指図人の関係が贈与による場合であっても同様であるが、指図人と受取人の関係が贈与による場合には、被指図人は、指図人と

受取人との関係に抗弁事由が生じたことを根拠に、受取人に対して抗弁を対抗することができる（被指図人と指図人との間に抗弁事由が生じている必要があるのか否かについては明らかではない）。

争点決定によるデレガチオは、指図人が被指図人に対して有していた訴権を譲り受けた受取人が、被指図人に対して訴権を有することを明らかにした場合に実現されるという点に、問答契約によるデレガチオとの差異がある。

4　ポチエ（Robert-Joseph Pothier）の見解（Traité）

つぎに、上記のようなローマ法の理解を前提として、フランス民法典の指図規定に非常な貢献を果たしたポチエの見解を見てゆくことにしよう[62]。

(1)　総説およびデレガシオンの要件

ポチエはデレガシオンを「旧債務者が彼の債権者に対して義務を履行するために、彼の替わりに債権者に義務を負担する第三者を与え、またはこれを債権者の指定する者に与えることによってなされる更改の一種である」と定義づける。この定義は、前記したウルピアヌスの定義（学説彙纂46巻2章11法文序項（ウルピアヌス告示註解第27巻））[63]を基礎としているが（本法文については、本書第1部第1章も参照）、さらにデレガシオンが更改の一種であるということが明確に示されている。

この定義からの帰結として、デレガシオンは三者の協力（concours）によってなされ、時には第四の者が介在するということが理解できる。すなわち、第一に、自己に替わる債務者を債権者に与える、旧債務者たる指図人の協力、第二に、債権者または彼によって指定された者に対して、旧債務者の替わりに債務を負担する被指図人の協力、第三に、被指図人が債務を負担することによって、指図人を免責する債権者の協力が必要である。そして、時には債権者によって指定され、被指図人が債務を負担する第四の者が指図に介在する[64]。

ポチエはこのなかで、デレガシオンが存在するためには、最初の債務者（指図人）を解放し、新たな債務者（被指図人）の債務によって弁済を受ける債権者（受取人）の意思は、正しく強調される必要があると指摘する。なぜなら、デレガシオンが受取人の同意なくおこなわれた場合[65]、そこにデレガシオンは存

在していないからである。また、ポチエによれば、受取人がなんらかの行為によって（par quelque acte）、指図人を免責することを明確に表示しなかった（n'ai pas déclaré formellement）場合[66]、指図人は受取人に対して免責されないという。そうでなければ、受取人が、指図人の替わりに被指図人を唯一の債務者として認めたとは判断できないからである[67]。

(2) デレガシオンの効力

　デレガシオンは更改、すなわち指図人の債務の消滅および被指図人が替わりに債務を負担すること、を含んでいる。また、一般的にデレガシオンは二重の更改（double novation）を含む。なぜなら、一般的に被指図人は指図人の債務者であり、指図人に対する債務を弁済するため、指図人の指示によって彼の債権者に対して新たな債務を負担するからである。この場合、被指図人の債務負担の結果、受取人に対する指図人の債務および指図人に対する被指図人の債務の更改が実現される[68]。

　被指図人が指図人の債務者ではなかった場合であっても、被指図人の債務はなおも有効であり、彼は支払を拒むことができない。ただし、被指図人は指図人に対する求償権（recours）を有する。被指図人が債務を負担したことによって指図人を免責した受取人は、自身が受け取るべきであったものを受け取るだけであって、被指図人の錯誤（erreur）によって、まったく被害を受けるべきではないからである。

　受取人が指図人の債権者ではなかったならば、指図人は彼自身が錯誤に陥っていたか、あるいは指図人が債務者であると信じていたか、あるいは指図人が彼に贈与をなすことを望んでいたかのいずれかである。このうち前二者の場合には、被指図人は有効に債務を負担せず、支払を拒みうる[69]。

　また、被指図人の債務負担が条件付きで（sous condition）なされた場合、当該条件の成就まではデレガシオンによって生じるすべての効果は未発生であり、指図人と被指図人の関係についても、指図人と受取人の関係についても、条件が成就し、被指図人が債務を負担するまでは消滅することはない[70]。

　被指図人が、受取人に対して有効に義務づけられている場合、被指図人が支払不能に陥った場合であっても、指図人は受取人から完全に解放され、受取人は指図人に対していかなる遡求権も有さない。デレガシオンを承諾している受

取人は、被指図人の支払能力にしたがっているのである。

(3) 被指図人の支払不能についての二つの例外

ポチエによると、被指図人が支払不能に陥った場合に、受取人が指図人に対していかなる遡求権も有さないという上述の原則には、二つの例外があるという。

第一の例外は、デレガシオンの際に、指図人が自身の危険で（à ses risques）被指図人を与えることを受取人に認めていた場合である。

この場合、被指図人の支払不能によって支払われなかった金額を塡補するため、受取人は指図人に対して委任反対訴権（actione mandati contrariâ）を行使することができる。なぜなら、指図人の望み（prière）によって、受取人が指図人の危険で彼の替わりとなる被指図人を承諾したとき、指図人と受取人との間には委任契約（contrat de mandat）が存在しているからであるという。その結果、デレガシオンを承諾した受取人は指図人の受任者となり、受取人が当該デレガシオンを承諾したことによって失ったものについては、指図人が塡補しなければならない[71]。

第二の例外は、キュジャス（Jacques Cujas）によって付け加えられたものであり、デレガシオンが指図人の危険においてなされていない場合に、デレガシオンの時点ですでに被指図人が支払不能であり、かつ債権者がそのことを知らなかったならば、指図人は債権者に対して拘束されるべきであるという例外である。

このようなキュジャスの判断は、衡平性（équité）によって根拠づけられている。すなわち、デレガシオンは、各々が与える範囲で得ようとする、指図人と債権者との間の合意を含んでいる。それらの合意の衡平性は平等（égalité）にある。すなわち、当事者の一方が多くを与え、その対価をほとんど受けられない場合、当該合意は不公平となるのである[72)73)]。

デレガシオンの際に、受取人が被指図人の支払不能を知っていた場合は事情が異なり、いかに被指図人が支払不能であろうとも、指図人の替わりに被指図人を受け入れた受取人は、指図人に遡求することはできない。この場合、デレガシオンは平等な合意を含んではいないが、受取人が指図人に与えることを望んだ恩恵（bienfait）を含んでいるのである。

ポチエによると、デスペス（Despeisses）はキュジャスの視点を排斥し、指図人が自身の危険で指図することについて明確に合意がなされたのでないかぎり、債権者は、被指図人の支払不能を決して争うことはできず、自身が有利になるよう主張するなんらかの無知を甘受するよう欲していたのだと断じた[74]。その理由は、外国の裁判ではキュジャスの見解が拒絶されうるという点に求められるというのであるが、ポチエは、職業的良心（conscience）にしたがう裁判において、それはやむをえないことであるという[75]。

（4） 類似概念との差異

ポチエはデレガシオンと譲渡との差異について次のように指摘する。債権者が自己の有する債権についてなす譲渡はいかなる更改も含んでおらず、譲渡人から譲受人に移転したのは同一の債権であるという点、譲渡は債務者の同意を必要とせず、譲渡人と譲受人という二者の間の合意のみによって移転するという点が異なっている。

さらに、「単なる指示（simple indication）」については、債務者が自身の債権者に、彼が債権者に支払うべきものの支払をなす他者を指示した場合、そしてそのために債務者が債権者に「支払委託書（rescription）」を与える場合、この行為は単なる委任のみを含んでいる。それは譲渡も更改も含んでいない。債務者は常に自身の債権者の債務者であり続け、債務者が指示、指定した者は、債務者の替わりとして新たな債務者にはならない。したがって、単なる指示は更改とも異なっているという[76]。

（5） ポチエの見解（Traité）の小括

ポチエはローマ法におけるデレガチオと同様に、デレガシオンを更改の一種であると定義づけている。しかし、ローマ法におけるそれが指図人の同意と問答契約あるいは争点決定という二つの要素によって組成されていたのに対し、デレガシオンを三者（指図人・被指図人・受取人）、時として受取人が指定した第四の者との間でなされる行為であると解している[77]。

ポチエは、このなかで受取人の意思を重要視する。すなわち、受取人がデレガシオンに同意していなければ、たとえ指図人と被指図人との間でデレガシオンに関する合意がなされていたとしてもデレガシオンは存在しないというので

ある。それに加え、受取人がなんらかの行為によって指図人を免責することを明確に表示しなかった場合、指図人は受取人に対して免責されないという。そうでなければ、受取人が指図人の替わりに被指図人を唯一の債務者として認めたと判断することができないからである。

　デレガシオンの効果については、デレガシオンは指図人と受取人との間の法律関係を消滅させるための更改を含むものであるとし、一般的には指図人と被指図人との間の、そして指図人と受取人との間の二つの法律関係を消滅させる二重の更改としておこなわれるという。

　被指図人が実際には指図人の債務者ではなかった場合であっても、被指図人の負担した債務は有効であり、被指図人は支払を拒むことができないが、受取人が実際には指図人の債権者ではなかった場合、それが贈与をなす意図でなされていないかぎり、被指図人の負担した債務は有効ではなく、被指図人は支払を拒むことができる。

　被指図人が受取人に対して有効に債務を負担している場合には、たとえ被指図人が支払不能に陥ったとしても、受取人は指図人に対して遡求権を有さない。ポチエによると、この原則には二つの例外が存在するという。一つ目は指図人が被指図人の支払不能の危険を負っている場合であり、二つ目は被指図人がデレガシオンの時点ですでに支払不能であった場合である。これらの場合には、受取人は指図人に対する遡求権を有するという。これら二つの例外は、ローマ法上のデレガチオに対するポチエの説明のなかにもドマの見解のなかにも見られなかったものである。

5　小　括

　以上、ドマおよびポチエの見解を見てきた。
　両者の見解は基本的な点、すなわち、デレガシオンは三者の同意を要素とする更改の一種であるという点、その効果は更改から帰結されるものであるという点、指図人と被指図人との関係に抗弁事由が生じても、被指図人は受取人に対してその抗弁を対抗することができないという点においてはほとんど一致している。これらの点はポチエが説くローマ法におけるデレガチオとも矛盾していない。ただし、指図の要素については、ローマ法においては二つの側面に分

けて理解されていたのに対し、ドマおよびポチエの見解では三者の同意として理解されている点に差異が見られる。

ところで、両者の見解にはいくつかの特色が存在する。たとえば、ドマの見解のなかでは、被指図人の債務の性質を基準としたデレガシオンの二つの方法を指摘している点、ポチエの見解のなかでは、デレガシオンは一般的に二重の更改を生ずるものであるという点、受取人の指図人に対する遡求権について二つの例外を指摘している点等である。

なかでもとりわけ顕著な特色として、ドマの見解のなかに登場する「真なるデレガシオン」、およびポチエの見解のなかで指摘されている「受取人の免責意思の明確な表示の必要性」が挙げられる。これらはデレガシオンの根本にかかわる非常に大きな問題を孕んでいる。

すなわち、ドマは、本来デレガシオンがすべて更改効を生じるならば必要のない用語である「真なるデレガシオン」という名称を用いて、その場合についてのみ言及する箇所を設けている。そして、「真なるデレガシオン」ではないデレガシオンが存在するのか、その場合、「真なるデレガシオン」が更改効を生じるデレガシオンを指すというのであるから、しからざるデレガシオンは更改効を生じないデレガシオンであるのか、という推論について含みを持たせている。ポチエはデレガシオンによって更改が実現されるためには受取人の明確な免責の意思が必要であるとして、この点を一層強調しているように感じられる（ポチエは指図人が受取人に贈与をなす意図でなされるデレガシオンも認めている）。

このように、ドマおよびポチエは多かれ少なかれデレガシオンにおいて更改が生じない可能性について示唆しており、とりわけポチエは更改が生じるために受取人の免責の意思の明確な表示を必要とするという積極的な要件を課すことによって、更改が生じない場合をより際立たせる主張をしているのである。

このポチエの見解の解釈については二通りの方向性が考えられる。第一に、デレガシオンは更改の効果を生じないようにおこなうことができ、更改の効果を付与したい場合には受取人が指図人を免責する旨の意思を明確に表示する必要があるという考え方、第二に、免責の意思の明確な表示はデレガシオンの要件であり、受取人がこれを表示しないかぎりデレガシオンとはなりえないという考え方である（後者の場合、指図人の受取人に対する贈与目的のデレガシオンは、デレガシオンとは異なる別種の行為ということになる）。

この点、ドマおよびポチエはデレガシオンを更改の一種であると定義づけている。それゆえ、デレガシオンの効果は更改の効果そのものであり、デレガシオンをおこなう三当事者の意思もそのような法律効果を企図するものでなければならないということになる。このことを前提とすると、更改を生じるデレガシオンと、生じないことを企図してなされたデレガシオンとはまったく別個の法律行為であるということになる。以上のように考えるならば、ポチエの見解は、上記第二の解釈であると結論づけられることになるだろう。

　しかし、19世紀の法学者であるゴドゥメ（Eugène Gaudemet）によると、ポチエがデレガシオンを更改の一種であるとしながら受取人に免責意思の明確な表示を必要としたのは、当時の実務状態を重視した結果であるという。

　この点につきゴドゥメの著述[78]にしたがってやや敷衍すると、「デレガチオは常に更改を生じる」[79]という伝統的なデレガチオの原則は、必然的に旧債務者の債務の免責を生じるという結論を導いたため、当時の実務家にとっては不便でしかなかった[80]。そこで彼らは、指図人の受取人に対する債務を存続させる方法を考案した。それが assignatio と delegatio impropria であるという[81]。

　assignatio（以下、「アシグナチオ」[82]）はフランドル地方の都市の商慣習のなかで生まれたとされる[83]。このアシグナチオは、それ自体からはいかなる債務負担の効果も弁済的な効果も生じることはない[84]。被指図人は、指図人の指示にもとづいて独立に受取人に対して債務を負担する。そして、指図人の債務は、アシグナチオによっても被指図人の債務負担によっても消滅せず、指図人は被指図人の受取人に対する弁済によってのみ義務を免れることができたという[85]。

　同様の動きがローマ法の影響下にあった多くの国、とりわけイタリアおよびフランスにおいてもあらわれた。商業的交流の発展にともない実務の要請に適合した理論の必要性が生じ、支払がなされるまで指図人の債務を消滅させることなく被指図人が受取人に対して債務を負担する手段が考え出されたのである[86]。これが、delegatio imperfecta（あるいは impropria）である[87][88]。

　いわゆる不完全指図（delegatio imperfecta）と呼ばれるそれは、不完全（imperfectus）の名が示すとおり、通常のデレガチオとして考案されたものではないが、これが実際の取引のなかで普及した結果、18世紀のフランスの学説

は、受取人の免責の意思が明らかではない場合の解釈について、指図人の免責を生じるデレガシオン（いわゆる完全指図（délégation parfaite））が存在すると解するべきか、指図人の免責を生じないデレガシオン（いわゆる不完全指図（délégation imparfaite））が存在すると解するべきかを議論するようになったという[89]。

ゴドゥメによれば、この点について実務上の取引を重視したポチエは、受取人によって明確に免責の意思が表示されないかぎり指図人が免責されることはなく、不完全指図が推定されると解していたという[90]。しかし、この見解は不完全指図をデレガシオンの原則的な場合へと位置づけるものであり、更改との関係を重視する伝統的な見解に反するものであった。そこでポチエは従来の見解と調和させるため、不完全指図がデレガシオンの一種であることを否定しているのであるが、それでもやはり、この見解は更改とデレガシオンとの分離への重大な一歩を踏んだものであるという[91]。

このゴドゥメの見解にしたがえば、ポチエはデレガシオンが更改とは別個に存在しうることを認識していたのであるが、従来の見解との摩擦を避けるために、デレガシオンが更改の一種であるという建前を打ち立てていたと評価できるであろう（上記第一の解釈）。

Notes

10) 伊澤博士は、ローマ法における delegatio を「轉付」と呼び、用語法上、指図とは区別している（伊澤・前掲注1）（本質（一））12頁以下）。しかし、「轉付」という語がかならずしも delegatio を表現するために適切とはいえない点や、delegatio が現在の指図理論の基礎であるとされる点等を強調するため、ここでは delegatio においても「指図」という語を宛てている。
11) 厳密には「デーレーガーチオー」と表記すべきであろうが、ここでは単に「デレガチオ」と表記する。
12) 船田享二『ローマ法・三巻』（岩波書店・改版・1970）578頁。
13) 船田・前掲注12）579頁。
14) 支払指図とは、指図人が被指図人に、指図人の計算において第三者（受取人）に給付するよう指示をする指図であり、義務設定指図とは、指図人が被指図人に、第三者（受取人）に対して義務を負うよう指示をする指図である（Georg Klingenberg（瀧澤栄治訳）『ローマ債権法講義』（大学教育出版・2001）126頁）。この点については、本書第1部第1章も参照。
15) 上村一則「古典期ローマ法における指図の法的性格」久留米40号（2001）9頁。
　ただし、そもそも両指図を区別するうえで最も重要な問答契約の有無について明らかではない法文が多く存在し、事実上二つの指図を明確に区別することは非常に困難であ

るという（上村・同頁）。
16) Gai. inst. 3, 130 A persona in personam transscriptio fit, veluti si id quod mihi Titius debet tibi id expensum tulero, id est si Titius te delegaverit mihi.
　「人から人への移転記入は、たとえば、ティティウスが私に負担するものを私があなたへの支出として記入した場合、すなわち、ティティウスが私に対する支払人としてあなたを指図した場合に生ずる。」訳は、早稲田大学ローマ法研究会（佐藤篤士監訳）「ガーイウス法学提要（VIII）」早法75巻4号（2000）409頁。本法文を見ると、ローマの銀行業者による振込取引に類似した行為には、指図（delegatio）の法準則が適用されていたことが見て取れる。
17) Günther Loewenfeld, Die Anweisung in Gesetz und Verkehr, Berlin, 1922, S.3ff.
18) Ulp. (27 ad ed.) D. 46, 2, 11, pr. Delegare, est vice sua alium reum dare creditori, vel cui jusserit.
19) 上村・前掲注15) 20頁。
20) 後掲注97)。
21) Jean DOMAT, Les loix civiles dans leur ordre naturel, le droit public, et legum delectus, nouv. éd., t.1, Paris, 1745, Livre4, titre3, p.290.
22) Jean DOMAT, op. cit. (note 21), Livre4, titre4, art.1, p.292.
23) Jean DOMAT, op. cit. (note 21), Livre4, titre3, p.290.
24) Jean DOMAT, op. cit. (note 21), Livre4, titre4, p.291.
25) Jean DOMAT, op. cit. (note 21), Livre4, titre4, art.2, p.292.
26) Jean DOMAT, op. cit. (note 21), Livre4, titre4, art.7, p.292.
27) Jean DOMAT, op. cit. (note 21), Livre4, titre4, art.3, p.292.
28) Jean DOMAT, op. cit. (note 21), Livre4, titre4, art.4, p.292.
29) Jean DOMAT, op. cit. (note 21), Livre4, titre4, art.5, p.292.
30) Jean DOMAT, op. cit. (note 21), Livre4, titre4, art.8, p.292.
31) Jean DOMAT, op. cit. (note 21), Livre4, titre4, art.9, p.292.
32) Robert-Joseph POTHIER, Pandectae Justinianeae, in novum ordinem digestae, cum legibus Codicis, et Novellis, quae jus Pandectarum confirmant, explicant aut abrogant, 3 vols, Parisiis, 1748-1752.
　これについてはフランス語訳があり（DE BRÉARD-NEUVILLE, Pandectes de Justinien, mises dans un nouvel ordre, avec les lois du Code et les Nouvelles qui confirment, expliquent ou abrogent le droit des Pandectes, 24 vols, Paris, 1813-1823）、ここでの引用はこの19巻によるものである。パンデクタエ誕生の経緯、ならびにパンデクタエの意義については、金山・前掲注9) 122頁以下参照。
33) 前掲注18)。
34) Ulp. (27 ad ed.) D.46, 2, 11, 1. Fit autem delegatio, vel per stipulationem, vel per litis contestationem.
35) DE BRÉARD-NEUVILLE, op. cit. (note 32), n°27, p.119.
36) Ulp. (8 ad ed.) D.46, 2, 17. Delegare scriptura vel nutu, ubi fari non potest, debitorem suum quis potest.
37) Paul. (14 ad plaut.) D.46, 2, 22. Si quis absente me, a debitore meo stipulatus est novandi animo, ego postea ratum habuero: novo obligationem.
38) DE BRÉARD-NEUVILLE, op. cit. (note 32), n°28, p.119.
39) DE BRÉARD-NEUVILLE, op. cit. (note 32), n°28, p.121.
40) C.8, 41, 1 (Alex. a. 223) Delegatio debiti, nisi consentiente et stipulanti promittente debitore, jure perfici non potest. Nominis autem venditio, et ignorante, vel invito eo adversus quem actiones mandantur, contrahi solet.

41) DE BRÉARD-NEUVILLE, op. cit. (note 32), n°29, p.121.
42) DE BRÉARD-NEUVILLE, op. cit. (note 32), n°30, p.121.
43) DE BRÉARD-NEUVILLE, op. cit. (note 32), n°31, p.123.
44) C.8, 41, 3 pr. (Gord. a. 239) Si delegatio non est interposita debitoris tui, ac propterea actiones apud te remanserunt: quamvis creditori tuo adversus eum solutionis causa mandaveris actiones, tamen antequam lis contestetur, vel aliquid ex debito accipiat, vel debitori tuo denuntiaverit, exigere a debitore tuo debitam quantitatem non vetaris; et eo mode tui creditoris exactionem contra eum inhibere.
45) C.8, 41, 3, 1 (Gord. a. 239) Quod si delegatione facta, jure novationis tu liberatus es, frustra vereris ne, eo quod quasi a cliente suo non faciat exactionem, ad te periculum redundet, quum per verborum obligationem voluntate novationis interposita, a debito liberatus sis.
46) DE BRÉARD-NEUVILLE, op. cit. (note 32), n°30, p.123.
47) Ulp. (38 ad ed.) D.46, 2, 13. Si non debitorem, quasi debitorem, delegavero creditori meo: exceptio locum non habebit: sed condictio adversus eum qui delegavit, competit.
48) DE BRÉARD-NEUVILLE, op. cit. (note 32), n°31, p.123.
49) Ulp. (76 ad ed.) D.44, 4, 20. Item quaeritur, si debitor meus te circumveniebat, teque mihi reum dederit, egoque abs te stipulatus fuero, deinde petam: an doli mali exceptio obstet? Et magis est, ut non tibi permittatur de dolo debitoris mei adversus me excipere, quum non ego te circumvenerim. Adversus ipsum autem debitorem meum poteris experiri.
50) ポチエによれば、指図人は受取人に対して被指図人を解放させるよう義務づけられる。
51) ポチエによれば、指図人は被指図人が支払った金額を彼に返還するよう義務づけられる。この返還は確定物の訴権のなかに含まれるが、義務からの解放の事実は不確定物の訴権によってのみ追求されうる。
52) Paul. (31 ad ed.) D.46, 2, 12. Si quis delegaverit debitorem qui doli mali exceptione tueri se posse sciebat, similis videbitur ei qui donat: quoniam remittere exceptionem videtur. Sed si per ignorantiam promiserit creditori, nulla quidem exceptione adversus creditorem uti poterit, quia ille suum recepit: sed is qui delegavit, tenetur condictione, vel incerti si non pecunia soluta esset, vel certi si soluta esset. Et ideo, quum ipse praestiterit pecuniam, aget mandati iudicio.
53) DE BRÉARD-NEUVILLE, op. cit. (note 32), n°31, p.125.
54) DE BRÉARD-NEUVILLE, op. cit. (note 32), n°33, pp.127-129.
55) DE BRÉARD-NEUVILLE, op. cit. (note 32), n°34, p.129.
56) Ulp. (76 ad ed.) D.44, 4, 7 pr. Iulianus ait: Si pecuniam quam me tibi debere existimabam, iussu tuo spoponderim cui donare volebas exceptione doli mali potero me tueri, et praeterea condictio mihi adversus stipulatorem competit ut me liberet.
57) ポチエによれば、この者は実際には債権者ではない。
58) Iul. (60 dig.) D.39, 5, 2, 4. Item si ei quem creditorem tuum putabas, iussu tuo pecuniam quam me tibi debere existimabam, promisero: petentem doli mali exceptione summovebo: et amplius, incerti agendo cum stipulatore, consequar ut mihi acceptam faciat stipulationem.
59) DE BRÉARD-NEUVILLE, op. cit. (note 32), n°35, p.131.
60) DE BRÉARD-NEUVILLE, op. cit. (note 32), n°36, p.131.
61) Moreau de MONTALIN, Analyse des Pandectes de Pothier, en français, servant aussi de table analytique et alphabétique des matières, également applicable au Digeste, 2 vols, Paris, 1824. 指図については、t.1, pp.209 et s.

62) ここでは、Robert-Joseph POTHIER, Oeuvres complètes de Pothier, nouv. éd., 26 vols, Paris (chez Thomine et Fortic, Libraires), 1821-1824 の t.2（Traité des obligations）を参照する。
63) 前掲注18）。
64) Robert-Joseph POTHIER, op. cit. (note 62), n°600, p.94.
65) ポチエの例によると、私の債務者の相続人の一人であるPierreが、私に対する定期金から解放されるために、財産分割によって、私に定期金を支払う責任を彼の共同相続人であるJacquesに負わせた場合である。
66) ここではformellementを「明確に」と訳出したが、この点はなおも問題となりうるところである。この点については後述する。
67) Robert-Joseph POTHIER, op. cit. (note 62), n°600, p.95.
68) Robert-Joseph POTHIER, op. cit. (note 62), n°601, p.95.
69) Robert-Joseph POTHIER, op. cit. (note 62), n°602, p.96.
70) Robert-Joseph POTHIER, op. cit. (note 62), n°603, p.96.
71) Robert-Joseph POTHIER, op. cit. (note 62), n°604, p.98.
72) Robert-Joseph POTHIER, op. cit. (note 62), n°604, p.99.
73) この点についてポチエは以下のように述べている。すなわち、私の債務者であるあなたが、支払不能のPierreがあなたに支払わなければならない1000リーヴルの債権を私に与える指図は明らかに不公平である。なぜなら、この指図によって、あなたは1000リーヴルの債務の免責を得るからであり、その免責は1000リーヴルとしての現実の（réelle）実質的な（effective）価値を有しているからである。そして、あなたが私から受け取った1000リーヴルの価値の代わりに、あなたは私にいかなる価値も有していない、または、ほとんど有していない支払不能の債務者に対する債権を与える。したがって、合意の不公平性を補うために、私が錯誤によって、あなたの替わりとして認めた債務者の支払不能について、あなたは私に対して拘束されるべきである（Robert-Joseph POTHIER, op. cit. (note 62), n°604, pp.99-100.）。
74) Robert-Joseph POTHIER, op. cit. (note 62), n°604, p.100.
75) Robert-Joseph POTHIER, op. cit. (note 62), n°604, pp.100-101.
76) Robert-Joseph POTHIER, op. cit. (note 62), n°605, p.101.
77) ポチエのかかる見解は、本書第1部との関係であれば「義務設定指図」、そのなかでも、少なくとも「受動指図」について論じている学説彙纂46巻2章11法文序項（ウルピアヌス告示註解第27巻）に基礎を置いていることに疑いの余地はない。本法文のドイツ法における現代的解釈については、本書第1部第1章参照。
78) Eugène GAUDEMET, Étude sur le transport de dettes á titre particulier, 1898.
79) In delegatione semper inest novatio.
80) Eugène GAUDEMET, op. cit. (note 78), p.210.
81) Eugène GAUDEMET, op. cit. (note 78), p.210.
82) 厳密には「アッシーグナーチオー」と表記すべきであろうが、ここでは単に「アシグナチオ」と表記する。アシグナチオについては、本書第1部第1章および第2章も参照。
83) Eugène GAUDEMET, op. cit. (note 78), p.211.
84) Eugène GAUDEMET, op. cit. (note 78), p.211.
　この点、デレガシオンには三当事者の同意が必要であると解されているフランスにおいては、アシグナチオのように、指図人の指示だけではデレガシオンは成立しない。
85) Eugène GAUDEMET, op. cit. (note 78), p.211.
86) Eugène GAUDEMET, op. cit. (note 78), p.213.
87) Eugène GAUDEMET, op. cit. (note 78), pp.213-214.
88) 上柳博士はゴドゥメの叙述を引用しつつ、assignatioとdelegatio impropriaとの相

違について、「assignatio とそれに基く被指圖人の指圖受取人に對する債務負擔行爲とは、別個の行爲として考えられ、しかも assignatio そのものは被指圖人に指圖受取人に對し債務を負擔することを義務付けなかつた。これに對し、不完全指圖は（被指圖人の指圖受取人に對する債務負擔行爲をもその一部として含む）指圖人・被指圖人・指圖受取人という三當事者間の合意として考えられた」のではないかと推測している（上柳・前掲注3）6頁）。このうちアシグナチオに関しては、本書第1部第2章および第4章参照。

89) Eugène GAUDEMET, op. cit. (note 78), p.214.
90) Eugène GAUDEMET, op. cit. (note 78), pp.214-215.
91) Eugène GAUDEMET, op. cit. (note 78), pp.215-216.

III　フランス民法典成立とそれ以降

1　フランス民法典の成立

デレガシオンについてドマ・ポチエが述べた以上のような見解は、1804年に施行されたフランス民法典に多大なる影響を与えている。

フランス民法典においてデレガシオンに関する条文は、第3編第3章中の第5節「債務の消滅について（DE L'EXTINCTION DES OBLIGATIONS）」の第2款「更改について（DE LA NOVATION）」のなかに規定されている。ここで再度条文を挙げておこう。

> フランス民法典1275条[92]「債務者が債権者に他の債務者を付与し、その者が債権者に対して義務を負う旨の指図 délégation は、債権者が指図を行った債務者を免責する意図がある旨を明示的に申述した場合でなければ、なんら更改を生じない。」

> フランス民法典1276条[93]「指図を行った債務者を免責した債権者は、指図を受けた者 délégué が支払不能となる場合にも、その債務者に対してなんら求償権を有しない。ただし、その行為が求償権について明示の留保 réserve expresse を含む場合、又は指図を受けた者が指図の時にすでに破産開始 faillite ouverte〔の状態〕にあった場合、若しくは支払不能 déconfiture に陥っていた場合には、その限りでない。」

フランス民法典の起草者の一人であるビゴ・プレアムヌウ（Bigot-Préameneu）は、これらの規定の立法理由（Exposé des motifs）において次のように述べている[94]。

「デレガシオンは単なる更改と混同されるべきではない。デレガシオンは少なくとも三者の間でなされる。すなわち、債権者に自身の替わりである別の債務者を与える旧債務者、旧債務者の替わりに債権者あるいは彼によって指定された者に対して債務を負担する指図された者、そして、指図されたあるいは指定された者の債務を承諾する債権者である。デレガシオンが更改を実現するためには、指図されたあるいは指定された者についてデレガシオンを承諾する債権者が最初の債務者を免責することが必要である。さもなければ、指図人の債務はまったく消滅しない」。

一見すると、起草者はデレガシオンと更改とはまったく別異のものであると解しているように見える。しかし、ここで述べられている差異は結局のところ当事者の数についてのみであり、かかる意味においてデレガシオンと"単なる"更改（simple novation）との差異があるとし、三当事者を要するデレガシオンが更改を実現するためには、受取人による指図人の免責が必要であるというのである。したがって、この点からはデレガシオンが更改の一種であると解しているのか否かについての起草者の意思は判然としない[95]。

デレガシオンによって更改がおこなわれた場合の効果については次のように述べられている。

「債権者が一度かかる免責に同意したときは、債権者は、指図された者が支払不能に陥った場合でさえ、債務が消滅している債務者に対して遡求権を有しえない。もし、免責をなす際に支払不能の場合について留保していたならば、それは最初の債務者が不足分を補うよう拘束される債務である。この留保の条項（clause）は、ローマ法において債権者が最初の債務者の危険で、彼の替わりに他の債務者を得たことにもとづく委任であるとみなされる。もし免責が騙されて行われたならば、同様に債権者は自身が与えた免責に反して再び権利を認められうる。そして、指図された者がデレガシオンの時点ですでに破産開始状態であった、あるいは家資分産に陥っていた場合もそれが推定される」[96]。

以上のような見解は、先述のポチエの見解とほぼ変わるところはないように

見受けられる。事実、ポチエの著作とフランス民法典との相関関係については詳細な分析がおこなわれており、デレガシオンに関する民法典1275条および1276条は、ポチエの見解の影響を受けていたことが指摘されている[97]。

ところで、フランス民法典は、一方ではデレガシオンが更改の一種であるかのように更改の款のなかに規定しており[98]、他方では民法典1275条において明らかにデレガシオンが更改の効力を生じない場合を規定している。これらの関係をどのように評価すべきであろうか。

フランス民法典は、実務家によって作られた法典である[99]。それゆえ、デレガシオンの実際の利用形態として更改を生じない場合がほとんどであるという実務状態を認識しており、ポチエの見解を踏襲する形で、デレガシオンに際して受取人が指図人を免責する旨を明示的に表示しないかぎり、指図人は受取人に対する債務を免責されないと規定したのではないだろうか[100]。

したがって、フランス民法典はデレガシオンが更改を生じない場合を規定しているが、伝統的な見解と同様にデレガシオンが更改の一種であるという基本原則を崩していないと評価されることになろう[101]。これは後に見るように、デレガシオンと更改との峻別を直截にもたらすものではない。

つぎに、法典編纂後の学説がこれらの条文をどのように解釈していたのかについて、学説の変遷を見てゆくことにしよう。

2 法典編纂後の学説――註釈学派（Ecole exégétique）

まず、19世紀のいわゆる註釈学派（Ecole exégétique）の学説を見てゆくことにしよう。

(1) 総　説

オブリー（Charles Aubry）とロー（Charles Rau）は、更改を客観的（objective）なものと、主観的（subjective）なものとに区別する。更改が客観的である場合とは、二当事者間で合意がなされ、その結果旧債務が消滅し、新債務に替えられる場合を指す。

更改が主観的である場合についてはさらに二つに分けられ、第一に、新たな債務負担の効果によって新債権者が旧債権者に替わる場合、第二に、新債務者

が旧債務者の替わりに債務負担する場合である。後者については、旧債務者の協力を必要としない除約（expromission）[102]によって、あるいは旧債務者の同意を必要とするデレガシオンによっておこなうことができるという[103]。

そして、債権者と新たな債務者との同意のみを必要とする除約とは異なり、完全指図（délégation parfaite）は、債務者たる指図人、第三者たる被指図人、債権者たる受取人という三者の協力を必要とするのだという[104]。このように、オブリーとローは、更改に関する説明のなかでデレガシオンを取り扱っており、更改の一種として定義されるデレガシオンに完全指図という用語を宛てている。

オブリーとローがこのような用語を用いているのは、以下の理由によると考えられる。すなわち、デレガシオンは三当事者の協力によって完成するが、それ自体によっては更改を生じない。そして、デレガシオンはそれが受取人によって指図人に与えられる免責と組み合わせられた、あるいは免責が付随的に生じたかぎりにおいて更改を生じる[105]。この免責は推定されないだけでなく、更改は債権者の明示の意思表示（déclaration expresse）によってのみ生じうるのである[106]。オブリーとローは、デレガシオン自体からは更改が生じないということを意識して、更改の効果を生じるデレガシオンのことを完全指図と呼んでいるのである。

この点をより明確に指摘するのが、ドゥモロンブ（Charles Demolombe）である。彼はまず、受取人が指図人を免責しない場合と免責する場合とにデレガシオンを区別する必要があるとし、前者の場合、デレガシオンは不完全（imparfaite）であり、後者の場合、デレガシオンは完全（parfaite）であるとする。そして、学説および実務上はどちらの場合も指図と呼んでいるという[107]。

コルメ・ドゥ・サンテール（E. Colmet De Santerre）とドゥマント（A. M. Demante）も同様に、債権者に対して債務を負う新たな債務者が最初の債務者によって与えられるとき、そこにはデレガシオンが存在しているとし、このデレガシオンは最初の債務者の免責が存在するかぎりにおいてのみ更改を実現すると解されている。

法律は、この免責が明示的（expresse）であることを要求しており、これによって債務者が免責される場合には完全指図が存在しているという[108]。このように、註釈学派においてはデレガシオンには更改を生じるものと生じないものという二種類のデレガシオンが存在すると捉える見解が通説であった[109]。

(2) 完全指図における受取人の免責意思の表示

完全指図の場合に更改の効果が生じるためには、三者の協力に加え、受取人によるその旨の意思の表示を必要とすることが民法典 1275 条の文言上明らかであるが、註釈学派は、1275 条の「明示的に（expressément）」という文言と、民法典 1273 条[110]に規定されている更改一般における更改意思の表示に関する、「明白に（clairement）」という文言との差異を論じている。すなわち、これらは表現を異にするのみでその内容については変わらないと解するのか、1275 条は 1273 条の要件をより厳格にしていると解するのかという問題である。

これにつき、オブリーとローは、債権者が債務者を免責しようと欲し、これを明示的に表示したかぎりにおいてのみ、デレガシオンに更改の効果を認める 1275 条は、更改をおこなう意思がその行為から明白に生じるだけで十分であるとする 1273 条より当然に厳格であるという[111]。ドゥモロンブも同様に、1273 条の一般規定と 1275 条の特別規定との間には差異が存在し、1275 条には特別の意思表示が必要であるとする[112]。このように要件がより厳格であると捉える学説は、条文の文言上の差異について起草者が 1275 条に特別な配慮を与えたからであると解しており[113]、これが通説である[114]。

これに対し、コルメ・ドゥ・サンテールとドゥマントは、文言の差異に実質的な意味を認めない。それゆえ、両者の要件に軽重の差異はなく、それらは単に文言の違いにすぎないというのである[115]。しかし、この見解は支持を得られなかった[116]。

(3) フランス民法典 1276 条の原則と例外

民法典 1276 条によると、完全指図が原則として被指図人の支払不能の場合において指図人の債権者にいかなる遡求権も与えないことは明らかである。旧債務者たる指図人は免責されているため、被指図人が支払不能に陥った場合、当該支払不能から生じる損失（perte）は旧債務者に替えて新たな債務者を受け入れることに同意した受取人に帰するべきであり、それはデレガシオンが更改を生じるという事実の生来的かつ必然的な帰結であるからである[117]。

しかしながら、この原則には二つの例外を認める必要がある。受取人が遡求権を明示的に留保していた場合、および破産開始あるいは家資分産状態という被指図人の現在の支払不能によって受取人のなす免責が実質的に与えられる理

由を失っている場合[118]である[119]。これは伝統的な見解に合致するものである[120]。

ドゥモロンブによると、第一の例外については当事者の合意は当然に適法であり、これは当事者によって形成される一種の法である[121]。

第二の例外については理由が二つ存在するという。一つ目の理由は取引の性質に求められ、このような場合には債権者の側の黙示の留保が認められる[122]。すなわち、債権者がデレガシオンにおいて心に抱いている目的（but）を分析すると、彼が欲しているのは彼に支払われるべきものを受領するということであって、それ以上でもそれ以下でもなく、債務者たる指図人は、債権者たる受取人に対して、被指図人のデレガシオン時点での支払能力を担保していると解する[123]。二つ目の理由は衡平性であり[124]、これは古法の支配的な見解にしたがったものである[125]。ドゥモロンブは、ポチエがそのような合意の不公平さを訴えるのはもっともであり、債権者がそのような場合に約したとされる黙示の留保によって正当化されうる遡求権という手段によって、この不公平さを修復する（réparer）ことが必要であるという[126]。

しかし、受取人がデレガシオンの時点で被指図人の支払不能について認識していたにもかかわらず、遡求権を留保せず完全指図に同意していた場合は、指図人たる債務者に対していかなる遡求権も行使できない[127]。これは民法典1276条が潜在的に前提としていることである[128]。

コルメ・ドゥ・サンテールとドゥマントは、被指図人がデレガシオンの時点で破産開始されていた、あるいは家資分産状態である場合に、債権者の側に錯誤が存在していると主張する。すなわち、受取人は自己の有する債権の替わりに新たな債権を受けることに同意したが、債務者が支払不能であったために彼が受けた債権がまったく価値のないものになる。したがって、錯誤が認められると主張するのであるが[129]、他の学説からの支持は得られなかった[130]。

以上の二つの例外から生じる遡求権の法的性質について、学説は指図人に対する既存債務が存続していると解する説と、遡求権が新たに発生したものであると解する説とに分かれている[131]。

前者の説は、受取人が留保（réserve）、すなわち保持（rétention）あるいは保留（retenue）をおこなっているのであるから、受取人のために新たな債権を理解する必要はなく、旧債務が維持されると主張する[132]。そして、遡求権が新

たに発生すると解する見解に対しては、合意の効果からは認められないとし[133)]、彼が権利を処分しながら、彼が失う権利とは異なる新たな権利を取得する旨の留保をすることは不可能であると批判する[134)]。第二の例外（破産・家資分産）については、コルメ・ドゥ・サンテールとドゥマントはこれを錯誤が認められる場合であるとし、更改は起こらず旧債務が存続すると解するため、問題とはならないという[135)]。

これに対し、後者の説によると、それは、二つの例外双方の場合において、受取人たる債権者に帰属する単なる担保としての遡求権でしかないという[136)]。その根拠としては、第一に、それが伝統的な見解と合致しているという点[137)]、第二に、条文の文言から明らかであるという点である[138)]。

条文の文言から明らかであるというのは、民法典1276条の「ただし、当該行為が遡求権につき明示の留保を含む……ときはこの限りにあらず（à moins que l'acte n'en contienne une réserve expresse）」の"en"が、「その債務者に対してなんらの遡求権も有さない（n'a point de recours contre ce débiteur）」という本文の「その債務者に対する遡求権（recours contre ce débiteur）」を受けているということである。したがって、ここでの留保とは遡求権の留保であり、既存債務を留保しているのではないというのである[139)]。

(4) 不完全指図について

ここまで詳細に述べられてきた完全指図とは対照的に、どの学説も不完全指図にはほとんど紙数を割いていない。しかし、デレガシオンには学説の、いわゆる不完全指図という種類が存在することは条文上からも明らかであり、起草過程における議論でもこのような場合が存在することは指摘されている[140)]。

デレガシオンには三当事者が必要であり、更改の効果が生じるためには受取人の更改意思の明示的な表示を必要とするということから、不完全指図は、被指図人の受取人に対する債務の負担を含む、三当事者の介在によってのみなされるということができる[141)]。

不完全指図の効果は、旧債務者の介在しない補約（adpromission）[142)]の場合と同様に、一つの債務の代わりに二つの債務が存在することであるという[143)]。

不完全指図は支払を容易に確保するという機能を持つ。自己の債権者に自己の債務者を指図する指図人は、デレガシオンにおいて、自身に支払われるべき

ものを受領するためのより容易な手段を手に入れたことになるのである[144]。

　不完全指図の法的性質についてはあまり論じられていないが、これを民法典1277条[145]に規定されている単なる（支払の）指示であると解する見解がある。すなわち、「不完全指図が更改を生じないのならば、いわんや、支払をなすあるいは受領する者になされる単なる指示であるというべきである」というのである[146]。オブリーとローも同様に、デレガシオンがそれ自体によって更改を生じないのならば、それは単なる指示と同じであると解している[147]。

(5)　註釈学派の学説の小括

　註釈学派はデレガシオンを二通りに分け、更改が生じるデレガシオンを完全指図、更改を生じないデレガシオンを不完全指図と呼び、完全指図の場合にはあくまで更改の一種として捉え、この他に不完全指図という種類があるのだと説いているように見受けられる。

　完全指図によって生じる更改について、註釈学派は、債務者の交替による更改を想定しているようであり、債権者の交替による更改とデレガシオンとの関係についてはあまり考えられていない。これは1275条の文言からも明らかである[148]。

　不完全指図の法的性質についてはあまり論じられていない。しかし、デレガシオンについては、なによりもまずその法的性質について議論がなされるべきなのである。完全指図が更改の一種であるという前提に立つのであるから、これを原則とする場合には、更改を生じない不完全指図はデレガシオンとして、完全指図と同一の法律行為として捉えられないからである[149]。このように考えると、註釈学派は、「デレガシオン」という用語を、なんら法的意義を持たないただの名称にすぎないと述べているようにも感じられるのである。

3　註釈学派以後におけるパラダイムシフト

　以上見てきたとおり、フランス民法典の編纂、そしてその後の註釈学派によって、デレガシオンは従来の指図理論のなかに明確には存在しなかった不完全指図の概念を獲得し、完全指図と不完全指図という分類が打ち立てられた。しかしながら、これらの行為としての同一性は置き去りにされたままであった。

註釈学派がデレガシオンの法的性質にはあまり関心を払わず完全指図について積極的に議論していたのは、条文自体がデレガシオンによる更改の効果を中心として規定していたことに加え、不完全指図という新たな類型については従来あまり論じられていなかったためであると考えられる[150]。

　実務上においても条文上においても、デレガシオンには完全指図と呼ばれる場合と不完全指図と呼ばれる場合とが存在することは認識していたのであるが、それを同一の法律行為として統一的に捉えることには関心がなかったのである。

　このような状況のなか、ローマ法についての理解が大きくパラダイムシフトする。その端緒となったのは1864年に刊行された、ドイツのザルピウス（Botho von Salpius）[151]による研究書であり、フランスにおいても、ジッド（Paul Gide）[152]が1879年に、ローマ法において更改とデレガチオとが別個独立の法的範疇であることを明らかにした。ジッドはこのなかで、「デレガチオは、その適用の範囲の広さと多様性に反して、ローマ法の理論的説明のなかでは、それが慣行と判例のなかで占めている地位に対応するような地位にはまったく就いていない」と断じ[153]、デレガチオをまったく更改から切り離して考える立場を提唱するに至ったのである。

　現在のローマ法におけるデレガチオに対する理解はザルピウスならびにジッドの流れを汲むものであり、概略以下のようなものである[154]。

　すなわち、ローマ法においてデレガチオが更改と同一の章に規定されていたのは、一般的に指図人が受取人に対する債務者であり、また被指図人が指図人に対する債務者であって、デレガチオにもとづいてこれらの債権債務関係が消滅し、これらに代わって被指図人が受取人に対して債務を負担する新たな債権債務関係が成立する場合が最も通常の場合であったためであり[155]、また、ガーイウス[156]およびウルピアヌス[157]等はデレガチオについて付帯的に述べているのみであって、主要な利用形態にもとづいて例示的に述べているのであり、それがデレガチオの定義として誤って紹介された[158]というものである。

　このようなローマ法研究の発展を採り入れて、当時の現行民法への応用を図ったのが、ユベール（Frédéric Hubert）[159]である[160]。

　1899年、ユベールは、第一にローマ法の解釈において古法が他に例を見ないほどの謬見を積み重ねていると評し、ローマ法におけるデレガチオは更改ではないということを明らかにしている[161]。フランス法に至ってもそれは同様

であり、デレガシオンは不完全指図が原則であると指摘する[162]。

ユベールによれば、完全指図とはデレガシオンと更改とが併存する複合行為 (acte complexe) なのである[163]。そしてユベールは、民法典の起草者について、1804年の起草者はその議論のなかでデレガシオンと更改とは混同されるべきではないと繰り返し明言しており、暗々裏に伝統との関係を断ったのであると評価している[164]。

このような19世紀のローマ法研究の結果、ローマ法におけるデレガチオが更改の一種ではないということが明らかにされ、それにともなって、フランス法の解釈論においても完全指図および不完全指図に共通のデレガシオンの理論構築をなし、これらを統一的に説明しようとする学説が有力となるに至る。これはデレガシオンを更改からまったく独立したものとして捉えようとする立場である。

4　20世紀中葉までの学説

前述のとおり、パラダイムシフトを経た20世紀の学説は、それ以前の学説と比べ、デレガシオンに関する論じ方に変化が見られる。

(1)　総説およびデレガシオンの定義

コラン (Ambroise Colin) とカピタン (Henri Capitant) は、「デレガシオンとは、ある者（指図人）が第三者（受取人）に対して給付をなしまたは給付を義務づけるよう他の者（被指図人）に指示を与える (ordonner) ことによってなされる法的取引である」と定義づける[165]。そして、デレガシオンを旧債務が存在しない場合と存在する場合とに区別し、前者については「信用状取引 (lettre de crédit)」[166]にその適用例を見ており、後者については最も一般的に用いられる場合であるとし、この場合においてデレガシオンは簡略化された手順であり、また諸々の価値 (valeurs) の移転を効率的におこなう手段であり、真の民事為替手形 (lettre de change civile) であると述べている[167]。

ジョスラン (Louis Josserand) は、「デレガシオンとは、ある者が他の者に、第三者に対して債務を負担することを指示する (prescrire) ことによってなされる行為である」と定義づけており[168]、デレガシオンは既存の債務関係が存

在しない場合であっても存在する場合であってもおこなわれるという[169]。

　リペール（Georges Ripert）とブーランジェ（Jean Boulanger）は、「デレガシオンとは、ある者（指図人）が他の者（受取人）に対して、彼に対して義務づけられることに同意する第三の者（被指図人）を債務者として受け入れるよう促す（inviter）ことによってなされる法的取引である」と定義づけ[170]、それは無因的な（abstraite）取引であるという[171]。このように、リペールとブーランジェの定義は他の学説とは異なり、指図人と受取人との関係を中心としている。

(2)　完全指図と不完全指図について

　つぎに、コランとカピタンは完全指図と不完全指図を区別する。デレガシオンがこの二つの役割を実現するとき、デレガシオンは当事者の意思にしたがって、被指図人が受取人に対して負担する債務に代えるために更改的効果（effet novatoire）を生じさせることができ、あるいは反対に被指図人が受取人に支払う時まで債務を存続させる効果を生じさせることができる。

　コランとカピタンによると、フランス古法における学者の大多数は、ほとんどデレガシオンの最初の種類、すなわち更改的効果をともなうデレガシオンだけを見ていたが、ポチエをはじめとするその他の学者はこの混同を犯さなかった。しかしながら、被指図人が受取人に対して負担する債務が、指図人に対する被指図人の債務ならびに受取人に対する指図人の債務を同時に消滅するのであるから、デレガシオンが更改、より正確にいえば二重の更改を含む場合にのみ完全指図が存在するという伝統的な見解を維持し続けているという。

　債権者が債務者を免責する意思を表示しなかった場合は不完全指図が存在する。この取引においては、債務者たる指図人は受取人に対して債務を負担し続け、受取人は以後一人の債務者に替わって二人の債務者を有する。そして、実務上多くの場合におこなわれるデレガシオンは、当然に不完全指図の形式であるという。債権者である受取人は、自身とおそらく面識があり被指図人の支払能力を担保する指図人に対して、自身が有している債権を放棄することには同意しないからである[172]。

　ジョスランも同様に、既存の債務関係が存在する場合、デレガシオンによって指図人は更改が想起されるがごとく受取人から解放されるのであるが、そのような効果はただちには生じない場合があるという[173]。ここに完全指図と不

完全指図との間の区別が存在しており、デレガシオンは不完全指図が原則であると指摘する[174]。ジョスランはデレガシオンと更改とは別の事柄であるとし、その理由として、なんら債務関係が存在していない場合あるいは不完全指図の場合には更改は起こらず、たとえ完全指図の場合であっても、デレガシオンは更改より先に存在し、更改の基礎を作るからであるという[175]。

　リペールとブーランジェもデレガシオンは更改と混同されるものではないと指摘する[176]。そして、デレガシオンは更改の効果をともなうか否かを基準として、完全指図と不完全指図という二つの種類に区別されるが、不完全指図という呼称は伝統的な呼称ではあるが適切な呼称ではないという[177]。

(3) 完全指図における受取人の免責意思の表示

　完全指図によって生じる更改的効果は、受取人が指図人を免責しようと望んで明示的に表示したかぎりにおいてのみ生じる。コランとカピタンはこの点について、更改は更改意思が明白であるかぎりにおいてのみ推定され、実現されるということが民法典1273条より明らかであるのであるから、わざわざこの点に言及することは無益であるようにも見えるが、より精密に検討すると、デレガシオンに関しては一般的な更改にくらべてより一層要件が厳格である。したがって、指図人を解放しようとする受取人の意思は、その行為の状況から導かれるだけでは不十分であるという[178]。

　この点、リペールとブーランジェは、民法典1275条に規定されている更改意思の表示に関する解釈について1275条が民法典1273条より厳格な要件であると解する多数説には懐疑的である[179]。

(4) 債権譲渡との対比

　コランとカピタンは、完全指図は債権譲渡（cession de créance）によく類似しており、両者の区別は困難であるとしながらも[180]、この差異は以下のような場合にあらわれてくるという。

　債権譲渡は債務者と無関係になされる契約であり、デレガシオンは被指図人が受取人に対して自ら意思を表示するという点。債権譲渡における譲渡人は、債務者の支払能力ではなく譲渡の時点での債権の存在のみを担保するが、デレガシオンにおける指図人は、デレガシオンの時点で受取人に対して債務者たる

被指図人の支払能力に責任を持つという点。最後に、債権譲渡は譲渡された債務者に通知されるか、あるいは公署証書において債務者によって承諾されなければならないが、デレガシオンは必然的に被指図人の意思を前提としているためにそのようなことは必要とされないという点である[181]。

ジョスランも完全指図と債権譲渡とは異なるものであるという。その根拠についてはコランとカピタンが叙述した上記三点の理由に加え、デレガシオンが債権を移転するものではなく、被指図人の受取人に対する新たな債務負担であることを根拠としている[182]。

リペールとブーランジェも、デレガシオンと債権譲渡とはその形式と効果の面で異なっているという。形式面については、デレガシオンは被指図人の承諾を必要とするが債権譲渡はそれを必要としないという点であり、効果面については、債権譲渡における債権の譲受人は譲渡人の権利を有するのであり、その者以上の権利を有することができないが、デレガシオンにおける被指図人は受取人に対して直接に義務づけられており、指図人に対抗することができた抗弁をもって受取人に対抗することはできないという点である[183]。

(5) 指図人に対するデレガシオンの効果

コランとカピタンによれば、完全指図の場合は指図人を債務者から解放する効果であり、この効果はただちに生じるものである。反対に不完全指図の場合、被指図人が支払った場合にのみ受取人に対する指図人の債務が解放される[184]。リペールとブーランジェも、デレガシオンによって債務者たる指図人の債務は消滅し、被指図人の支払不能は受取人の損害になるという[185]。

民法典1276条に規定されている遡求権の性質について、コランとカピタンによると、被指図人がすでに支払不能状態であった場合と受取人が遡求権を留保していた場合とを区別して考える必要がある。デレガシオンの時点で支払不能状態であった場合、指図人に対する受取人の遡求権を根拠づけるのは、受取人の錯誤の推定であるという。したがって、遡求権は受取人が指図人に対して有していた旧訴権である。

受取人が指図人に対して遡求権を留保していた場合、指図人の旧債務は更改によって消滅したのであるから、それは指図人に対して有していた旧訴権ではない。民法典1276条も受取人が指図人を免責したことを前提としているとい

う[186)]。

　この点、リペールとブーランジェも、デレガシオンの時点で破産状態あるいは家資分産に陥っていた場合については、もしこのような被指図人の事情について知っていたならば受取人はデレガシオンを承諾することはなかった、換言すれば、錯誤あるいは詐欺が推定されデレガシオンが無効となるという[187)]。さらに、受取人が指図人に対して遡求権を留保していた場合についても、その遡求権は指図人に対する旧訴権であると主張している。「留保」というのは留保されるものが存在していることを前提としているからであるという[188)]。

(6) 被指図人に対するデレガシオンの効果

　コランとカピタンによると、デレガシオンが完全であろうと不完全であろうと、デレガシオンは被指図人と受取人との間の権利関係を創造する効果を有する。これがデレガシオンの本質的な特性である。この債務負担は指図人と被指図人とを結びつけている関係とは無関係 (indépendant) である[189)]。そして、その結果として被指図人が指図人に対して有していた抗弁または防御手段を受取人に対して対抗できなくなるということは最も重要なことである[190)]。

　コランとカピタンによると、デレガシオンは既存債務を消滅させるため、貸付をなすため、贈与をなすため等、さまざまな目的でおこなうことができ、そのような意図は、被指図人のなす債務負担には影響しない[191)]。これは、保証 (cautionnement)、あるいは為替手形 (lettre de change) における支払人 (tiré) の引受のように、コーズ (cause) が債務者と第三者との間の法律関係のなかに存するあらゆる債務負担についても同様である。それゆえ、これらは無因的債務負担 (engagements abstraits)、すなわち債務を負担する債務者を決心せしめたコーズとは無関係に有効な債務負担であるといわれている。これらのコーズは債権者が了知しえないからであるという[192)]。

　リペールとブーランジェも、デレガシオンは弁済のため、与信のため、恵与のためにおこなうことができるという[193)]。被指図人の承諾は、受取人に直接的な権利を生み出すため、被指図人は指図人に対抗することができた抗弁を受取人に対抗できない。これはデレガシオンの最も重要な効果であるという[194)]。また、デレガシオンは指図証券 (titres à ordre) に関する取引において利用されており[195)]、抗弁の対抗不能性は為替手形の振出あるいは裏書がデレガシオン

による取引として分析されるずっと以前から認められているため、デレガシオンにおいてかかる性質が生じるのは正当であるという[196]。

(7) 20世紀中葉までの学説の小括

パラダイムシフトを経た後の学説はデレガシオンを更改という要素を含まずに定義づけている。デレガシオンは受取人に対する被指図人の債務負担をその本質的な効果とするからである。これにともない、指図人あるいは被指図人の既存債務の存在が、デレガシオンにとって本来的な要素とされることもなくなった。

デレガシオンは、弁済のため、あるいは与信のため、あるいは恵与のためにおこなうことができるが、それらの目的は被指図人の債務負担の有効性に影響を与えない。したがって、被指図人の債務負担は無因的債務負担であるという。

註釈学派が活発に議論していた、完全指図の要件の一つである受取人の更改意思に関する要件の軽重ならびに受取人の遡求権の性質については、いまだ見解の一致をみていないようである。

これらの学説を評価するうえで最も注目すべきは、デレガシオンの効果を被指図人の受取人に対する債務負担として捉えるようになったことである。これによって、完全指図・不完全指図の双方を同一の法的枠組のなかで解釈することができるようになったのである。

Notes

92) Art.1275. La délégation par laquelle un débiteur donne au créancier un autre débiteur qui s'oblige envers le créancier, n'opère point de novation, si le créancier n'a expressément déclaré qu'il entendait décharger son débiteur qui a fait la délégation.
　　訳は、司法法制調査部編集（稲本訳）・前掲注6）103頁から引用。

93) Art.1276. Le créancier qui a déchargé le débiteur par qui a été faite la délégation, n'a point de recours contre ce débiteur, si le délégué devient insolvable, à moins que l'acte n'en contienne une réserve expresse, ou que le délégué ne fût déjà en faillite ouverte, ou tombé en déconfiture au moment de la délégation.
　　訳は、司法法制調査部編集（稲本訳）・前掲注6）103頁から引用。

94) Jean Guillaume LOCRÉ, La législation civile, commerciale et criminelle de la France, t.12, Paris, 1828, n°148, p.378 (Bigot-Préameneu).

95) この点、護民院の報告者（Jaubert）は指図と更改とは混同してはならないとし、その例として、「Pierre は Paul の債務者である。Pierre の要求によって、Jacques は自己の債務負担を承諾する Paul に対して支払債務を負う。もし Paul が単純に（purement

et simplement）Jacques の債務負担を承諾し、Jacques が支払不能に陥ったならば、債務が消滅しなかったことからみて、Paul は Pierre に対して遡求権を保持する（conserver）。しかし、もし Jacques の債務負担を承諾する Paul が Pierre を免責するならば、たとえ Jacques が支払不能に陥ったとしても、債務が消滅したことからみて、Paul はもはや Pierre に対して遡求権を有さない。ただし、その行為のなかに遡求権の明示の留保を含んでいたか、または Jacques が Pierre と替えられた時点で Jacques がすでに破産を開始されていたか、あるいは家資分産に陥っていた場合はこのかぎりではない。Paul の善意（bonne foi）は Jacques が、あるいは錯誤の、あるいは債務者の詐欺の被害者であることでは損なわれない。Paul の債務者である Pierre が自己の代わりに支払をなす第三者を彼に指示する場合、あるいは Paul が自己の代わりに受領する第三者を Pierre に指示する場合において、その指示が最初の債務を存続し続けるのと同様に、ここでは更改は生じえない」と述べており（LOCRÉ, op. cit. (note 94), n°40, p.481 (Jaubert))、指図が更改を生じる場合と生じない場合の区別についても触れている。

96) LOCRÉ, op. cit. (note 94), n°148, pp.378-379 (Bigot-Préameneu).
97) Pierre Antoine FENET, Pothier analysé dans ses rapports avec le Code civil, Paris, 1826, pp.378-379.
98) 現代の学説のなかには、民法典の起草者が、更改が生じる指図と債務者の交替による更改とを同一視して規定していると指摘するものもある（Philippe MALAURIE, Laurent AYNÈS et Philippe STOFFEL-MUNCK, Droit civil, les obligations, 3e éd., Paris, 2007, n°1374, p.814)。
99) 山口俊夫『概説フランス法・上』（東京大学出版会・1978）62 頁。
100) 事実、ビゴ＝プレアムヌウは、あえていうならば慣習法学者であった（ジャン・カルボニエ（野上博義・金山直樹訳）「コード・シヴィル」石井三記編『コード・シヴィルの 200 年・法制史と民法からのまなざし』（創文社・2007）178 頁)。
101) 上柳・前掲注3) 7 頁。
102) 「除約」という訳語は、ボアソナードが起草したわが国の旧民法の中で用いられていた訳語である。この点については、本書第 2 部第 3 章参照。
103) Charles AUBRY et Charles RAU, Cours de droit civil français d'après la méthode de Zachariae, 4ème éd., t.4, Paris, 1871, § 324, p.211.; G. BAUDRY-LACANTINERIE, Précis de droit civil, 2ème éd., t.2, Paris, 1886, n^{os}1079-1081, pp.739-740 も同旨。
104) Charles AUBRY et Charles RAU, op. cit. (note 103), § 324, p.212.
105) Charles AUBRY et Charles RAU, op. cit. (note 103), § 324, p.219.
106) Charles AUBRY et Charles RAU, op. cit. (note 103), § 324, pp.219-220.
107) Charles DEMOLOMBE, Cours de Code Napoléon, t.28, Paris, 1877, n°309, p.218.
108) E. COLMET DE SANTERRE et A. M. DEMANTE, Cours analytique de Code Civil, continué depuis l'article 980, 2ème éd., t.5, Paris, 1883, n°223, p.408.
109) 他にも、Raymond Théodore TROPLONG, Le droit civil expliqué suivant l'ordre des articles du Code, depuis et y compris le titre de la vente, des priviléges et hypothèques, 2 éd., t.1, Paris, 1835, n°345, p.527; G. BAUDRY-LACANTINERIE, op. cit. (note 103), n°1093, p.748; etc.
110) Art.1273. La novation ne se présume point; il faut que la volonté de l'opérer résulte clairement de l'acte.
　　フランス民法典 1273 条「更改は、なんら推定されない。更改を行う意思は、その行為から明白に引き出されるものでなければならない。」訳は、司法法制調査部編集（稲本訳）・前掲注6) 102-103 頁から引用。
111) Charles AUBRY et Charles RAU, op. cit. (note 103), § 324, note 42, p.220.
112) Charles DEMOLOMBE, op. cit. (note 107), n°313, p.221.

113) Charles AUBRY et Charles RAU, op. cit. (note 103), § 324, note 42, p.220; Charles DEMOLOMBE, op. cit. (note 107), n°313, p.221.
114) 他にも、G. BAUDRY-LACANTINERIE, op. cit. (note 103), n°1092, pp.747-748; etc.
115) この見解にしたがうならば、clairement と expressément とは訳語を一にすべきである。
116) なお、わが国の旧民法を起草したボアソナードは、この点についてコルメ・ドゥ・サンテールとドゥマントの少数説に立脚して旧民法を起草している。詳細は、本書第2部第3章。
117) E. COLMET DE SANTERRE et A. M. DEMANTE, op. cit. (note 108), n°224 bis.I, pp.410-411.
118) なお、民法典1276条によると、被指図人が破産開始や家資分産に陥っているのは、「指図の時点で（au moment de la délégation）」なければならないが、厳密にいえばこの文言は不正確である。1276条は更改が指図と同時に実現されることを前提としているために「指図の時点で」という文言を使用しているのであり、正しくは「更改の時点で」というべきである（Charles AUBRY et Charles RAU, op. cit. (note 103), § 324, note 50, p.222; Charles DEMOLOMBE, op. cit. (note 107), n°320, p.226.）。
119) E. COLMET DE SANTERRE et A. M. DEMANTE, op. cit. (note 108), n°224, p.410.
120) Charles DEMOLOMBE, op. cit. (note 107), n°315, p.223 (cf. Robert-Joseph POTHIER, op. cit. (note 62), n°604).
121) Charles DEMOLOMBE, op. cit. (note 107), n°316, p.224; E. COLMET DE SANTERRE et A. M. DEMANTE, op. cit. (note 108), n°224 bis.I, p.411.
122) Charles DEMOLOMBE, op. cit. (note 107), n°318, p.224.
123) Charles DEMOLOMBE, op. cit. (note 107), n°318, p.225.
124) Charles DEMOLOMBE, op. cit. (note 107), n°318, pp.224-225.
125) Charles DEMOLOMBE, op. cit. (note 107), n°318, p.225 (cf. Robert-Joseph POTHIER, op. cit. (note 62), n°604).
126) Charles DEMOLOMBE, op. cit. (note 107), n°318, p.225.
127) Charles DEMOLOMBE, op. cit. (note 107), n°321, p.226.
128) Cf. LOCRÉ, op. cit. (note 94), n°40, p.481 (Jaubert).
129) E. COLMET DE SANTERRE et A. M. DEMANTE, op. cit. (note 108), n°224 bis.I, p.411.
130) この点に関しても、ボアソナードは少数説に与している。詳しくは、本書第2部第3章参照。
131) なお、民法典1276条に規定されている例外のうち、第一の例外については、指図人を免責する旨の意思を表示しているのにもかかわらず、受取人が指図人に対して遡求する可能性を残しておくという点で、一見すると完全指図をおこなわなかった場合（すなわち、不完全指図をおこなった場合）と同じであるように見え、第二の例外についてもこれを黙示の留保であると解するならば同様であって、不完全指図との差異が問題となる。

　　後説に立つならば、遡求権が既存債務の存続ではなく新たに発生するということから両者の差異は明らかである。これに対し前説に立つと、両者の差異は困難になる。しかし、受取人が被指図人の支払不能を立証しなければならない点で、やはり不完全指図とは異なることになる（E. COLMET DE SANTERRE et A. M. DEMANTE, op. cit. (note 108), n°224 bis.I, p.411）。
132) E. COLMET DE SANTERRE et A. M. DEMANTE, op. cit. (note 108), n°224 bis.II, p.412. 同旨、G. BAUDRY-LACANTINERIE, op. cit. (note 103), n°1095, p.749.
133) E. COLMET DE SANTERRE et A. M. DEMANTE, op. cit. (note 108), n°224 bis.II, p.411.

134)　E. COLMET DE SANTERRE et A. M. DEMANTE, op. cit. (note 108), n°224 bis.II, p.412.
135)　E. COLMET DE SANTERRE et A. M. DEMANTE, op. cit. (note 108), n°224 bis.III, p.412.
136)　Charles DEMOLOMBE, op. cit. (note 107), n°323, p.227.
　　同旨、Charles AUBRY et Charles RAU, op. cit. (note 103), § 324, note 51, p.222.
137)　Charles DEMOLOMBE, op. cit. (note 107), n°323, pp.227-228 (cf. Robert-Joseph POTHIER, op. cit. (note 62), n°604).
138)　Charles AUBRY et Charles RAU, op. cit. (note 103), § 324, note 51, p.222; Charles DEMOLOMBE, op. cit. (note 107), n°323, p.228.
139)　Charles DEMOLOMBE, op. cit. (note 107), n°323, p.228.
140)　LOCRÉ, op. cit. (note 94), n°40, p.481 (Jaubert).
141)　Charles AUBRY et Charles RAU, op. cit. (note 103), § 324, pp.211-212, et pp.219-220; Charles DEMOLOMBE, op. cit. (note 107), n°^{os}312-313, pp.219-220; E.COLMET DE SANTERRE et A. M. DEMANTE, op. cit. (note 108), n°^{os}223 et 223 bis.II et 223 bis.III, pp.408-409.
142)　「補約」という訳語についても、ボアソナードが起草したわが国の旧民法の中で用いられていた訳語である。詳しくは、本書第2部第3章。
143)　Charles DEMOLOMBE, op. cit. (note 107), n°310, p.218.
144)　Charles DEMOLOMBE, op. cit. (note 107), n°310, p.219.
145)　Art.1277. La simple indication faite, par le débiteur, d'une personne qui doit payer à sa place, n'opère point novation.Il en est de même de la simple indication faite, par le créancier, d'une personne qui doit recevoir pour lui.
　　「①債務者に代わって弁済すべき者について債務者が行った単なる指定は、なんら更改を生じない。②債権者のために受領すべき者について債権者が行った単なる指定も、同様である。」訳は、司法法制調査部編集（稲本訳）・前掲注6）103頁から引用。
146)　E. COLMET DE SANTERRE et A. M. DEMANTE, op. cit. (note 108), n°225, p.412.
147)　Charles AUBRY et Charles RAU, op. cit. (note 103), § 324, p.220.
148)　この点、ドイツ法では、デレガチオの「受動指図」が「債務者の交替による更改」であり、デレガチオの「能動指図」が「債権者の交替による更改」であるとして、両者ともデレガチオであると解する見解が有力である（本書第1部第1章参照）。
　　ボアソナードの起草にかかるわが国の旧民法においても、「債権者の交替による更改」はデレガシオン（嘱託）として規定されている（本書第2部第3章参照）。
149)　不完全指図の法的性質を「単なる支払の指示」と捉える見解は、まさに「完全指図」と「不完全指図」とが異なる法律行為であるということを明示しているのである。
150)　ドゥモロンブは判例および学説が常に完全指図を前提としていると述べている（Charles DEMOLOMBE, op. cit. (note 107), n°326, p.231）。
151)　Botho von Salpius, Novation und Delegation nach römischem Recht, Berlin, 1864.
　　上柳博士によると、本論文は「ローマ法における指圖が更改の一種ではなかつたことを充分な根拠を以て指摘した最初の著述」である（上柳・前掲注3）4頁）。ただし、デレガチオが更改を生じない場合がありうるとの指摘自体は、ザルピウス以前から存在する。この点については、本書第1部第1章および第2章も参照。
152)　Paul GIDE, Études sur la novation et le transport des créances en droit romain, 1879, Paris.
　　柴崎暁「ポール・ジッド『指図論』（『ローマ法における更改および債権移転の研究』第四部）（一）」山形大学法政論叢16号（1999）1頁以下、「同・（二）」18号（2000）213頁以下。

153) Paul GIDE, op. cit. (note 152), p.379.
154) この点については、本書第1部第1章も参照。
155) 上柳・前掲注3) 4頁。
156) 前掲注16)。
157) 前掲注18)。
158) Paul GIDE, op. cit. (note 152), pp.379-380.
159) Frédéric HUBERT, Essai d'une théorie juridique de la délégation en droit français, th. Poitiers, 1899.
160) 柴崎・前掲注152) 3頁（一）。ユベールの所説については、柴崎・前掲注2) 59頁以下に詳しい。
161) Frédéric HUBERT, op. cit. (note 159), n°4, p.3.
162) Frédéric HUBERT, op. cit. (note 159), n°89, p.64.
163) Frédéric HUBERT, op. cit. (note 159), n°95, p.68.
164) Frédéric HUBERT, op. cit. (note 159), n°95, p.68.
　ここでユベールはビゴ・プレアムヌウ（LOCRÉ, op. cit. (note 94), n°148, pp.378-379 (Bigot-Préameneu)）およびジョベール（LOCRÉ, op. cit. (note 94), n°40, p.481 (Jaubert)）の名を挙げるのであるが、既述のとおり、ユベールが指摘するほどまでに、彼らが指図と更改との差異を明確に認識していたのかどうかについては疑問が残る。
165) Ambroise COLIN et Henri CAPITANT, Cours élémentaire de droit civil français, 7ème éd., t.2, Paris, 1932, n°330, p.312.
166) ここでの信用状取引とは、銀行（指図人）が旅（voyage）に出る取引先の一人（受取人）に信用状を手渡し、旅行者が移動する都市において、銀行が、取引先によって要求された金額について支払う責任を、銀行のコルレス先（被指図人）に負わせることによってなされる取引である（Ambroise COLIN et Henri CAPITANT, op. cit. (note 165), n°330, p.312)。
167) Ambroise COLIN et Henri CAPITANT, op. cit. (note 165), n°330, pp.312-313.
168) Louis JOSSERAND, Cours de droit civil positif français, 2ème éd., t.2, Paris, 1933, n°918, p.489.
169) Louis JOSSERAND, op. cit. (note 168), n°s919-920, p.489.
170) Georges RIPERT et Jean BOULANGER, Traité élémentaire de droit civil de Planiol refondu et complété, 4ème éd., t.2, Paris, 1952, n°1819, p.605.
171) Georges RIPERT et Jean BOULANGER, op. cit. (note 170), n°1820, pp.605-606.
172) Ambroise COLIN et Henri CAPITANT, op. cit. (note 165), n°331, p.313.
173) Louis JOSSERAND, op. cit. (note 168), n°920, pp.489-490.
174) Louis JOSSERAND, op. cit. (note 168), n°s920 et 922, pp.489 et 490.
175) Louis JOSSERAND, op. cit. (note 168), n°923, p.491.
176) Georges RIPERT et Jean BOULANGER, op. cit. (note 170), n°1822, p.606.
177) Georges RIPERT et Jean BOULANGER, op. cit. (note 170), n°1823, p.606.
　それゆえ、近年では「完全指図」「不完全指図」に、「更改指図（délégation novatoire)」「単純指図（délégation simple)」の用語を宛てるものも多い（Par ex. François TERRÉ, Philippe SIMLER et Yves LEQUETTE, Droit civil, Les obligations, 10e éd., Paris, 2009, n°1441, p.1419)。
178) Ambroise COLIN et Henri CAPITANT, op. cit. (note 165), n°331, p.313.
179) Georges RIPERT et Jean BOULANGER, op. cit. (note 170), n°1826, pp.606-607.
180) その例として、完全指図は Primus が Tertius に対する債権を Secundus に譲渡した場合と同様の帰結になるからであるという。そして、この類似性は完全指図および債権譲渡が、多くの場合 Primus が Secundus に、Tertius に対する諸々の権利を譲渡または

指図することであるといわれるだけに、なおさら二つの取引を区別することが困難であるという（Ambroise COLIN et Henri CAPITANT, op. cit. (note 165), n°332, p.314.）。
181) Ambroise COLIN et Henri CAPITANT, op. cit. (note 165), n°332, p.314.
182) Louis JOSSERAND, op. cit. (note 168), n°924, p.491.
183) Georges RIPERT et Jean BOULANGER, op. cit. (note 170), n°1828, p.608.
184) Ambroise COLIN et Henri CAPITANT, op. cit. (note 165), n°333, p.314.
185) Georges RIPERT et Jean BOULANGER, op. cit. (note 170), n°1830, p.609.
186) Ambroise COLIN et Henri CAPITANT, op. cit. (note 165), n°333, p.315.
187) Georges RIPERT et Jean BOULANGER, op. cit. (note 170), n°1830, p.609.
188) Georges RIPERT et Jean BOULANGER, op. cit. (note 170), n°1831, p.609.
189) Ambroise COLIN et Henri CAPITANT, op. cit. (note 165), n°334, p.316.
190) たとえば、売主である債権者（指図人）の指図によって代金支払債務を負担した買主（被指図人）が、後日、購入した不動産の所有権を剥奪された場合に、受取人に対する支払を拒むために、その所有権剥奪を根拠とすることはできない。
　同様に破毀院も、被指図人が錯誤によって、あるいは指図人に対する債務が無効原因を有するなんらかの理由によって、指図人に対して自身が義務づけられていると信じていたことを口実に、受取人に対する債務負担から解放されることも、彼に支払った金額の返還を請求することもできないと判示しているという（Ambroise COLIN et Henri CAPITANT, op. cit. (note 165), n°334, p.316.）。
191) Ambroise COLIN et Henri CAPITANT, op. cit. (note 165), n°334, pp.316-317.
192) Ambroise COLIN et Henri CAPITANT, op. cit. (note 165), n°334, p.317.
193) Georges RIPERT et Jean BOULANGER, op. cit. (note 170), n°1821, p.606.
194) Georges RIPERT et Jean BOULANGER, op. cit. (note 170), n°1833, p.610.
195) Georges RIPERT et Jean BOULANGER, op. cit. (note 170), n°1827, p.608.
196) Georges RIPERT et Jean BOULANGER, op. cit. (note 170), n°1833, p.610.

IV　小　括

　最後に、本章で呈示してきたデレガシオンの歴史的変遷の軌跡を振り返りながら、そこから得られた所見をまとめておこう。
　本章ではまず、民法典編纂前のデレガシオンに関する学説として、フランス民法典に多大なる影響を及ぼしたドマおよびポチエの見解を参照した。ドマおよびポチエはデレガシオンがあくまで更改の一種であると解していたが、更改を生じないデレガシオンの存在についても示唆していた。この点に関しては、そのようなデレガシオンを必要とする実務上の要請を反映したものであるとの指摘がある。
　フランス民法典成立に至り、デレガシオンに関する規定は更改に関する款のなかに置かれた。起草者の立法理由を見ると、ドマおよびポチエと同様にデレ

ガシオンは更改の一種であるという原則を崩してはいないものの、更改を生じないデレガシオンについては認識していたようであり、そのようなデレガシオンの存在についても条文のなかで明確に規定された。また、受取人の遡求権についての二つの例外に関する規定も置かれている。これはポチエの見解のなかには見られたが、ドマの見解のなかには見られなかったものである。

　ポチエの見解やフランス民法典1275条は、義務設定指図（とりわけ受動指図）に関する学説彙纂46巻2章11法文序項（ウルピアヌス 告示註解第27巻）からもたらされたものであるということができ、その後の学説も、主に被指図人が受取人に対して義務づけられる「義務設定指図」が念頭に置かれている。これに対して、ドイツ法においてアシグナチオを中心に活発に議論されていた「支払指図」は、デレガシオンとは解されていないということができよう。

　これらの規定の解釈として展開された註釈学派によって、更改を生じるデレガシオンには「完全指図」、更改を生じないデレガシオンには「不完全指図」という名称が与えられ、かくしてデレガシオンは、学理上、完全指図・不完全指図という概念を獲得した。しかし、彼らは完全指図が更改の一種であると考えていたことから、いまだ更改とデレガシオンとの峻別はつけられておらず、完全指図と不完全指図の行為としての同一性については不徹底なままであった。つまり、完全指図を更改の一種であるとし、これが本則であると考えるならば、そのような効果を生じない不完全指図と完全指図との、法律行為としての同一性が問題となるのである。

　このような状況は、註釈学派以後、とりわけ19世紀後半におけるローマ法研究の発展にともなって大きくパラダイムシフトすることになる。これはローマ法におけるデレガチオと更改に峻別をつけたドイツのザルピウスによる研究に端を発する。これと同様に、フランスにおいても、ジッドによるローマ法研究によって、従来のローマ法におけるデレガチオに対する理解が見直される端緒となったのである。

　すなわち、従来の見解は、ウルピアヌスらがデレガシオンを更改の一種であるかのように定義づけていたことから、ローマ法におけるデレガチオが更改の一種であるという理解をしていた。これに対しジッドは、これらの法文は一般的に最もよく用いられるデレガシオンの利用形態を例示的に挙げているだけなのであり、デレガシオンと更改とはまったく別個の法的範疇であるということ

を立証した。これらの研究により、ローマ法においてはデレガシオンが更改の一種として取り扱われていたという従来からの伝統的な見解は捨て去られることになった。

かかるローマ法研究の発展を採り入れ、当時の現行民法への応用を図ったのがユベールである。ユベールは、デレガシオンと更改とが別個の法的範疇であるというローマ法の理解は、フランス法においても同様であるとする。そして、今までデレガシオンの本則であると考えられてきた完全指図が実際にはデレガシオンの例外であり、不完全指図こそがデレガシオンの本則であるという見解を打ち立てた。

ローマ法研究の進展およびユベールの登場によって、フランス法の解釈論としても不完全指図が本則であるという理解が浸透し、完全指図および不完全指図に共通の指図理論を構成し、これらを統一的に説明しようとする学説が次第に有力となるに至った。これは、不完全指図を本則としたデレガシオンの理論の再構築をおこなう試みである。

その結果、パラダイムシフトを経た後の学説は、更改という要素を排除してデレガシオンを定義づけている。デレガシオンの本質的な効果は受取人に対する被指図人の債務負担である。デレガシオンは、弁済のため、あるいは与信のため、あるいは恵与のためにおこなうことができるが、それらの目的は被指図人の債務負担の有効性に影響を及ぼさない。したがって、受取人に対する被指図人の債務負担行為は、そのコーズから効力的牽連性を切断された無因行為である、あるいは無因性を有するという。

このように、パラダイムシフト以降の学説が更改という要素を含まずにデレガシオンを定義したことにより、完全指図と不完全指図とを共通の枠組みのなかで捉えることができるようになったのである[197]。

ところで、法典編纂以後の学説は、デレガシオンに関する条文の解釈にあたって、法典編纂につき非常に大きな影響を及ぼしたポチエの著述 (Traité des obligations) を引用することが多い。しかし、パラダイムシフト以降の学説を見ていると、それ以前の学説においては引用されていなかった、ポチエの為替契約概論 (Traité du contrat de change) [198] の支払委託書に関する部分[199]についての著述がしばしば引用されているということに気づく。

この部分の引用は、主に不完全指図に関する記述のなかで登場する。たとえ

ば、コランとカピタンの著述を見ると、「……反対に、債権者が債務者を免責する意思を表示しなかった場合、単なる不完全指図が存在するといわれている。ポチエが assignation という用語によってより詳細に表現したこの取引において、債務者たる指図人は、以後一人の債務者にかわって二人の債務者を有する債権者たる受取人に対して債務を負担しつづける」と述べ[200]、その注のなかで上記の文献を引用しているのである[201]（ジョスランやリペールとブーランジェ等も同旨の引用を行っている）。このことから、これらの学説は不完全指図をポチエのいう assignation のことであると解していることが理解できる。

では、この assignation とは一体いかなるものであるのか。想起されるべきは、前述のゴドゥメの著述[202]のなかで触れられていたアシグナチオである。ゴドゥメによると、これは実務において更改を生じないデレガシオンとして考案されたものであり、フランスにおける不完全指図誕生の経緯と軌を一にするものであるという。ポチエによると、アシグナチオ（原文では adsignatio）は、支払委託書による取引における最も主要な形態であるという。すなわち、支払委託書の主要な形態は、ある債務者がある者に対し、支払委託書を手渡した自身の債権者に一定額を支払うよう委任することによる形態であり、このような取引がアシグナチオと呼ばれているというのである[203]。

この支払委託書については、先のポチエの見解のなかでも触れられている。それは「単なる指示」[204]とデレガシオンとの差異に関する記述である。今一度確認しておくと、単なる指示とデレガシオンは別個の取引であるという。なぜなら、デレガシオンとは異なり単なる指示は委任にすぎず、指示された債務者は、それによっていかなる義務も負わないからであるという。また、債務者が単なる指示によって債権者に支払委託書を与える場合であっても、この行為は単なる委任にすぎない。

デレガシオンとの差異に関しては、為替契約概論においても触れられている。指示された債務者が支払委託書に署名し、債権者に支払うよう義務づけられる場合であっても、債務者は指示者から解放されないし、指示者も支払委託書を与えた債権者から解放されない。この点で単なる指示、すなわちアシグナチオは真のデレガシオン（vraie délégation）とは異なるというのである[205)206)]。

以上のとおり、アシグナチオとは単なる指示（委任）のことであり、それ自体からはいかなる債務負担の効力も弁済的な効力も生じない。この点を鑑みる

と、被指図人が受取人に債務負担することを要件とする不完全指図とは、やはり隔たりがあるように感じられる。しかし、アシグナチオによって指示が与えられた後、指示を受けた者が債務を負担した場合、それは不完全指図に非常に近接するということもまた事実である。

　この点に関しては、ドイツ法における指図の効果が一般に授権（Ermächtigung）であると解されていること[207]と指図引受（Anweisungsakzept; Annahme der Anweisung）[208]、およびフランス法1277条の解釈（次章参照）とを対照させつつ論じられなければならない。

Notes

197) 現代の学説においては、指図と更改とが異なるものであるという点について、もはや異論は存在しない。
　　Boris STARCK, Henri ROLAND et Laurent BOYER, Droit civil, obligations, régime général, 5ème éd., Paris, 1997, n°100, p.51; (Henri et Léon) MAZEAUD, Jean MAZEAUD et François CHABAS, Leçons de droit civil, obligations, théorie générale, t.2, 9e éd., Paris, 1998, n°1237, p.1259; Alain SÉRIAUX, Droit civil, droit des obligations, 2e éd., Paris, 1998, n°176, p.647; Philippe SIMLER, Contrats et obligations, fasc.104: délégation, J.-Cl. Notarial Répertoire (2005), n°2, p.4; François TERRÉ, Philippe SIMLER et Yves LEQUETTE, op. cit. (note 5), n°1439, p.1358; Philippe MALAURIE, Laurent AYNÈS, Philippe STOFFEL-MUNCK, op. cit. (note 98), n°1365, p.804; Jacques FLOUR, Jean-Luc AUBERT, Yvonne FLOUR et Éric SAVAUX, Les obligations, le rapport d'obligation, t.3, 5e éd., Paris, 2007, n°430, p.310; etc.
198) ここでは、Robert-Joseph POTHIER, Oeuvres complètes de Pothier annotées et mises en corrélation avec le Code civil et la législation actuelle par M. BUGNET, 2e éd., 11 vols, Paris, 1861-1862 の t.4 (Traité du contrat de change) を参照する。
199) Robert-Joseph POTHIER, op. cit. (note 198), n°s225 et s., pp.572 et s.
200) Ambroise COLIN et Henri CAPITANT, op. cit. (note 165), n°331, p.313.
201) Robert-Joseph POTHIER, op. cit. (note 198), n°226, p.572.
202) ゴドゥメの著作は1898年の論文であるため、コランとカピタンらと同時期の作品である。
203) Robert-Joseph POTHIER, op. cit. (note 198), n°226, pp.572-573.
204) 現在では民法典1277条に規定されている（前掲注145））。
　　また、ポチエは売買契約概論（Traité du contrat de vente）のなかで、更改を生じないデレガシオンを「単なるデレガシオン（simple délégation）」として「単なる指示」に言及している（Robert-Joseph POTHIER, Œuvres de Pothier, contenant les traités du droit français par M. Dupin, nouv. éd., t.2, Paris, 1827, n°s552-553, p.245）。詳しくは、本書第2部第2章注33）、および次章参照。
205) この点から、註釈学派が不完全指図の法的性質を「単なる指示」と解していたことは、ここで述べられていることと同様の発想であると考えられる。
206) Robert-Joseph POTHIER, op. cit. (note 198), n°230, p.574.

207) Juris von Staudinger/Peter Marburger, Kommentar zum B.G.B., Neubearbeitung, München, 2002, §783, Rn.1ff., S.141ff.; Dieter Medicus, Stephan Lorenz, Schuldrecht II, Besonderer Teil, Ein Studienbuch, 13 Aufl., München, 2006, Rn.584, S.214. 本書第 1 部第 2 章参照。
208) 本書第 1 部第 4 章参照。

第 2 章

フランス法およびドイツ法における指図の理論的接続
——Art.1277 C. civ. の比較法的考察を中心に

I はじめに

　指図の機能は多様であるが、もっとも主たる利用目的は給付の簡易化にある。すなわち、ある者（指図人）が他の者（被指図人）の債権者であり、第三者（受取人）の債務者でもあった場合、被指図人が指図人の指示にもとづき受取人に給付をなすことによって、被指図人と指図人との間、指図人と受取人との間の二つの既存債務関係が消滅するのである[1]。このような意味における指図は、フランス法においては délégation（以下、デレガシオン）、ドイツ法[2]においては Anweisung（以下、アンヴァイズング）と呼ばれている[3]。

　わが国の旧民法においても、「嘱託」という名称で、フランス法におけるデレガシオンを継受した規定が存在していた[4]。他方、従来わが国では、手形・小切手取引等と指図との関連性が論じられてきており、そこでの代表的な指図研究は、ドイツ法におけるアンヴァイズング（あるいは商法上の商人指図）を対象とするものであった[5]。

　かかる事情ゆえに、フランス法およびドイツ法における指図は、どちらもかねてよりわが国に関係性を有するということができ、それゆえ、わが国における指図研究は、これら両国の指図を対象にする必要があるだろう。

　では、ともに「指図」と訳され、わが国において研究対象とされるべき、これら両国の指図に理論的接続はあるのだろうか。というのも、両国の指図には、これから見るように条文の文言だけをとっても非常な懸隔が見られるからである。この点についてはこれまであまり明らかにされてこなかったようであるが、両国指図の相互関係を考察することは、今後のわが国における指図研究のため、

また、指図という独立した法的範疇の総合的理解のために決して無益ではないであろう[6]。

そこで本章では、フランス法およびドイツ法における指図が理論的に接続するものであるのかを、主としてフランス民法典1277条を端緒として検討してみたい。なぜなら、1277条が規定している「単なる指示（simple indication）」は、ドイツ法におけるアンヴァイズングと非常に近接しているように見受けられることに加え、後述するポチエの見解のなかにアンヴァイズングとの関係が疑われる記述が見られるからである。

まずは、現在のフランス法におけるデレガシオンと1277条の関係について見てみよう。

Notes

1) Juris von Staudinger/Peter Marburger, Kommentar zum B.G.B., Neubearbeitung, Berlin, 2002, § 783, Rn.3, S.142.
   Jérôme FRANÇOIS et Christian LARROUMET, Droit civil, les obligations, régime général, 1re éd., t.4, Paris, 2000, n°507, p.378.
2) ドイツ法には商人指図（kaufmännische Anweisung）と呼ばれる商法上のアンヴァイズングも存在するが、ここでは取り扱わない。
3) Anweisungという語は、ドイツ民法典783条にいう指図のみを指す場合と、指図引受（ドイツ民法典784条）まで含めたものを指す場合とがある。
4) 第2部第3章参照。また、野澤正充「『契約当事者の地位の移転』の再構成（一）」立教39号（1994）25頁以下、柴崎暁『手形法理と抽象債務』（新青出版・2002）238頁以下。
5) たとえば、伊澤孝平「指圖（Anweisung）の本質（一）」法協48巻11号（1930）1頁以下、伊澤孝平「指圖（Anweisung）の本質（二・完）」法協49巻6号（1931）32頁以下、竹田省『手形法・小切手法』（有斐閣・1955）93頁、服部榮三「指図行為と為替手形の振出」磯村哲先生還暦記念論文集『市民法学の形成と展開・上』（有斐閣・1978）277頁以下、大塚龍児「原因関係と人的抗弁——手形の無因性と直接の当事者間における人的抗弁の基礎。人的抗弁の個別性、権利濫用の抗弁、二重無権の抗弁等の理解のために——」LawSchool 18号（1980）51頁、大隅健一郎『新版手形法小切手法講義』（有斐閣・新版・1989）92頁以下、納富義光『手形法に於ける基本理論』（新青出版・復刻版・1996）380頁以下、同『手形法小切手法論』（有斐閣・1982）283頁以下、木内宜彦『手形法小切手法（企業法学III）』（新青出版・第二版復刊版・1998）132頁以下など。
6) アンヴァイズングやこれと類似した為替手形（Wechsel）は、他の法制度よりもはるかに国際的な取引に寄与しうるだけに、このような題材にあっては比較法学的な手法がいっそう配慮されるべきだといわれている（Botho von Salpius, Novation und Delegation nach römischem Recht, Berlin, 1864, S.471）。

II デレガシオンとフランス民法典 1277 条の関係

1 総説

はじめに関係する条文を本文中に挙げておく。

デレガシオンに関する規定は、以下の二条である。

> フランス民法典 1275 条[7]「債務者が債権者に他の債務者を付与し、その者が債権者に対して義務を負う旨の指図 délégation は、債権者が指図を行った債務者を免責する意図がある旨を明示的に申述した場合でなければ、なんら更改を生じない。」

> フランス民法典 1276 条[8]「指図を行った債務者を免責した債権者は、指図を受けた者 délégué が支払不能となる場合にも、その債務者に対してなんら求償権を有しない。ただし、その行為が求償権について明示の留保 réserve expresse を含む場合、又は指図を受けた者が指図の時にすでに破産開始 faillite ouverte〔の状態〕にあった場合、若しくは支払不能 déconfiture に陥っていた場合には、その限りでない。」

デレガシオンと対比されるのは次条である。

> フランス民法典 1277 条[9]「①債務者に代わって弁済すべき者について債務者が行った単なる指定は、なんら更改を生じない。②債権者のために受領すべき者について債権者が行った単なる指定も、同様である。」

これらはいずれも、第 3 編第 3 章中の第 5 節「債務の消滅について（DE L'EXTINCTION DES OBLIGATIONS）」の第 2 款「更改について（DE LA NOVATION）」のなかに規定されている。デレガシオンが更改の節のなかに規定されているのは、ローマ法における delegatio（以下、デレガチオ[10]）およびデレガシ

オンが、かつて更改の一種であると考えられていたことに由来する。そのため、デレガシオンに関するフランス法学説は更改との関係について論じる箇所を設けており、現在ではデレガシオンと更改とは別個の法的範疇であると考えられている[11]。

デレガシオンは、一般的に、「ある者（指図人（délégant））が、他の者（被指図人（délégué））に、彼の名で第三者（受取人（délégataire））に対する債務を弁済するよう促す取引（opération）である」とか[12]、「ある者（被指図人）が、他の者（指図人）の指示（instruction）にもとづいて、第三者（受取人）に対して義務を負う法的取引である」と定義づけられており[13]、三当事者（指図人・被指図人・受取人）の同意（consentement）が必要とされている[14]。

1277条に規定されている「単なる指示」は、デレガシオンに関する規定の直後に固有の条文を有しているにもかかわらず、現在のフランス学説のなかで独立した項目を置かれることが少なく、紙数もほとんど割かれることがない。それゆえ、「単なる指示」、殊に「支払の指示（indication de paiement）」[15]が主に登場する箇所は、いわゆる債務の譲渡（cession de dette）と呼ばれるものの一般的な記述およびデレガシオンに関する記述のなかである[16]。

現在、支払の指示はデレガシオンと異なるものであると解するのが通説的見解である。その内容について、より詳細に検討してみよう。

2　デレガシオンと支払の指示の類似性

支払の指示は、デレガシオンに類する概念として取り上げられることが通常である。支払の指示は支払の単純化のためになされると説明されているが[17]、冒頭で触れたとおり、これは指図の主たる機能のひとつであり[18]、さらに双方ともに更改を生じないという点でも類似している（デレガシオンは更改をともなう例外的場合もある）。それゆえ、指図人と受取人との間の、あるいは指図人と被指図人との間の原因関係の存在を前提とする場合、支払の指示とデレガシオンとの関係は非常に近接しているというのである[19]。

しかしながら、両者は混同されるべきでない別個の取引であるというのが、現在のフランス法の通説である[20]。

かつての学説のなかには、デレガシオンと単なる指示とを同視する見解も

あった[21]。たしかに、両者は表面的に見れば自己の債権者に支払うよう自己の債務者に要求する者（指図人あるいは指示者）が存在し、もともとの債務者とは異なる者によって支払われるのが通常の場合である。さらに、両者は最初の債務者と新たに支払うよう義務づけられる者との間の既存債務の存在をまったく必要としていない[22]。

ところで、デレガシオンは更改的効果の有無を基準として「単純指図（délégation simple）」と「更改指図（délégation novatoire）」という区別が[23]、単なる指示は指示者の立場を基準として「債務者の指示」と「債権者の指示」という区別[24]がなされている。このなかで、実務上両者の混同が生じうるのは、「単純指図」と「債務者の指示」であるという[25]。

たとえば、銀行カード取引は、単純指図の一例として挙げることができる。すなわち、銀行（被指図人）は、依頼人（指図人）の請求額を支払うよう、ネットワークに加盟している商店（commerçants）（受取人）に対して個人的に義務づけられる[26]。これに対し、銀行がその支払を担保していない場合、そこには依頼人が商店との取引によって自身に請求された金額を支払うよう銀行に委任することによる、支払の指示のみが存在している[27]。両者の混同が起こるのは、このような取引においてであるという。

3　デレガシオンと支払の指示との区別

デレガシオンと支払の指示は、どちらも三当事者の存在を前提にしている。

現在の通説的見解にしたがえば、単なる指示の本質は、支払または受領委任（mandat de payer ou de recevoir）である[28]。そこから帰結される両者の差異は、介在する三当事者の関係の濃淡、および被指図人あるいは被指示者によって受取人あるいは第三者に対してなされる債務負担の性質である[29]。

デレガシオンおよび支払の指示は、不要式で、法的な外形の生成を基礎づけるのに十分な当事者の自由な合意によって特徴づけられる契約から生じる[30]。しかし、被指図人と受取人との間に形成される関係が一般的に片務契約（contrat unilatéral）とみなされているのに対し[31]、単なる指示は、委任との同一性を考慮して、指示者と被指示者によってなされる双務契約（contrat synallagmatique）とみなされている[32]。

この観点からみれば、デレガシオンが三者の同意を前提としているのに対し、委任に準拠する支払の指示は二当事者の介在をその内容としている[33]。つまり、デレガシオンも支払の指示も、ある者（指図人あるいは指示者）が主導的におこなうのであるが、支払の指示の場合、委任者（指示者）の指示は受任者（被指示者）の同意のみが必要とされ、当該合意に無関係な債権者の同意は必要とされないのに対し、デレガシオンの場合、指図人の指図は被指図人と受取人のそれぞれに受け入れられなければならない。

　以上のことから明らかなように、デレガシオンの生成過程は段階的である。したがって、デレガシオンは被指図人と受取人との間の債務関係の付加を前提としているが、支払の指示は受任者と債権者との間の債務関係を必要としていない[34]。

　被指図人の受取人に対する個人的で新たな債務負担の存在は、学説上一致した意見として、デレガシオンにとって不可欠である[35]。これに対して、支払の指示は、被指示者が指示者の名と計算において支払をなす受任者となるにすぎず、法的人格（personnalité juridique）が委任者のそれと一体になる[36]。したがって、指示はデレガシオンと異なり、三者間法的取引（opération juridique à trois parties）ではないというのである[37]。

4　両者の効果的側面における差異

　以上のような区別によって、実際にどのような差異が生じるのだろうか。いくつか挙げてみよう。

　第一に、担保的効果（effet de garantie）の有無である。すなわち、デレガシオンにおいて、受取人は指図人の受取人に対する債務だけでなく、被指図人の個人的で新たな債務を取得している[38]。その結果、受取人は被指図人に対して直接にかつ優先的に全額の支払を請求することができるが、支払の指示にそのような効果は認められないという点である[39]。

　第二に、指図人の被指図人に対する債権の処分不可能性（indisponibilité）が挙げられる。被指図人はもはや、受取人に対して負担した債務の履行を停止条件として、指図人に対して義務を負っているにすぎないため（現在の通説的見解[40]）、指図人は被指図人に対する既存債権を自由に行使することができない

という効果である[41]。これは受取人の被指図人に対する排他的な権利にもとづく効果であるため、支払の指示には認められないという[42]。

　第三に、合意の撤回（révocation）可能性が挙げられる。すなわち、最初の債務者（指図人あるいは指示者）が、デレガシオンあるいは指示を一方的に撤回することができるかという問題である。デレガシオンは被指図人と受取人との間の決定的な契約を前提としているため、指図人が一方的に撤回することができない。これに対して、支払の指示は、撤回不可能な事情がない場合には制限なく撤回が可能[43]である（指示の法的性質は委任であると解されているため、委任の諸規定が参照されている）[44]。

　第四に、抗弁の対抗不能性（inopposabilité des exceptions）の有無が挙げられる。支払の指示は、指示者と被指示者との間の契約に依拠しているため、被指示者はこの契約に由来する種々の抗弁をもって債権者に対して対抗することができる。反対に、デレガシオンは被指図人と受取人との間の直接的かつ独立的な性質から、反対の合意がない場合には、被指図人の指図人に対する抗弁または指図人の受取人に対する抗弁をもって、被指図人は受取人に対抗することができない[45]。

　これら以外にも、被指図人あるいは被指示者に対する強制執行の可否や、その死亡における取引の効力の帰趨などの差異も挙げられている[46]。

5　小　括

　デレガシオンと支払の指示との間の差異は、本質的に、支払を義務づけられる者と債権者との間に個人的で新たな債務負担がなされるか否かということから生じている[47]。これがデレガシオンと支払の指示とのもっとも決定的な区別の基準であるという[48]。デレガシオンの場合、被指図人は受取人に対して独自に新たな債務を負担しなければならないが、支払の指示の場合、それは単なる委任（simple mandat）であり、委任者（指示者）から指示を受けた受任者（被指示者）は、それによって（それ自体からは）第三者との間でなんらの債務も負担しない[49]。したがって、両者は異なると解されているのである。

　このような支払の指示は、他者によってなされる支払の単なる態様（modalité）として考案されたにすぎないものとされ[50]、ときとして1277条、とりわけ

1277条1項は無益な規定であると述べられることすらあるのである[51]。

なるほど、三当事者の存在を前提とする単なる指示においては、指示者を除く二当事者の意思の合致がないかぎり新債務は発生しえないのであって、新たな債権債務関係の当事者ではない指示者が単なる指示をなしたにとどまるときに更改が生じないというのは当然の帰結であるし、とくに債務者の指示に関する1277条1項が更改を生じないと規定しているのは、デレガシオンに関する1275条から明らかである[52]。さらに、単なる指示が単なる委任にすぎないのであれば、委任に関する規定は独立の章が設けられているのであるから[53]、1277条によって殊更に規定する必要はないのかもしれない。

このように存在意義すら疑われることのある本条文は、ほんらいどのような意義を有する条文として誕生したのか。つぎにフランス民法典1277条をさらに掘り下げて検討し、本条文の歴史的背景を明らかにしてみたい。

Notes

7) Art.1275, C. civ. La délégation par laquelle un débiteur donne au créancier un autre débiteur qui s'oblige envers le créancier, n'opère point de novation, si le créancier n'a expressément déclaré qu'il entendait décharger son débiteur qui a fait la délégation.
   訳は、法務大臣官房司法法制調査部編集(稲本洋之助訳)『フランス民法典――物権・債権関係――』(法曹会・1982) 103頁から引用。

8) Art.1276, C. civ. Le créancier qui a déchargé le débiteur par qui a été faite la délégation, n'a point de recours contre ce débiteur, si le délégué devient insolvable, à moins que l'acte n'en contienne une réserve expresse, ou que le délégué ne fût déjà en faillite ouverte, ou tombé en déconfiture au moment de la délégation.
   訳は、司法法制調査部編集(稲本訳)・前掲注7) 103頁から引用。

9) Art.1277, C. civ. La simple indication faite, par le débiteur, d'une personne qui doit payer à sa place, n'opère point novation. Il en est de même de la simple indication faite, par le créancier, d'une personne qui doit recevoir pour lui. 訳は、司法法制調査部編集(稲本訳)・前掲注7) 103頁から引用。

10) 厳密には「デーレーガーチオー」と表記すべきであろうが、ここでは単に「デレガチオ」と表記する。

11) デレガシオンの学説史については、前章参照。

12) Rémy CABRILLAC, Droit des obligations, 8ᵉ éd., Paris, 2008, n°425, p.312.

13) François TERRÉ, Philippe SIMLER et Yves LEQUETTE, Droit civil, Les obligations, 10ᵉ éd., Paris, 2009, n°1439, p.1416.

14) François TERRÉ, Philippe SIMLER et Yves LEQUETTE, op. cit. (note 13), n°ˢ1444 et 1452, pp.1422-1423 et 1431.

15) Cf. Art.1277, al. 1, C. civ.

16) Par ex. Jacques FLOUR, Jean-Luc AUBERT et Éric SAVAUX, Droit civil, les

obligations, le rapport d'obligation, t.3, 6ᵉ éd., Paris, 2009, nᵒˢ395 et 434, pp.337 et 368; François TERRÉ, Philippe SIMLER et Yves LEQUETTE, op. cit. (note 13), nᵒˢ1306 et 1440, pp.1295 et 1417.

17) Alain BÉNABENT, Droit civil, les obligations, 11ᵉ éd., Paris, 2007, n°758, p.544.
18) Par ex. Philippe MALAURIE, Laurent AYNÈS et Philippe STOFFEL-MUNCK, Droit civil, les obligations, 3ᵉ éd., 2007, n°1367, p.805; Philippe SIMLER, Contrats et obligations, fasc.104：délégation, J.-Cl. Notarial Répertoire (2005), n°14, p.6; etc.
19) François TERRÉ, Philippe SIMLER et Yves LEQUETTE, op. cit. (note 13), n°1440, p.1417.
20) 以下では、通説形成に決定的な影響を及ぼし、その後の教科書等でも引用のあるLaurent Godonの見解を中心に確認する（Laurent GODON, La distinction entre délégation de paiement et indication de paiement, Répertoire Defrénois (2000), art.37103）。
21) Charles AUBRY et Charles RAU, Cours de droit civil français d'après la méthode de Zachariae, 4 ᵉᵐᵉ éd., t.4, Paris, 1871, § 324, p.220; E. COLMET DE SANTERRE et A. M. DEMANTE, Cours analytique de Code Civil, continué depuis l'article 980, 2ᵉᵐᵉ éd., t.5, Paris, 1883, n°225, p.412. 前章参照。
22) Laurent GODON, op. cit. (note 20), art.37103, n°1, p.194.
23) 単純指図は、指図人の受取人に対する既存債務の更改をともなわない本則的なデレガシオンであり、更改指図は、受取人が指図人を免責する旨の明示的な意思表示をなすことによって指図人の受取人に対する既存債務の更改をともなうデレガシオンである（Cf. Art.1275, C. civ.）。

なお、従来は単純指図・更改指図ではなく、「不完全指図（délégation imparfaite）」・「完全指図（délégation parfaite）」という呼称が用いられていた。これはデレガシオンが更改の一種であると解されていた時代の伝統的な呼称ではあるが正確な呼称ではない（Georges RIPERT et Jean BOULANGER, Traité élémentaire de droit civil de Planiol refondu et complété, 4ᵉᵐᵉ éd., t.2, Paris, 1952, n°1823, p.606）。それゆえ、近年では単純指図・更改指図の用語を用いる者も多く（Par ex. Jacques FLOUR, Jean-Luc AUBERT et Éric SAVAUX, op. cit. (note 16), n°430, p.364; François TERRÉ, Philippe SIMLER et Yves LEQUETTE, op. cit. (note 13), n°1441, p.1419)、本章ではこれに従う。
24) 前者はArt.1277, al. 1, C. civ. 後者はArt.1277, al. 2, C. civ. に規定されている。
25) Laurent GODON, op. cit. (note 20), n°2, p.194.
26) Alain BÉNABENT, op. cit. (note 17), n°757, p.543; Boris STARCK, Henri ROLAND et Laurent BOYER, Droit civil, obligations, régime général, 5ᵉᵐᵉ éd., t.3, Paris, 1997, n°94, p.48.
27) Laurent GODON, op. cit. (note 20), n°3, p.195.
28) Alain SÉRIAUX, Droit civil, droit des obligations, 2ᵉ éd., Paris, 1998, n°176, p.648; François TERRÉ, Philippe SIMLER et Yves LEQUETTE, op. cit. (note 13), n°1440, p.1417; Philippe SIMLER, op. cit. (note 18), n°24, p.9.
29) Laurent GODON, op. cit. (note 20), n°4, p.196.
30) Laurent GODON, op. cit. (note 20), n°5, p.196; François TERRÉ, Philippe SIMLER et Yves LEQUETTE, op. cit. (note 13), n°1443, p.1422.
31) Philippe SIMLER, op. cit. (note 18), n°77, p.24.
32) Laurent GODON, op. cit. (note 20), n°5, p.196.
無償委任は不完全双務契約（contrat synallagmatique imparfait）になるという（François TERRÉ, Philippe SIMLER et Yves LEQUETTE, op. cit. (note 13), n°66, p.79）。

33) Boris STARCK, Henri ROLAND et Laurent BOYER, op. cit. (note 26), n°97, pp.49-50; Philippe SIMLER, op. cit. (note 18), n°24, p.9.
34) Laurent GODON, op. cit. (note 20), n°6, p.197.
35) Philippe SIMLER, op. cit. (note 18), n°76, p.24; Jacques FLOUR, Jean-Luc AUBERT et Éric SAVAUX, op. cit. (note 16), n°439, p.371; Laurent GODON, op. cit. (note 20), n°8, p.199; etc.

　この点に関しては、デレガシオンが、ローマ法上のデレガチオの継受に際して、被指図人が受取人に対して義務を負う「義務設定指図（delegatio obligandi vel delegatio promittendi）」のみを継受したことに起因する（義務設定指図については本書第1部第1章、義務設定指図とデレガシオンとの関係については前章参照）。

　現在のドイツにおけるローマ法研究の結果、デレガチオには、義務設定指図のほかに支払指図（delegatio solvendi）という類型が存在すると考えられており、これがドイツ法上のアンヴァイズングの基礎となっているが、支払指図というデレガチオの類型は、19世紀後半に至るまで学説上ほとんど認識されていなかった。

36) Marcel PLANIOL et Georges RIPERT, Traité pratique de droit civil français, Obligations, 2ᵉ éd., t.7, par Paul ESMEIN, Jean RADOUANT et Gabriel GABOLDE, Paris, 1954, n°1272, p.677.
37) Laurent GODON, op. cit. (note 20), n°9, p.200.
38) Jacques FLOUR, Jean-Luc AUBERT et Éric SAVAUX, op. cit. (note 16), n°432, p.366.
39) Laurent GODON, op. cit. (note 20), n°15, pp.203-204.
40) Jacques FLOUR, Jean-Luc AUBERT et Éric SAVAUX, op. cit. (note 16), n°445, p.378; Jérôme FRANÇOIS et Christian LARROUMET, op. cit. (note 1), n°525, p.390; François TERRÉ, Philippe SIMLER et Yves LEQUETTE, op. cit. (note 13), n°1447, pp.1425-1426; etc.
41) Philippe SIMLER, op. cit. (note 18), nᵒˢ66-67, p.22; Jacques FLOUR, Jean-Luc AUBERT et Éric SAVAUX, op. cit. (note 16), n°445, pp.377-378.
42) Laurent GODON, op. cit. (note 20), n°17, p.205.
43) Art.2004, C. civ. Le mandant peut révoquer sa procuration quand bon lui semble, et contraindre, s'il y a lieu, le mandataire à lui remettre, soit l'écrit sous seing privé qui la contient, soit l'original de la procuration, si elle a été délivrée en brevet, soit l'expédition, s'il en a été gardé minute.

　「委任者は、良いと思うときにその委任状を撤回することができる。必要がある場合には、あるいは委任状を含む私署の書面 écrit sous seing privé を、あるいは委任状が交付原本として交付された場合にはその原本を、あるいはその備え付け原本 minute が保管されている場合には謄本 expédition を、自己に返還することを受任者に強制することができる。」訳は、司法法制調査部編集（稲本訳）・前掲注7）281頁から引用。

44) Laurent GODON, op. cit. (note 20), n°20, p.206.
45) Philippe MALAURIE, Laurent AYNÈS et Philippe STOFFEL-MUNCK, op. cit. (note 18), nᵒˢ1369-1370, pp.807-810; Boris STARCK, Henri ROLAND et Laurent BOYER, op. cit. (note 26), nᵒˢ105-106, pp.52-53; Jacques FLOUR, Jean-Luc AUBERT et Éric SAVAUX, op. cit. (note 16), n°441, pp.372-374.
46) Laurent GODON, op. cit. (note 20), nᵒˢ21 et 23, pp.207 et 208-209.
47) それゆえ、デレガシオンと単なる指示とを意識的に峻別するため、デレガシオンの定義のなかに、被指図人の受取人に対する債務負担を含めるべきだと主張するものもある（Philippe SIMLER, op. cit. (note 18), n°2, p.3)。
48) Laurent GODON, op. cit. (note 20), n°26, p.210.

49) Philippe MALAURIE, Laurent AYNÈS et Philippe STOFFEL-MUNCK, op. cit. (note 18), n°1371, pp.810-811; Boris STARCK, Henri ROLAND et Laurent BOYER, op. cit. (note 26), n°99, p.50; Philippe SIMLER, op. cit. (note 18), n°24, p.9; Jacques FLOUR, Jean-Luc AUBERT et Éric SAVAUX, op. cit. (note 16), n°434, p.368.
50) Laurent GODON, op. cit. (note 20), n°26, p.210.
51) 1277条について、BADAREU-TOMSA, De la délégation imparfaite, Paris, 1914, p.90 note 1. 1277 条 1 項について、G. BAUDRY-LACANTINERIE et L. BARDE, Traité théorique et pratique de droit civil, Des obligations, 2ème éd., t.3, Paris, 1905, n°1745, p.55.
52) 田中周友・川上太郎・小野木常・谷口知平・木村健助『現代外國法典叢書(16)佛蘭西民法〔III〕財産取得法(2)』(有斐閣・1956) 223 頁には、フランス民法典 1277 条について以下のような注釈が付されている。

　1項については、「債務者が自己に代はりて辨濟を爲すべき者を指定するも、其者が債権者に對して新債務を負はざる限り、この指定が債権者の債務者に對する權利に影響を及ぼさず、從つて更改たるの効力を生ぜざることは既に第 1275 條から明かであつて、本條は全然無用の規定である」と、2項については、「債権者の變更に因る更改は當事者の合意に基き、債務者が新債権者に對し新債務を負擔するに因り、舊債権者に對し免責せられる場合にのみ認められるものなることを前提とし、更改が債権者の一方的意思に基き生ずるものに非ざることを定める」。
53) Art.1984, C. civ. et s.

III　フランス民法典 1277 条の背景

1　立法理由

　まずはフランス民法典 1277 条の背景に直接に関係している本条文の立法理由（Exposé des motifs）から参照してみよう。1277 条の立法理由を見ると、起草者ビゴ・プレアムヌウ（Bigot-Préameneu）によって以下の三点のことが述べられている[54]。

　すなわち、第一に、単なる指示は、債務者が自己の代わりに支払をなす者を指示することによって、あるいは債権者が自己の代わりに受領する者を指示することによってなされ、そのような指示はまったく更改を生じないということである。この点は 1277 条の文言とほぼ一致している。第二に、単なる指示における債権者、債務者、および債務はなお同様に存続するということである。ここでは単なる指示が既存の法律関係になんらの影響も及ぼさないことが指摘されている。第三に、この指示は、自己の代わりに、債務者が支払をなすよう

に被指示者に与えた、あるいは債権者が受領するように被指示者に与えた、単なる委任であるということである。

　また、護民院の報告者ジョベール（Jaubert）も単なる指示は更改を生じないと述べており[55]、それに加えて既存債務に担保等が設定されていた場合、それらが指示の後も維持されることが指摘されている[56]。

　以上の立法理由を見ると、現在のフランス法学説が単なる指示を委任であると解しているのは、起草者の理解と同じであったことがわかる。しかし、この立法理由を見ても、単なる指示に関する条文が置かれた背景は依然として不明なままである。この点を解明するためには、フランス民法典1277条が念頭に置いていた、単なる指示の主要な利用形態を明らかにすることが最適であるように感じられる。そこで今度は、本条文が結実する以前の状況に触れてみたい。

2　単なる指示の主要な利用形態

　フランス民法典1277条の立法の基礎になったと考えられるのは、デレガシオンと単なる指示との峻別に関するポチエ（Robert-Joseph Pothier）[57]の見解[58]である[59]。

　ポチエによれば、単なる指示は更改と異なる。指示者が自己の債権者に、彼が債権者に支払うべき金額の支払をなす者を指示し、そのために指示者が債権者に支払委託書（rescription）を与えた場合、この行為は単なる委任のみを含んでいる。それは譲渡（transport）も更改も含んでいない。指示者はつねに自身の債権者の債務者であり続け、指示者が指示した者は、指示者の代わりとして新たな債務者にはならない。

　同様に、ある指示者が、自己の債務者に、彼が支払うことのできる他者を指示した場合、その指示はいかなる更改も含んでいない。債務者は指示者が支払をなすように指示した者の債務者にはならず、常に指示者の債務者であり続ける。したがって、単なる指示は更改とは異なるというのである[60]。

　ポチエはデレガシオンが更改の一種であることを原則としていたため[61]、デレガシオンと単なる指示の峻別について更改効の有無が論じられている。また、ここでも単なる指示は単なる委任にほかならないと解されている。

　この文章は、先の立法理由ともフランス民法典1277条の規定ともほとんど

の点で符合しているが、いくつか異なる点も存在する。第一に、条文では指示者と被指示者との関係以外は規定されていないのに対し、ポチエは指示者と被指示者だけではなく（被指示者ではない）第三者について言及している。第二に、指示に際して交付されるという支払委託書の存在である。

単なる指示の典型モデルとしてポチエが考えていたのは、支払委託書なる証書を交付する取引であった。この支払委託書とはいかなるものなのであろうか。この点についてはポチエの為替契約概論（Traité du contrat de change）[62]の支払委託書に関する部分[63]で詳細に述べられている。

3　支払委託書（rescription）とアシグナチオ（assignatio）

ポチエによると、支払委託書は、ある者が他の者に、第三者に対して一定額を支払う（payer）または勘定する（compter）よう委任する（mander）証書（lettre）である[64]という[65]。この定義によれば、為替手形（lettre de change）も支払委託書の一種ということになる[66]が、為替手形を指す意味で支払委託書という用語が用いられることはない[67]。

支払委託書は慣習法を起源とする小切手類似の証書であるとされ[68]、為替手形が異なる地に住む商人間でのみ利用されていたのに対して、同一都市の支払については更改を生じない類似の証券が用いられており、これが支払の指示、支払委託書、ときには商業委任（mandat commercial）という不明瞭な範疇に属する取引であったといわれている[69]。

ポチエによると、支払委託書の主要な利用形態は、ある債務者がある者に対し、支払委託書を交付した自己の債権者に一定金額を支払うよう委任するというものであり、このような取引は assignatio（原文では adsignatio、以下、「アシグナチオ[70]」）と呼ばれているという[71]。

アシグナチオはこのように三者の間でおこなわれる取引であり、その三当事者とは、債権者に、自己が彼に支払うべき一定金額を支払う他者を指示する債務者（assignans（原文では adsignans））、債務者によって指示された被指示者（assignatus（原文では adsignatus））、債務者の債権者（assignatarius（原文では adsignatarius））である。そして、通常であれば被指示者は指示者の債務者であるが、必ずしも指示者の債務者である必要はなく、指示者のために金銭を貸し

与えようとする友人（ami）であってもかまわないという[72]。

ポチエによると、アシグナチオは二重の委任契約（deux contrats de mandat）を内包しているという。すなわち、一方では、指示者が、自己の代わりに自己の債権者に対し、支払委託書に記された一定金額を支払うよう被指示者に委任することによって、他方では、同様の指示者が、支払委託書に記された一定金額を、被指示者から受け取るよう債権者に委任する二重の委任契約であるというのである[73]。そして、一方で指示者と被指示者との間でなされる支払委任は債権者に交付される支払委託書を介して、他方で指示者と債権者との間でなされる受領委任は直接に締結される（この点で、指示者は二つの委任の委任者となる）[74]。

このようにしてなされたアシグナチオのもと、指示された債務者が支払委託書に署名し、債権者に支払うよう義務づけられる場合であっても、債務者は指示者から解放されないし、指示者も支払委託書を与えた債権者から解放されない。この点で単なる指示、すなわちアシグナチオは「真のデレガシオン（vraie délégation）」と異なるという[75]。真のデレガシオンとは更改をともなうデレガシオン、すなわち現在のフランス法における更改指図に相当するものである[76]。

以上のことは、既存債務の弁済のためという支払委託書の主要な利用形態についての説明であったが、支払委託書はその他にも、貸借（prêt）のため、あるいは贈与（donation）のためになすことができる。ポチエによると、これらの場合、支払委託書は指示者と支払をなすよう指示された者との間の一つの委任のみを内包しているという[77]。

4 小 括

ここではフランス民法典1277条の背景を確認するため、まずはその直接の背景である立法理由を、次いでさらに過去に遡り、1277条の基礎となったポチエの単なる指示についての見解を参照してきた。

ポチエが単なる指示の念頭に置いていたのは、支払委託書を用いた種々の取引、すなわち、弁済のため、貸借のため、贈与のためになされる取引であり、そのもっとも主要な利用形態は、アシグナチオと呼ばれる、弁済のためになさ

れる形態であった。アシグナチオは二重の委任契約であり、一方では支払委託書を介して指示者と被指示者との間で、他方では指示者と彼の債権者との間で直接に締結される。貸借あるいは贈与のための支払委託書は、指示者と被指示者との間の一つの委任契約でしかなく、指示者と第三者との間の委任契約は存在しないという。

1277条は、ポチエの見解をもとに、これらの取引の基礎となっている単なる指示を定めたものであり、債務者の指示について述べている部分を1項、債権者の指示について述べている部分を2項として規定している。しかし、1277条およびその現代的解釈は、少なくとも三つの点で、ほんらいのポチエの意図とは異なっている。

第一に、ポチエの単なる指示に関する叙述は、弁済のための支払委託書、すなわちアシグナチオと呼ばれる取引についてのものであり、二重委任がその本質である[78]。既述のとおり、現在のフランス民法典1277条では、1項と2項とに規定が分かれており、それぞれ「債務者の指示（支払の指示）」と「債権者の指示」として別個のものと考えられているが、ポチエによると、二つの指示はアシグナチオとして同時になされるものであるというのである。それゆえ、これらはそれぞれ別個独立の指示なのではなく、まさに「二重の」指示としてなされるべきものなのである。

第二に、ポチエは、更改の一種であると定義づけたデレガシオンと対比させるために、単なる指示に関して、その主要な利用形態である弁済のための（すなわち、既存債務を前提とする）支払委託書に言及していたと考えられる。1277条はこれをそのまま規定したのであるが、その結果、当事者が「債権者」「債務者」といった形で規定されることになり、貸借あるいは贈与のためになされる場合がまったく想定されていない規定となっている。単なる指示は、ポチエによると、ほんらい当事者間の既存の債権債務関係とは無関係になされるものであったのである。

第三に、1277条は現在では無益な規定と断じられることがあり、その根拠として挙げられているのは、三当事者の存在を前提とする単なる指示では、指示者を除く二当事者の意思の合致がないかぎり新債務は発生せず、指示者が単なる指示をなしただけでは更改が生じないのは当然であるし、とくに債務者の指示に関する1277条1項が更改を生じないと規定しているのは、1275条か

ら明らかであるから、という点である。

　しかしながら、上述のとおり、1277条において単なる指示を二つに区別し、更改を生じないことのみを規定したのは狭きに失する[79]。さらに、ポチエは、更改の一種である「真なるデレガシオン」との対比として単なる指示を取り扱っているが、その対比がなされている箇所では、明らかに被指示者の債権者に対する債務負担が念頭に置かれている。

　すなわち、「指示された債務者が支払委託書に署名し、債権者に支払うよう義務づけられる場合であっても」[80]、債務者は指示者から解放されないし、指示者も支払委託書を与えた債権者から解放されず、この点で、アシグナチオは真なるデレガシオンとは異なるというのである。

　したがって、デレガシオンが指図人の指図からはじまり、被指図人の受取人に対する債務負担によって完了する段階的行為と考えられているのと同様に、単なる指示も、指示者による指示からはじまり、最終的に被指示者が債権者に義務づけられるという段階的行為が観念されうるのである[81]。

　以上がフランス民法典1277条の背景および現在の解釈と齟齬を生じている部分である。ところで、アシグナチオは1277条の背景に存在していたものであるが、さらにこれは他国の指図にもつながりを有するものである。すなわち、アシグナチオ（assignatio）は、フランス語のアシニャシオン（assignation）のラテン語表記であり、アシニャシオンはドイツ語のアンヴァイズング（Anweisung）の訳であるという[82]。アシグナチオはドイツ法におけるアンヴァイズングとどのような関係にあるのか。今度は、ドイツ法の観点からアシグナチオをもう少し詳しく見てゆくことにする。

Notes

54) LOCRÉ, La législation civile, commerciale et criminelle de la France, t.12, Paris, 1828, n°149, p.379 (Bigot-Préameneu).
55) LOCRÉ, op. cit. (note 54), n°40, p.481 (Jaubert).
　　ただし、この部分に関するジョベールの言説には注意を払う必要がある。ジョベールは単なる指示について、「Paul の債務者である Pierre が自己の代わりに支払をなす第三者を彼に指示する場合、Paul が自己の代わりに受領する第三者を Pierre に指示する場合において、その指示が最初の債務を存続し続けるのと同様に、ここでは更改は生じえない」という。
　　Paul の債務者である Pierre が自己の代わりに支払をなす第三者を指示するのは、文脈から見れば債権者である Paul に対してであり、また、債権者である Paul が自己の代

わりに受領する第三者を指示するのは、債務者である Pierre に対してであるというのである。これに対し、ビゴ・プレアムヌウも、1277条も指示者と被指示者の関係に言及するのみであり、この指示を誰に向けてなすのかについては明確に述べていない。後述するように、ポチエはジョベールと同様、指示をなす対象について言及している。

56) LOCRÉ, op. cit. (note 54), n°41, pp.481-482 (Jaubert).
57) ポチエについては、金山直樹『法典という近代——装置としての法——』(勁草書房・2011) 113 頁以下参照。
58) ここでは、Robert-Joseph POTHIER, Œuvres complètes de Pothier, nouv. éd., 26 vols, Paris (chez Thomine et Fortic, Libraires), 1821-1824 の t.2 (Traité des obligations) を参照する。
59) P. A. FENET, Pothier analysé dans ses rapports avec le Code civil, Paris, 1826, p.379.
60) Robert-Joseph POTHIER, op. cit. (note 58), n°605, pp.101-102.
61) これはポチエがデレガシオンに与えた定義からも明らかである。すなわち、「デレガシオンは、旧債務者が彼の債権者に対して義務を履行するために、彼の替わりに債権者に義務を負担する第三者を与え、またはこれを債権者の指定する者に与える更改の一種である」(Robert-Joseph POTHIER, op. cit. (note 58), n°600, p.94)。
　この定義は、義務設定指図について取り扱った学説彙纂46巻2章11法文序項 (ウルピアヌス 告示註解第27巻) を基礎としている。ポチエの見解とそのフランス民法典への影響については、本書前章参照。
62) ここでは、Robert-Joseph POTHIER, Œuvres complètes de Pothier annotées et mises en corrélation avec le Code civil et la législation actuelle par M. BUGNET, 10 vols, Paris, 1845-1848 の t.4 (Traité du contrat de change) を参照する。
63) Robert-Joseph POTHIER, op. cit. (note 62), n°s 225 et s., pp.572 et s.
64) Robert-Joseph POTHIER, op. cit. (note 62), n°225, p.572.
65) なお、ビュネ (Bugnet) の注では、支払委託書はもはや使用されておらず、この種の証書は、その効果が委任の一般規定によって評価されるべき、単なる商業委任 (simple mandat commercial) に相当すると指摘されている (Robert-Joseph POTHIER, op. cit. (note 62), n°225 note 3, p.572)。
66) 信用状 (lettre de crédit) も支払委託書の一種である (Robert-Joseph POTHIER, op. cit. (note 62), n°236, p.576)。
67) Robert-Joseph POTHIER, op. cit. (note 62), n°225, p.572.
68) 柴崎・前掲注4) 197頁。
69) Pierre SORBIER, L'ancien contrat d'assignation de créance ou délégation commerciale à titre de nantissement, th. Paris, 1936, p.19.
70) 正確には「アッシーグナーチオー」と表記すべきであろうが、ここでは単に「アシグナチオ」と表記する。
71) Robert-Joseph POTHIER, op. cit. (note 62), n°226, pp.572-573.
72) Robert-Joseph POTHIER, op. cit. (note 62), n°226, p.573.
73) Robert-Joseph POTHIER, op. cit. (note 62), n°227, p.573.
74) Robert-Joseph POTHIER, op. cit. (note 62), n°s 227-228, p.573.
75) Robert-Joseph POTHIER, op. cit. (note 62), n°230, p.574.
76) フランス法学説が更改指図・単純指図 (完全指図・不完全指図) という概念を獲得したのは、フランス民法典成立後の19世紀の註釈学派の時代からである。本書前章参照。
77) Robert-Joseph POTHIER, op. cit. (note 62), n°234, p.575.
78) ドイツ法でもかつてはこのように解されていたが、現在では二重の授権 (Ermächtigung) であるとする二重授権説が通説である。この点については、本書第1

部第 2 章および第 3 章参照。

79) ポチエがデレガシオンと単なる指示との対比として、特に更改効を生じるか否かという点に言及していたのには以下の理由があると考えられる。
　　すなわち、デレガシオンの淵源たるデレガチオが、当時「デレガチオは支払である (solvit, qui reum delegat)」または「デレガチオはつねに更改をともなう (In delegatione semper inest novatio)」という法原則をもって規律されていたのに対し、アシグナチオは、「アシグナチオは支払ではない (Assignatio non est solutio, Anweisung ist keine Zahlung)」という先の法原則とは明らかに対立する法原則が認められていたことに起因するように思われる。詳しくは後述。

80) これは現在のドイツ法にいう「指図引受 (Anweisungsakzept; Annahme der Anweisung)」のことであると考えられる。詳しくは本書第 1 部第 4 章参照。

81) もちろん、ポチエの単なる指示の説明によると、被指示者が債権者に義務づけられない場合も考えられるため、この点で、被指図人の受取人に対する債務負担を要素とするデレガシオンとは異なるということはできよう。

82) 柴崎・前掲注 4) 197 頁。

IV ドイツ法とアシグナチオ[83]

1 総説

はじめにアンヴァイズングに関する条文を本文中に挙げておこう。

アンヴァイズングは、フランス法におけるデレガシオンと異なり、独立の節をもって規定されている (BGB §783-792)。以下の二条は、そのなかでも代表的な規定である。

　　ドイツ民法典 783 条[84]「金錢、有價證券又ハ其ノ他ノ代替物ヲ第三者ニ給付スベキコトヲ他人ニ指圖スル證書ヲ第三者ニ交付シタル者アルトキハ、其ノ第三者ハ被指圖人ヨリ自己ノ名ヲ以テ給付ヲ取立ツル權限ヲ有ス；被指圖人ハ指圖人ノ計算ニ於テ指圖證書受取人ニ給付ヲ爲ス權限ヲ有ス。」

　　ドイツ民法典 784 条[85]「被指圖人ガ指圖ヲ引受ケタルトキハ、指圖證書受取人ニ對シテ給付ヲ爲ス義務ヲ負フ；被指圖人ハ受取人ニ對シ、引受ノ效力ニ關スル異議又ハ指圖ノ内容若ハ引受ノ内容ヨリ當然生ズル異議又ハ被指圖人ガ直接指圖證書受取人ニ對シテ有スル異議ノミヲ對抗セシムル

コトヲ得。引受ハ指圖證書上ノ記載ヲ以テ之ヲ爲ス。證書上ノ記載ガ指圖證書受取人ニ對スル交付前ニ爲サレタルトキハ、引受ハ受取人ニ對シテハ交付ノ時ヨリ其ノ效力ヲ生ズ。」

　まず、ドイツ民法典783条は、民法上のアンヴァイズングについて、指図人が、第三者（受取人）に金銭、有価証券、その他の代替物を給付することを被指図人に指図する旨の証書を第三者に交付することによってなされると規定しており、その効果として、受取人は自己の名で被指図人から給付を取り立てる権限を与えられ、同時に、被指図人は指図人の計算において受取人に給付をなす権限を与えられる。このことから、現在のドイツ法は、アンヴァイズングの法的性質を二重授権（Doppelermächtigung）であると解している[86]。

　なお、783条に規定されているアンヴァイズングは、「民法上の狭義の指図」と呼ばれ、決してその上位概念たる「広義の指図（Anweisung im weiteren Sinne）」を規定したものではない[87]。そして、狭義の指図は、アンヴァイズングが証書によってなされること、指図人の指図が第三者に交付される証書を介して被指図人に到達すること、被指図人の給付目的物は金銭、有価証券、その他の代替物であることを必要としているが、これらはアンヴァイズングに本質的な要素ではないという[88]。

　783条によって被指図人および受取人に授権がなされるのであるが、それだけでは被指図人と受取人との間に債権債務関係は存在しない。ドイツ民法典784条によってアンヴァイズングの引受がなされてはじめて債権債務が生じるのである[89]。

　このように、ドイツ法のアンヴァイズングに関する規定は、フランス法のデレガシオンの規定（フランス民法典1275条）とはかなり隔たりのある規定となっている。しかし、783条が規定する、ある者が、第三者に給付をなすよう他の者に指図するための証書を第三者に交付するというアンヴァイズングの構造は、ポチエによるアシグナチオの説明と酷似している。

2　アシグナチオの沿革[90]

　指図の淵源はふるくローマに遡るといわれている[91]。しかし、デレガチオ

とアンヴァイズングの概念的な一致にもかかわらず、デレガチオはウルピアヌス（Ulpianus）が与えた定義[92]によって更改の一種と解されてきたため[93]、両制度の類似性は多世紀にわたって認識されてこなかった[94]。両者の類似性が承認されるようになったのは、1864年のザルピウス（Botho von Salpius）による著作[95]以降のことである。

かつてローマ、ギリシャ、エジプトには、現今の英米諸国のように、大規模で優れた銀行取引が勃興しており、金銭取引は通常の現金取引ではなく、銀行を介しておこなわれていたという[96]。そのなかで、ローマ法におけるデレガチオは、帳簿の書き換えによって支払をなす場合に用いられており[97]、デレガチオが支払をなすために利用されていたことから、「デレガチオは支払である（solvit, qui reum delegat）」[98]という法原則、または「デレガチオはつねに更改をともなう（In delegatione semper inest novatio）」[99]という法原則とともに、註釈学派・後期註釈学派以降、デレガチオは更改のなかに限局して考えられるようになった[100]。

中世のドイツにおいては、ローマにおけるような盛んな銀行取引というものは存在しておらず、デレガチオは用いられていなかった[101]。しかし、そのような状態であっても、交通の便が悪いなかで現金輸送の危険と費用、貨幣制度を異にする他地へ現金を輸送する不便を解消するために、デレガチオ的制度の必要性が生じてきた[102]。これにより12、13世紀ごろに新たな支払制度として案出されたのがアシグナチオである[103][104]。

アシグナチオはフランドル地方の都市の商慣習のなかで生まれたとされ、債務者が自己に代わって支払をなすべき者に対しておこなう単なる指示によってなされる。そして、この指示は、それ自体からはいかなる債務負担の効果も弁済的な効果も生じることはなかったという[105]。

アシグナチオは、当初は大商館（größere Handelshäuser）、しかも他地において支店または取引先を有する大商館にその利用が限定されていたのであるが、大規模な指図行為を可能にする銀行業[106]の発展と普及とによって、商業取引についてその利用が一般的なものとなった[107]。また、アシグナチオは、両替商（Wechsler）が相互清算のためにこれを用い、二重の支払を避けることができた点に意義を有していたという[108]。

このようにして誕生したアシグナチオであったが、その法的性質は二重委任

（Doppelauftrag）であると解され、ローマ法が二重委任を了知していなかったにもかかわらず、アシグナチオはローマの委任（mandatum）を範として考えられるようになった。その一方で、デレガチオは誤って更改（novatio）の一種とみなされていたため、想起されることはなかった[109]。ここにおいて、フランス法のデレガシオンがローマ法のデレガチオを直接継受したものであるのに対し、ドイツ法のアンヴァイズングとデレガチオとの連続性は認識の外に置かれることになったのである。

　なお、同様の動きがローマ法学の影響下にあった多くの国、とりわけイタリアおよびフランスにおいてもあらわれた。商業的交流の発展にともない実務の要請に適合した理論の必要性が生じ、支払がなされるまで指図人の債務を消滅させることなく被指図人が受取人に対して債務を負担する手段が考え出されたのである[110]。これが、不完全指図[111]（delegatio imperfecta あるいは delegatio impropria）である[112][113]。

3　アシグナチオとアンヴァイズング

　上述のとおり、当時ローマ法におけるデレガチオは、註釈学派（Glossatoren）および後期註釈学派（Postglossatoren）の「デレガチオはつねに更改を生じる（In delegatione semper inest novatio）」という原則のもとで、更改による不当な桎梏を受けていた[114]。

　この伝統的なデレガチオの原則は、必然的に旧債務者の債務の免責を生じるという結論を導いたため、当時の実務家にとっては不便でしかなかった[115]。そのような状況のなか、現金輸送の危険等の事情と相俟って、これを克服するために考え出されたのがアシグナチオであり[116]、そしてこのアシグナチオこそ、現在のドイツ法におけるアンヴァイズングの基礎となったものである。

　アシグナチオは、「アシグナチオは支払に非ず（Assignatio non est solutio; Anweisung ist keine Zahlung）」という、註釈学派の原則に明らかに反する法原則が認められていた。この法原則が文章上あらわれる古いものは、1582年のアントワープの慣習法のなかに見られるという。すなわち、「債務者は支払のときまで義務を負担し続ける……なぜなら指図（bewijsinghe）は支払ではないからである」[117]というものである[118]。

このようにして、一方では指図による既存の債務関係の消滅の効果はデレガチオによって説明され、他方で既存の債務関係を消滅させないアシグナチオ（アンヴァイズング）も受け入れられた。

しかし、1864年のザルピウスの著作により、デレガチオが更改の不当な桎梏を受けていたことが明らかになると、デレガチオはアシグナチオとはなんら異なるところはなく、むしろ同一物と考えるのが正当であるという主張がなされるようになった[119]。そこで、19世紀後半のパンデクテン法学は、デレガチオとアシグナチオとをふたたび指図の一般的概念に戻そうと試みていた[120]。その努力の成果がドイツ民法典である。アンヴァイズングに関する統一的な規定が783条以下に存在しているのに対し、更改は法典において特別な居場所を与えられることはなくなった[121]。

また、アシグナチオがアンヴァイズングとして民法典に採り入れられる過程で、アシグナチオの法的性質についても学説上かなりの変容が生じた[122]。学説の変遷を一瞥してみると、かつてアシグナチオの法的性質についての支配的な見解は、これを二重委任であると解するものであり[123]、その内容は以下のようなものであった。

すなわち、ある者（Assignant）が、他の者（Assignat）に、第三者（Assignatar）に対して支払をなすよう委任を与え、同時に、第三者に、他の者によってなされる支払を受領しうる委任を与える。そしてこれは二重の委任であり、現実の支払によって履行される支払および取立委任（Zahlungs- und Einkassirungs-mandat）の結合である[124]。

二重委任説は、長く支配的な見解であったが[125]、最終的には支持を得られず、19世紀には徐々にその支持者は逓減していった。これに代わり、支払委任と取立授権（Inkassoermächtigung）との結合によって説明する見解が登場してきたが、アシグナチオを委任から完全に切り離そうとする学問上の要請に耐えることはできなかった。

このような状況のなか、ザルピウスが原因関係からのアンヴァイズングの独立性を強調し、アンヴァイズングをデレガチオの概念に依拠した無因的な給付授権と受領可能性であると断じた[126]。その結果、アンヴァイズングが無因的なものであるという考え方は支配的となり、アンヴァイズングを給付取立のための受取人の授権（Ermächtigung）と給付をなしうる被指図人の授権であると

みなすドイツ民法典の規定において、その法律的な承認を手に入れることになったのである[127]。

4 小 括

ここではアシグナチオが誕生した経緯、アンヴァイズングとデレガチオとの関係、アシグナチオがどのようにしてドイツ法のなかに採り入れられていったのかを概観した。

ローマの銀行取引において盛んに用いられていたデレガチオであったが、中世ドイツの経済状態においてはローマにおけるような盛んな銀行取引はおこなわれておらず、デレガチオは利用されなくなった。しかし、それでもやはり現金輸送にかかる事情から、デレガチオ的制度の必要性が生じるようになった。そのため、12、13世紀ごろに案出されたのがアシグナチオであり、これが現在のアンヴァイズングの基礎となっている。

デレガチオに対する謬見により、デレガチオとアシグナチオとは異なるものとされ、アシグナチオはローマ法の委任にもとづく二重委任と解されていた。ザルピウスの研究により、デレガチオとアシグナチオの連続性が周知されるようになり、また委任と切り離された授権概念が提唱され、これが法典に採り入れられたのである。こうして見てみると、ポチエがアシグナチオを二重の委任契約であると解していたのは、ドイツ法においても当時の支配的な見解であったことがわかる。

Notes

83) さらなる詳細は、本書第1部「ドイツ法における指図（Anweisung）」を参照。
84) BGB §783. Händigt jemand eine Urkunde, in der er einen anderen anweist, Geld, Wertpapiere oder andere vertretbare Sachen an einen Dritten zu leisten, dem Dritten aus, so ist dieser ermächtigt, die Leistung bei dem Angewiesenen im eigenen Namen zu erheben; der Angewiesene ist ermächtigt, für Rechnung des Anweisenden an den Anweisungsempfänger zu leisten. 訳は、柚木馨・上村明廣『現代外国法典叢書(2)獨逸民法［II］債務法』（有斐閣・1955）770頁から引用。
85) BGB §784. Nimmt der Angewiesene die Anweisung an, so ist er dem Anweisungsempfänger gegenüber zur Leistung verpflichtet; er kann ihm nur solche Einwendungen entgegensetzen, welche die Gültigkeit der Annahme betreffen oder sich aus dem Inhalt der Anweisung oder dem Inhalt der Annahme ergeben oder dem Angewiesenen

unmittelbar gegen den Anweisungsempfänger zustehen.
　Die Annahme erfolgt durch einen schriftlichen Vermerk auf der Anweisung. Ist der Vermerk auf die Anweisung vor der Aushändigung an den Anweisungsempfänger gesetzt worden, so wird die Annahme diesem gegenüber erst mit der Aushändigung wirksam. 訳は、柚木ほか・前掲注84) 771頁から引用する。

86) Vgl. Staudinger/Marburger, a. a. O. (Fn.1), §783, Rn.2, 17, S.141, 147; u. s. w.
　　本書第1部第2章および第3章参照。
87) Eugen Ulmer, Akkreditiv und Anweisung, in: Archiv für die civilistische Praxis, Bd.126 (1926), S.129ff.
　　松井雅彦「いわゆる『広義の指図』について」追手門経済論集19巻2号（1984）188頁以下。
88) Vgl. Staudinger/Marburger, a. a. O. (Fn.1), §783, Rn.33, 34, 35, 36, S.153-155.
89) 本書第1部第4章参照。
90) 本書第1部第1章および第2章。伊澤・前掲注5)（本質一）11頁以下、納富・前掲注5)（基本理論）383頁以下など。
91) Günther Loewenfeld, Die Anweisung in Gesetz und Verkehr, Berlin, 1922, S.2.
　　上村一則「古典期ローマ法における指図の法的性格」久留米40号（2001）1頁以下。
92) D.46, 2, 11, pr. (Ulp. 27 ad ed.) Delegare, est vice sua alium reum dare creditori, vel cui iusserit.
　　学説彙纂46巻2章11法文序項（ウルピアヌス　告示註解第27巻）「デレガチオは、自己の代わりに他の債務者を債権者あるいは彼が授権した者に与えることである」。
93) しかし、ウルピアヌスは、デレガチオが頻繁に用いられる場合について述べていたにすぎないことが後代の研究により明らかとなっている（Plucinski, Zur Lehre von der Assignation und Delegation, in: Archiv für die civilistische Praxis, Bd.60 (1877), S.350）。
94) Loewenfeld, a. a. O. (Fn.91), S.2.
95) Botho von Salpius, Novation und Delegation nach römischem Recht, Berlin, 1864.
96) Loewenfeld, a. a. O. (Fn.91), S.3f.
97) Loewenfeld, a. a. O. (Fn.91), S.4f.
98) より厳密には、「債務者を指図する者は支払をなす者である」。
　　Cf. Ulp. (29 ed.) D.16, 1, 8, 3. Interdum intercedenti mulieri et condictio competit, ut puta si contra senatus consultum obligata debitorem suum delegaverit: nam hic ipsi competit condictio, quemadmodum, si pecuniam solvisset, condiceret: solvit enim et qui reum delegat.
　　学説彙纂16巻1章8法文3項（ウルピアヌス　告示註解第29巻）「時には保証人として介入する婦人にも弁済請求訴訟が成立する。例えば元老院決議に反して債務を負った女が自己の負債者を指図したときがそれである。何故ならこの場合には金銭を弁済したときに、弁済請求していたのと同じように、女自身に弁済請求訴訟が成立するからである。主債務者を指図する者も弁済するからである。」訳は、江南義之『『学説彙纂』の日本語への翻訳(1)』（信山社・1992）332頁。
99) ただし、この規範は、更改の要件ではなく効果に関してのみデレガチオを更改と同列に扱っている。すなわち、ここでいう更改（novatio）とは、被指図人の指図人に対する資金関係上の既存債務と、指図人の受取人に対する対価関係上の既存債務とがともに消滅することを意味しており、とりわけ更改意思（animus novandi）は、デレガチオの要件とはなっていない（Salpius, a. a. O. (Fn.6) §2, S.6ff, insbesondere S.8.）。
100) Plucinski, a. a. O. (Fn.93), S.350f.; Loewenfeld, a. a. O. (Fn.91), S.5f.
101) Loewenfeld, a. a. O. (Fn.91), S.6.

102) Loewenfeld, a. a. O. (Fn.91), S.6.
　　Vgl. Wilhelm Endemann, Studien in der romanisch-kanonistischen Wirtschafts- und Rechtslehre bis gegen Ende des 17. Jahrhunderts, Bd.1, Neudruck der Ausgabe, Berlin, 1874, Aalen, 1962, S.96ff.
103) Loewenfeld, a. a. O. (Fn.91), S.6.
104) なお、アシグナチオという表現は当時から使用されていたわけではなく、指図取引（Anweisungsgeschäft）に関する17世紀ごろの近代的な表現として、イタリアの商業用語から借用されたものであるという（Salpius, a. a. O. (Fn.6), S.14）。
105) Eugène GAUDEMET, Étude sur le transport de dettes á titre particulier, Paris, 1898, p.211.
106) 原語は Kampsorengeschäfte であるが、レーヴェンフェルトはこれを Bankgeschäfte ほどの意味に理解すべきだという。
107) Loewenfeld, a. a. O. (Fn.91), S.6f.
　　Vgl. Endemann, a. a. O. (Fn.102), S.98.
108) Loewenfeld, a. a. O. (Fn.91), S.7.
109) Loewenfeld, a. a. O. (Fn.91), S.7.
110) Eugène GAUDEMET, op. cit. (note 105), p.213.
111) 現在では単純指図と呼ばれている。
112) Eugène GAUDEMET, op. cit. (note 105), pp.213-214.
113) この点については、前章参照。
114) なぜなら、デレガチオには、「既存債務の存在」、「被指図人の新債務の発生」、「旧債務の免責」が必須であると解されていたからである。
115) Eugène GAUDEMET, op. cit. (note 105), p.210.
116) Horst Hahn, Die Institute der bürgerlichrechtlichen Anweisung der §§ 783ff BGB und der „Delegation" der Art.1275f C.civ. in rechtsvergleichender Darstellung, Diss. München, 1965, S.5ff.
117) Rechten ende Costumen van Antwerpen (1582) Tit.64. Van betalinge/Bewijsinghe etc. Ziff. 2. Ende de bewijsinghe aenveerdende blijft des niet te min d'eerste debiteur verbonden soo lange tot dat hy is metter daet betaelt, oft effectuelijck vernuecht van sijne schult, midts dat bewijsinghe gheen betalinghe en is. 本章では1584年版を参照した。
118) Salpius, a. a. O. (Fn.6), S.12.
　　なお、1578年のフランクフルト改革（Frankfurter Reformation (1578) Teil II Tit. 24 § 10. De Delegationibus）にも、デレガチオという言葉を用いつつ同様の記述があったという（Zitiert nach Salpius, a. a. O. (Fn.6), S.12）。
119) Otto Wendt, Das allgemeine Anweisungsrecht, Jena, 1895, S.149f.
120) Salpius, a. a. O. (Fn.6); Plucinski, a. a. O. (Fn.93); u. s. w.
121) BGB制定前に争われていた、被指図人が受取人に対して義務を負担しうるか否かについても立法によって解決された（右近健男『注釈ドイツ契約法』〔床谷文雄〕（三省堂・1995）700頁）。
122) 詳しくは本書第1部第2章参照。
123) これが支配的な見解であるが、アシグナチオについての学説は「人の数だけ意見あり（Quot capita, tot sensus）」といわれ、二重委任説以外にも多くの学説が存在していた（Plucinski, a. a. O. (Fn.93), S.289）。
124) Plucinski, a. a. O. (Fn.93), S.290.
125) Heinrich Thöl, Das Handelsrecht, Bd.1, Leipzig, 1879, § 325ff., S.1073ff.
126) Salpius, a. a. O. (Fn.6), S.48ff.

127) Loewenfeld, a. a. O. (Fn.91), S.8.

V 未完成指図（delegatio inchoata）と
フランス民法典1277条の解釈

　すでに見てきたように、現在のフランス法学説は、デレガシオンと1277条の単なる指示とを厳に切り離して考えている。これらを区別する基準となっているのは、支払を義務づけられる者が債権者に対してなす個人的で新たな債務負担の有無であり、支払の指示は被指示者と債権者とが直接に義務づけられないために、デレガシオンとは異なるというのである。しかし、この比較ならびに区別は正当ではないように考えられる。

　デレガシオンは、指図人、被指図人、受取人という三当事者が存在し、被指図人の受取人に対する債務負担を前提としているのに対し、単なる指示は、指示者と被指示者との間の二当事者の関係であり、ポチエも指摘していたとおり、後に被指示者と第三者との間に債権債務関係が付加されることもありうるのである。

　また、デレガシオンには指図人、被指図人、受取人という三者の同意が必要とされており、この三者の同意がなされることによってはじめてデレガシオンが完成していると解されることになる。ただし、この同意は関係当事者すべてが同時になさなければならないわけではない。

　三者の同意は一堂に会して同時になすこともできるが、そのようなことをする必然性はないし事実上そのようなことがなされているわけもなく、通常は二当事者間によって徐々にデレガシオンが形成されてゆく[128]。受取人を除く、指図人と被指図人との間で、あるいは被指図人を除く、指図人と受取人との間である。デレガシオンは、通常、段階的に形成されてゆくのである。

　この二当事者間で形成段階にあるデレガシオンは、講学上、「未完成指図[129]（delegatio inchoata）」と呼ばれることがあり、未完成な行為（acte incomplet）として暫定的に存在しうるものである[130]。では、いまだ被指図人の受取人に対する債務負担が発生しておらず、未完成指図が存在するにすぎない場合、そこにはなんらかの法律効果が認められるのであろうか。換言すれば、未完成指図

とはいかなる法的性質であるのか。この点、フランスの複数の判例は、このような未完成指図の法的性質について、民法典1277条に規定されている「単なる指示」であると判示しているのである[131]。

判例のように、未完成状態にあるデレガシオンの法的性質が「単なる指示」であるとするならば[132]、単なる指示と完成後のデレガシオンとを比較するのは正当ではない。真に比較されるべきは、単なる指示と未完成指図である。また、単なる指示も、爾後、被指示者と第三者との間に債権債務関係を付加することが考えられうるのであるから、註釈学派の一部が「不完全指図（単純指図）」の法的性質を「単なる指示」であると解していたのは[133]、理論的に無理のある解釈ではなかったといえるのである[134]。

ところで、先に確認したとおり、現在のフランス法において、単なる指示は一般的に委任（mandat）であると解されている。すなわち、フランス民法典1277条1項は「支払委任（mandat de payer）」、2項は「受領委任（mandat de recevoir）」として理解されている。そして、このような理解から、単なる（支払の）指示は委任の諸原則の規律に服するのであり、被指示者は指示者の名と計算において支払をなす受任者となるにすぎず、法的人格（personnalité juridique）が委任者のそれと一体になるといわれているのである。

しかしながら、現代フランス指図理論の礎石を築いたユベール（Frédéric Hubert）は、単なる指示を、このように単純な委任としてのみ理解することはできないと主張している[135]。

いわゆる未完成指図の法的性質が単なる指示であると解される場合、デレガシオンが委任と峻別されているならば、同様に、単なる指示を委任との関係において論ずることはできないのである。

それゆえユベールは、実際上、「単なる指示」の名のもとに、まったく異なる二つの事柄が示されていると主張する。第一に、すべての関係当事者（三者）が参加した後でさえ、委任関係が残存する、支払または受領の単なる委任である。この場合、単なる指示は、純粋な委任関係にすぎない。第二に、受取人または被指図人がいまだに参加していない指図の素描（ébauche d'une délégation）である。これは未完成指図（delegatio inchoata）とも呼ばれる。

第一の場合とは異なり、第二の場合は、後に被指図人ないしは受取人の参加があったならば、単なる指示は「真なるデレガシオン（véritable délégation）」

に変化し、デレガシオンのあらゆる効果を獲得しなければならない。それゆえ、この場合、第三当事者の承諾以前でさえ、それが委任とは異なる規律に服することが理解されうるというのである。

このようにユベールは、単なる指示が未完成指図としてなされている場合、完成後にはデレガシオンたるあらゆる効力が生ずることになるため、これを純粋な委任であると解することはできず、単なる指示が「純粋な委任」としてなされる場合と「未完成指図」としてなされる場合とを区別して考えるべきであると主張する。

さらにユベールの見解を一歩進めて、フランス民法典1277条はいわゆる未完成指図のみを規定したものと解する見解もある。この見解は、上述のポチエの見解にその根拠を見る。

すなわち、1277条は、不幸な編纂方法により、別個独立の二つの行為が規定されているかのような外観を有している。しかし、ポチエの見解から明白に読み取ることができるように、本条の1項と2項は、一方では指図人と受取人、他方では指図人と被指図人との間に存する債権関係に向けられた、アシグナチオの効果を規定しているにすぎない。アシグナチオがなされる場合、それはデレガシオンの申込みと同様、つねに二重の申込みが存在する。それゆえ、1277条1項の支払の指示のみでは、いわゆる指図の素描、未完成指図と同一視することはできないのである[136]。

これに対し、カピタン（Henri Capitant）は、法典中に明文の規定がないことを根拠に、フランス民法典において、支払委託書やアシグナチオなる概念は捨て去られたのだと主張している[137]。この主張は、フランス民法典が支払委託書を用いた指図行為を規定しなかったという点においては正しい。しかし、フランス民法典がアシグナチオ自体を手放したと評価するのは正当ではない[138]。ポチエの叙述、およびフランス民法典1277条の内容から、これとは反対の結論が導き出されるのである。

以上で見てきたように、単なる指示がデレガシオン、アシグナチオに関係しうることは明らかである。さらにこれを裏付けるのが、ポチエの「売買契約概論（Traité du contrat de vente）」である[139]。ここにも「単なる指示」に関する言及があり、そこでは「単なるデレガシオン（simple délégation）」なるデレガシオンが、「単なる指示（simple indication）」であると述べられている。

ポチエ曰く、「単なるデレガシオン」とは、私の債権者に私の債務者を指図しつつ（assignant）、私が債権者に支払うべきものが控除（déduction）されるよう、債務者が私に支払うべきものを、債権者が私の名において債務者に要求しうる権限（pouvoir）を債権者に与える、私が私の債権者になす「単なる指示」である[140]。そして、「単なるデレガシオン」は更改を生じることはなく、この点で、更改を生じる「真なるデレガシオン」とは異なるというのである[141]。

なお、アシグナチオは、現在のドイツ法において、アンヴァイズングとして採り入れられている。そして、アンヴァイズングそれ自体からはいかなる債務負担の効果も弁済的な効果も生じることはなく、被指図人の受取人に対する債務は、アンヴァイズングの引受による独自の債務負担によって基礎づけられることは、すでに確認したとおりである[142]。

Notes

128) Philippe SIMLER, op. cit. (note 18), n°50, p.17.
129) 指図の草案（projet de délégation）、指図の粗描（ébauche d'une délégation）とも呼ばれる（Frédéric HUBERT, Essai d'une théorie juridique de la délégation en droit français, th. Poitiers, 1899, n°s140, 152, pp.103, 113）。
130) Frédéric HUBERT, op. cit. (note 129), n°152, p.113.
131) Grenoble, 12. mai 1842, Sir. 43, 2, 296.
　　本判決は、親子間で締結された不動産の売買契約に関して、売主である父親（指図人）が買主である息子（被指図人）に対して、不動産代金の支払を父親の債権者（受取人）になすよう指示したが、債権者が当該契約に参加しておらず、その後もこれを承諾しなかったという事案である。
　　そして、そのような事実関係のもとでは、被指図人は、受取人の承諾によって彼らの間に契約が形成された時にのみ債務者になるのであって、それまでは更改も譲渡もデレガシオンさえも存在しておらず、このデレガシオンと称されているものは単なる支払の指示にすぎない（フランス民法典1277条）と判示した。
　　Orléans, 28. mai 1851, D. 52, 2, 135 (2. Fall)もまた類似した事案において、買主（被指図人）が売主（指図人）の債権者（受取人）に代金を支払う債務を負担する場合、債権者が当該行為に参加しておらず、債権者に承諾されていないデレガシオンは、単なる支払の指示とだけみなされうることを判示している。
　　その他、Metz, 19 nov. 1867, D. 67, 2, 203; Paris, 7 Juin 1875, D. 76, 2, 225; Chambéry, 1 févr. 1886, D. 87, 2, 34; etc.
132) Philippe SIMLER, op. cit. (note 18), n°24, p.9.
133) Charles AUBRY et Charles RAU, op. cit. (note 21), § 324, p.220; E. COLMET DE SANTERRE et A. M. DEMANTE, op. cit. (note 21), n°225, p.412.
134) また、不完全指図（単純指図）の法的性質を「アシグナチオ」によって説明する学説もある（Par ex. Ambroise COLIN et Henri CAPITANT, Cours élémentaire de droit civil français, 7ème éd., t.2, Paris, 1932, n°331, p.313）。ポチエによれば、単なる指示はアシグナチオと同義であるというのであるから、本学説も同様の発想であるということ

ができよう。本書前章参照。
135) Frédéric HUBERT, op. cit. (note 129), n°140, p.102 et s.
136) Hahn, a. a. O. (Fn.116), S.32.
137) Henri CAPITANT, De la cause des obligations, 3ème éd., 1927, n°177, p.394.
138) Hahn, a. a. O. (Fn.116), S.9.
139) ここではRobert-Joseph POTHIER, Œuvres de Pothier, contenant les traités du droit français par M. Dupin, nouv. éd., t.2, Paris, 1827 を参照する。
140) Robert-Joseph POTHIER, op. cit. (note 139) n°552, p.245.
141) Robert-Joseph POTHIER, op. cit. (note 139) n°553, p.245.
142) 未完成指図と単なる指示(アシグナチオ)には符合する点が多い。
　一例を挙げると、撤回可能性について、現在のフランス法学説では、デレガシオンが未完成指図であった場合には、例外的にデレガシオンの撤回が認められるという(Laurent GODON, op. cit. (note 20), n°20 note 62, p.206.)。
　この点、ドイツ民法典790条にはアンヴァイズングの撤回に関する規定が置かれており、被指図人がアンヴァイズングを引き受けておらず、かつ給付をおこなっていないかぎり、指図人はアンヴァイズングを撤回しうると規定されている。
　BGB §790. Der Anweisende kann die Anweisung dem Angewiesenen gegenüber widerrufen, solange nicht der Angewiesene sie dem Anweisungsempfänger gegenüber angenommen oder die Leistung bewirkt hat. Dies gilt auch dann, wenn der Anweisende durch den Widerruf einer ihm gegen den Anweisungsempfänger obliegenden Verpflichtung zuwiderhandelt.
　「指図人ハ、被指図人ガ指図證書受取人ニ對シ引受又ハ給付ヲ爲サザル間ハ、被指図人ニ對シテ指図ヲ撤囘スルコトヲ得。指図人ガ撤囘ニ因リテ指図證書受取人ニ對シテ負擔スル義務ニ違反スル場合ト雖モ亦同ジ。」訳は、柚木ほか・前掲注84)772頁から引用。
　なお、現在のドイツにおけるローマ法の解釈によれば、デレガチオは「支払指図」と「義務設定指図」に区別されうるという(本書第1部第1章)。もし、かかる分類が、指図人の指図が、受取人に対する被指図人の直接給付に向けられている場合と、受取人に対する被指図人の約束に向けられている場合とを基準として区別されており、これをフランス法上の解釈に強引に当てはめるならば、アシグナチオを原型とする「単なる指示」は「支払指図」を意味し、ここでいう「未完成指図」とは「義務設定指図」を意味することになり、両者は似て非なるものであるということになる(ただし、前者の場合でも、「指図引受」により、被指図人は受取人に対し、後者の場合と同様に義務づけられうる(本書第1部第4章))。これらの関係の解明は、指図人の授権内容に関する今後の課題である。

VI 小 括

　本章は、フランス法およびドイツ法における指図の理論的接続について、フランス民法典1277条を中心に検討してきた。
　現在のフランス学説において支配的な見解は、デレガシオンとフランス民法典1277条の単なる指示とは異なると解しており、その区別の基準となってい

るのは被指図人の受取人に対する債務負担の有無であった。現行法の解釈において、1277条はその存在意義を疑われることもあるが、条文の沿革を辿れば、ポチエが単なる指示の典型的なモデルとして考えていたのは、支払委託書によるアシグナチオであった。その法的性質は、ポチエによれば二重の委任契約であり、二つの指示が同時になされるべきものであった。

アシグナチオは、ローマ法におけるデレガチオが更改の一種として不当な桎梏を受けていた時代に、現金輸送にかかる不便を取り除くため、デレガチオに代わる新たな指図的制度として考案されたものである。そして、その法的性質については、ローマ法上の委任に親和性を見出した二重委任と解されており、19世紀後半のローマ法研究の発展に至るまで、デレガチオとの連続性を認識されることはなかった。

また、アシグナチオはアンヴァイズングの基礎にもなっており、ドイツ法においてもかつては二重委任であると解されていたが、その後授権概念の登場により、ドイツ民法典では、アンヴァイズングの効果は二重授権として規定され、現在ではこれが通説になっている。

授権概念そのものがドイツ法において発展してきた概念であるだけに、フランス法では分析道具としての「授権」概念、延いては「二重授権」によるアシグナチオの説明がなされてこなかった。しかしそれ自体は問題ではなく、独仏の比較法的見地から、フランス民法典1277条はドイツ法的な授権概念によって説明をなしうるし、少なくともドイツ法の側ではアシグナチオを源としてアンヴァイズングが生成してきたことを立証しうるだろう。

第3章

ボアソナードの指図論
―― わが国における指図（délégation）の継受

I はじめに

　わが国の旧民法（明治23年民法典）の人事編を除く部分の起草者が、フランス人のお雇い外国人であるギュスターヴ・ボアソナード（Gustave Emile Boissonade）であったことは周知のとおりである。彼の起草による旧民法財産編には、「嘱託（délégation）」という名の詳細な指図規定が置かれていたが、新民法（明治29年の現行民法典）の誕生とともに姿を消した[1]。本章において、かかる旧民法の指図規定を取り上げるに至った理由は次のとおりである[2]。

　第一に、ボアソナードの構想した指図論は、条文の体裁から見ても、彼自身の注釈[3]を見ても、フランス法における指図（délégation）（以下、「デレガシオン」）を範としていることは容易に窺い知ることができるけれども、その一方で、彼の指図論には当時のフランス法の通説とは異なる考え方が見られる。第二に、フランス法におけるデレガシオンは、現在では独立の法的範疇として発展を遂げているが、ボアソナードの起草当時にまさにそのパラダイムシフトの過渡期であった。それゆえ、ボアソナードの指図論が、母法たるフランス法の学説史[4]のなかでどのように位置づけられ、どのような形でわが国に継受されたのか、そして、どのような経緯で旧民法の指図規定が削除されたのかを明らかにしたい。

Notes

1) délégation は、法文上「嘱託」と訳されているが、本章では指図と嘱託とを用語法上区別しないことにする。

2) なお、本章に関する主要な先行研究としては、柴崎暁『手形法理と抽象債務』(新青出版・2002) 238 頁以下、野澤正充「『契約当事者の地位の移転』の再構成(1)」立教 39 号 (1994) 15 頁以下。
3) ここでは、「プロジェ中の最高峰に位置して」いるといわれる(金山直樹『法典という近代——装置としての法——』(勁草書房・2011) 58 頁)、Gustave BOISSONADE, Projet de Code civil pour l'Empire du Japon accompagné d'un commentaire, Nouv. éd., Tomes.1-4., Tokyo, 1890-1891 の Tome.2 を参照する。
4) フランス法における指図の学説史については、本書第 2 部第 1 章参照。

II　ボアソナードの指図論

1　更改の種類としての指図規定

西欧法において、指図はかつて更改と混同されていたため[5]、フランス法はデレガシオンを更改の節のなかに規定している。わが国の旧民法もこれを踏襲し、指図(嘱託)規定を更改に関する規定のなかに置いている(旧民法財産編、人権及ヒ義務、第三章義務ノ消滅、第二節更改)。それゆえ、ボアソナードの指図論を検討する際には、本章の問題意識と関係するかぎりで更改規定と対照させつつ見てゆく必要がある。旧民法はフランス法と同様、更改の節のはじめに更改の種類について規定している。

旧民法財産編 489 条[6]
「更改即チ舊義務ノ新義務ニ變更スルコトハ左ノ場合ニ於テ成ル
　第一　當事者カ義務ノ新目的ヲ以テ舊目的ニ代フル合意ヲ爲ストキ
　第二　當事者カ義務ノ目的ヲ變セスシテ其原因ヲ變スル合意ヲ爲ストキ
　第三　新債務者カ舊債務者ニ替ハルトキ
　第四　新債權者カ舊債權者ニ替ハルトキ」

ボアソナードによれば、更改(novation)はその用語自体、ある債務が「新たな債務と交換される」ことを意味しているが、本条は、日本における用語の意味がフランスにおけるそれと異なる場合に配慮したものであるという。更改

は、旧債務を消滅させる効果と、新債務を発生させる効果という二つの効果を同時に生み出す。

　この二つの効果により、更改は有償行為（acte onéreux）の範疇に属する。当事者の一方が犠牲（sacrifice）を払っているからである。債権者は旧債権を失うことによって新債権を取得し、債務者は旧債務から解放されることによって新債務に服する。この更改の性質は、片務かつ有償の合意という稀有な例のひとつである。また、更改は常に当事者の合意にもとづいておこなわれ、法定の更改は存在しない[7]。

　一口に合意にもとづくといっても、合意の構成要素は多様である。すなわち、目的（objet）、原因（cause）[8]、そして二人の主体（債権者および債務者）であり、これらの要素のうちのいずれかが変更される場合には更改が生じるのであるから、更改は変更される要素の種類にしたがい四つに分類される。もちろん、これらの要素のうちのいくつかが同時に変更される場合もある[9]。指図に関係するのは、三番目の債務者の交替による更改と、四番目の債権者の交替による更改である。

2　債務者の交替による更改における二つの区別

旧民法財産編496条[10]
「債務者ノ交替ニ因ル更改ハ或ハ舊債務者ヨリ新債務者ニ爲セル嘱託ニ因リ或ハ舊債務者ノ承諾ナクシテ新債務者ノ隨意ノ干渉ニ因リテ行ハル
　嘱託ニハ完全ノモノ有リ不完全ノモノ有リ
　第三者ノ隨意ノ干渉ハ下ニ記載スル如ク除約又ハ補約ヲ成ス」

　本条は債務者の交替による更改の一般規定である。ボアソナードによると、債務者の交替による更改は、大きな実務的利点があり[11]、これには二つの重要な区別がある。

　第一の区別は、旧債務者の関与の有無である。多くの場合、旧債務者は、自己が債権者に対して負担している債務を新債務者に支払わせるために、新債務者を債権者に紹介する（présenter）者である。このような場合、当該行為は委任（mandat）あるいは委託（commission）の観念をあらわす言葉である、指図

（délégation）と呼ばれ、各当事者について見れば、旧債務者は指図人（délégant）、新債務者は被指図人（délégué）、債権者は受取人（délégataire）と呼ばれる。

　旧債務者の関与がない場合、すなわち、新債務者が、随意干渉（intervention spontanée）によって自発的かつ旧債務者の委任なく、旧債務者の代わりに義務を負う場合、そこには除約（expromission）が存在する。この場合、新債務者は旧債務者の事務管理者として行動することになり[12]、新債務者が債務を履行した場合、彼は旧債務者に対して、旧債務者が得た利益のかぎりにおいて求償権（recours）を有する[13]。あるいは、旧債務者に対して義務づけられていたのであれば、相殺（compensation）することもできるだろう[14]。

　第二の区別は、第一の区別を細分類したものであり、その基準となるのは、旧債務者が更改によって債務を免責されるか否かである。指図は、完全指図（délégation parfaite）と不完全指図（délégation imparfaite）とに区別され、随意干渉は、除約（expromission）と補約（adpromission）とに区別される。いずれにしても、前者の場合、旧債務者は更改によって免責され、後者の場合、更改は生じず旧債務者は免責されない。

　以上、更改の三番目の種類である、債務者の交替による更改について概観してきた。ボアソナードによると、債務者の交替による更改は、旧債務者の関与にもとづく場合には指図によって、旧債務者の関与にもとづかない場合には随意干渉によってなされるという。このような見解は当時のフランス法の通説[15]とも合致する[16]。また、ボアソナードは指図と随意干渉とを旧債務者の免責の有無という基準で細分類しており、これによって指図は完全指図と不完全指図とに、随意干渉は除約と補約とに種類分けされる。

　なお、本条は、ボアソナード草案[17]と二つの点において異なるものとなっている。一つは、ボアソナード草案では「旧債務者から新債務者になす指図すなわち委任により（par délégation ou mandat du premier débiteur au nouveau）」と規定されているが、法文では単に「舊債務者ヨリ新債務者ニ爲セル囑託ニ因リ（par délégation du premier débiteur au nouveau）」と規定されている点であり、もう一つは、「完全囑託・不完全囑託」の区別ならびに「除約・補約」の区別が、ボアソナード草案では法文として採用されていないという点である。この点につき民法理由書の解説を見ても、草案が変更された理由は触れられていない[18]。

つぎに、ボアソナードの構想する指図の内容、ついで完全指図・不完全指図につき、さらに詳しく見てゆくことにしよう。

3　委任 (mandat) としての指図

　ボアソナードは指図について興味深い説明をおこなっている。「指図は、指図人の被指図人への委任 (mandat) である」というのである。それゆえ、被指図人が指図人の債務者ではなかった場合、委任訴権 (action de mandat) にもとづいて、被指図人は受取人に支払った給付のかぎりで求償権を有する。指図人と受取人との間についても、指図は委任の性質 (caractère) を有する。指図人は受取人を、被指図人と要約する (stipuler) よう促しているからである[19]。このように、指図を委任であるとし、その内部関係に二つの委任関係をはっきりと認めるのは、フランス法においてかなり珍しい見解であり[20]、西欧法という観点から見ると、古くて新しい見解であるようにも感じられる。

　というのも、デレガシオンを委任と同視する見解は、古くは16世紀のフランス人文主義法学を代表する法学者であるクヤキウス（キュジャス）(Jacobus Cujacius) に見られる。クヤキウスは「指図 (delegatio) は、旧債務を更改し転換する問答契約 (stipulatio) に向けた委任 (mandatum) である」という。そして、この委任は、たとえば、債権者である指図人が、自己の債務者に、自己の債権者に対して負担する債務を約束するよう指示する (iubeo) ことによってなされ、この指示 (iussum) または委任が、指図と呼ばれているというのである（なお、本書第1部では、その後のドイツ法における授権概念の展開との関係で、iubeo, iussum に「授権する」、「授権」という語を宛てた）。そして、それによって、指図人と被指図人との間に委任訴権 (actio mandati) が生じるのであるという[21]。

　このように、デレガシオンを委任によって説明する見解は、現在のフランス法では受け入れられておらず、その根拠となっているのは、委任にはない、被指図人の受取人に対する直接かつ個人的な債務負担の存在であるという[22]。しかし、ボアソナードやクヤキウスのいう委任とは、指図人が被指図人および受取人に指示を出すという指図の形成段階に着目したものであって、被指図人の債務負担はその後の段階である。このことをより直截に法理論のなかに採りこんでいるのがドイツ法である。以下、本章の目的を外れない範囲で、ドイツ

法における指図（Anweisung）（以下、アンヴァイズング）と比較しつつ若干の検討を加えておきたい。

　ドイツ民法典はフランス民法典と異なり、更改を法典上採用せず、また、アンヴァイズングには独立の節を設けている。アンヴァイズングは、指図人が、受取人に自己の名で被指図人から給付を取り立てる権限を与え、同時に、被指図人に指図人の計算において受取人に給付をなす権限を与えることによってなされる[23]。このことから、現在のドイツ法は、アンヴァイズングの法的性質を二重授権（Doppelermächtigung）であると解している（本書第1部第2章および第3章参照）[24]。

　また、この段階では被指図人は受取人に対して依然として義務づけられておらず、その後、被指図人による指図の引受（Annahme der Anweisung）がなされた場合に、はじめて被指図人が義務づけられるのである（本書第1部第4章参照）[25]。このような現在のドイツ法の解釈と比較するならば、ボアソナードは、現在のドイツ法が授権（Ermächtigung）概念を用いて説明しようとしていることを、委任の観念を用いて説明していたとも解しうるのである。

4　フランス民法典1277条不採用の意味

　しかし、上記と関連して、ボアソナードがフランス民法典1277条を旧民法に採り入れていない点は捨て置けない事実である。やや敷衍すると、フランス民法典1277条は、デレガシオンを規定する1275条および1276条の直後に置かれている。その内容は、債務者によって自己の代わりに支払をなすべき者になされる、または債権者によって自己の代わりに受領するべき者になされる単なる指示（simple indication）についてであり、この場合に更改は生じないというものである[26]。

　本条についてボアソナードは、更改には更改意思が必要であり、単なる指示がなされたにすぎない場合に更改が生じないことは自明なのであるから、あえて規定する必要はないという、極めて簡明な理由でこれを排斥しているのである[27]。

　たしかにフランスにおいても、本条文はときに無益だといわれることがあるが[28]、歴史的見地からも比較法的見地からも、非常に重要な意義を有する条

文なのである。そもそも本条文の基礎になったのは、ポチエ（Robert-Joseph Pothier）の著作（Traité des obligations）の、単なる指示に関する記述である[29]。

そこでは、単なる指示とデレガシオンとの相違点につき、単なる指示は更改を生じない点でデレガシオンとは異なるとされており[30]、1277条はこれをほぼそのままの形で規定したものといえる。しかし、ポチエが単なる指示の典型モデルとして考えていたのは、支払委託書（rescription）[31]なる証書を用いた取引であった[32]。

ポチエの為替契約概論（Traité du contrat de change）において、このような取引は、assignatio（原文ではadsignatio）と呼ばれていたことが指摘されており[33]、これは現在のドイツ法におけるアンヴァイズングの理論的基礎となったものである[34]。つまり、単なる指示も、ほんらいは「指図」の枠組みのなかで等しく取り扱われるべきものであったのである。

これを裏付けるのが、ポチエの売買契約概論（Traité du contrat de vente）の一節であり、これによれば、単なる指図（simple délégation）とは単なる指示のことを意味する旨、そして、このデレガシオンは、更改の効果の有無という点で更改としてのデレガシオンとはまったく異なる旨が明示されている[35]。

では、ボアソナードが、単なる指示あるいは単なる指図を規定する、フランス民法典1277条を旧民法において排斥したことにどのような意味があるのか。ここで、再びドイツ法と比較しながら検討してみよう。

ドイツ法において、アンヴァイズングは、ローマ法における指図（delegatio）の研究から、指図を義務設定指図（delegatio promittendi; Verpflichtungsanweisung）と支払指図（delegatio solvendi; Zahlungsanweisung）とに区別し、前者は被指図人が受取人に債務を負担することに、後者は被指図人が受取人に直接給付をなすことに向けられた指図であると説明する（詳しくは、本書第1部第1章参照）[36]。

これらの相違がとりわけ顕著にあらわれるのは為替手形および小切手である[37]。すなわち、為替手形のように、引受人が引受をなすことにより受取人に債務を負担する場合は義務設定指図が、小切手のように、支払人が引受をすることなく直接給付をなす場合は支払指図が存在する。

このように、指図の法的性質を指図人の被指図人および受取人への二重授権であると解し、被指図人がアンヴァイズングを引き受けた場合にのみ受取人に義務づけられるというドイツ法の構成によれば、小切手を典型例とする支払指

図を平易に観念することができるし[38]、フランス法においても、必要に応じて、1277条から同様の解釈を導き出すことは可能であるように思われる[39]。

これらのことに鑑みると、ボアソナードがフランス民法典1277条を採り入れなかったことは、少なくとも旧民法上、指図につき被指図人の受取人に対する債務負担を前提とする義務設定指図のみが考慮されることになり、ドイツ法が理解するような支払指図を同一枠組のなかで顧みることができなくなったことを意味するであろう。

5 完全指図（délégation parfaite）・不完全指図（délégation imparfaite）

ボアソナードは、フランスでは完全指図または不完全指図という用語が学説上ひろく用いられているが、残念ながら、すべての学説が同一の意味においてそれを用いているわけではないという。そして、ある学説によれば、完全指図が生じるためには、指図人・被指図人・受取人の三者の同意が必要であり、債権者の要約（stipulation）なく、指図人が債権者に新債務者を紹介した場合には、不完全指図になるという[40]。

しかし、通説および日本法は、指図が完全であるか不完全であるかの基準を、受取人によって指図人に与えられた免責の有無に求めている。完全指図という名称は、更改が生じること、すなわち指図が完成（complète）しており、生じうるあらゆる効果を有することを意味し、不完全指図という名称は、更改が生じないこと、すなわち指図が未完成（incomplète）であることを意味するという[41]。かかるボアソナードの見解は、当時のフランス法の通説[42]とも合致するものである。

このように、ボアソナードおよびそれまでの通説は、デレガシオンを更改の下位概念であると解していたため、その名称のとおり、完全指図を原則、不完全指図を例外と位置づけていた。しかし、デレガシオンが更改の下位概念に含まれるのならば、更改を生じない不完全指図は、指図の範疇の外に位置づけられるか、あるいはなんらの法的効果も生じないと解されるはずであり、これを更改の下に内包するフランス法の指図理論はすでに大きな矛盾を抱えていたといえる。

まさにこの時期に、これまでの通説に対して、指図は更改とは別個独立の存

在であるというアンチテーゼが立てられ、1900年前後に従来の通説がパラダイムシフトすることになる。その端緒となったのは、1864年に公表されたザルピウス（Botho von Salpius）のローマ法研究であり[43]、次いで、フランスにおいても1879年にジッド（Paul Gide）のローマ法研究が[44]、さらに1899年にユベール（Frédéric Hubert）[45]がそのようなローマ法研究の発展をフランス現行法の解釈にまで展開させた。

その結果、フランス法では完全指図ではなく不完全指図が本則と捉えられるようになり[46]、デレガシオンと更改との峻別が図られるようになったのである[47]。また、完全指図・不完全指図という名称についても、伝統的な呼称ではあるが正確な呼称ではないとの指摘から[48]、近年では更改指図（délégation novatoire）・単純指図（délégation simple）の用語を用いる者も多い[49]。

旧債務者の免責の有無による区別は、指図だけでなく随意干渉にもあり、免責をともなうものが除約、免責をともなわないものが補約と区別された。ボアソナードは、指図および随意干渉のこのような細分類を、同一条文のなかで過度の負担をかけずに再規定する（reprendre）ことができなかったとし[50]、これらの存在を注釈で指摘するにとどめている。しかし、旧民法496条にはこれらの細分類が規定されており[51]、かかる講学上の区別をわざわざ法文に採り入れたことは、後述するように指図規定削除の一因となった。

6　完全指図における受取人の更改意思

旧民法財産編497条[52]
「債権者カ明カニ第一ノ債務者ヲ免スルノ意思ヲ表シタルトキニ非サレハ嘱託ハ完全ナラスシテ更改ハ行ハレス此意思ノ無キトキハ嘱託ハ不完全ニシテ債権者ハ第一第二ノ債務者ヲ連帯ニテ訴追スルコトヲ得
　第三者ノ随意干渉ノ場合ニ於テ債権者カ舊債務者ヲ免シタルトキハ除約ニ因ル更改行ハル之ニ反セル場合ニ於テハ單一ノ補約成リテ債権者ハ債務ノ全部ニ付キ第二ノ債務者ヲ得然レトモ此債務者ハ連帯ノ義務ニ任セス」

ここでは、旧民法において完全指図（および除約）が存在するための要件である、受取人（債権者）の指図人（旧債務者）に対する更改意思について見てゆく。

更改に関する一般規定であるフランス民法典1273条[53]は、更改が生じるためには更改意思を明白に（clairement）表示しなければならないと規定している。これに対し、指図を規定するフランス民法典1275条[54]は、完全指図が生じるためには債権者が旧債務者を明示的に（expressément）免責することを要求している。この「明白に」と「明示的に」との文言の相違はなにを意味しているのだろうか。フランス法の通説は、これらの文言が異なるのは、起草者が1275条に特別な配慮を与えたからであるとし、また、1273条と1275条とは一般規定と特別規定の関係に立つものであるから、1275条には特別の意思表示が必要であるとし、1273条よりも当然に厳格であると解する[55]。

これに対し、コルメ・ドゥ・サンテール（E. Colmet De Santerre）は、両者の間に要件の軽重はないと主張し文言の差異に実質的な意味を認めないが、この見解は少数説にとどまっている[56]。この点、ボアソナードは、完全指図に受取人の更改意思の明示的な表示を必要としなかった。それは「明白に（clairement）」表示することで足りるとし、フランスの少数説と同様、更改一般の場合[57]と完全指図の場合とで異なるところはないという[58]。

7 不完全指図における新旧債務者の義務

つづいて、不完全指図（および補約）における新旧債務者の義務について見てゆく。

旧民法497条では、不完全指図における被指図人の義務は連帯（solidarité）、補約者の義務は全部義務（obligation pour le tout）であることが明らかにされている。ボアソナードによると、不完全指図の場合には、通常の連帯、すなわち、完全連帯（solidarité parfaite）が存在し、補約の場合には、不完全連帯（solidarité imparfaite）、すなわち、全部義務（obligation in solidum ou obligation pour le tout）が存在しているという[59]。これらの区別は旧債務者の新債務者に対する委任の有無によって正当化される。それゆえ、指図人の被指図人に対する委任にもとづく不完全指図の場合、彼らは連帯共同債務者（codébiteur solidaire）とみなされ、たとえば受取人が被指図人に対して訴訟を提起すると、指図人に対しても付遅滞効や時効の中断効が及ぶことになる。これに対し、かかる委任関係の認められない補約の場合にはそのような不利益を生ぜしめるべきではないとい

うのである[60]。

　このように、ボアソナードは不完全指図における被指図人の債務が指図人との連帯債務であると解しているが、この見解はときとしてフランス法においても俎上に載せられることがある。既述のとおり、フランス法の現代的指図理論の構築に非常な貢献を果たしたユベールは、指図人の法的地位は指図によってなんら変ぜられるものではないとし、被指図人と指図人とが連帯債務関係になることはないと述べる。それは当事者の意思にも反するし、連帯は推定されないという原則があるからなのであるが、その一方で、これと逆の立場を採る立法例として日本の旧民法が紹介されているのである[61]。また、かかるボアソナードの見解は、不完全指図を機能的に重畳的債務引受（あるいは併存的債務引受）へと近づけるものである[62]。

8　完全指図における指図人の資力担保義務

旧民法財産編498条[63]
「完全嘱託及ヒ除約ノ場合ニ於テ新債務者カ債務ヲ辨濟スルコトヲ得サルトキハ債權者ハ嘱託又ハ除約ノ當時ニ於テ新債務者ノ既ニ無資力タリシコトヲ知ラサルニ非サレハ舊債務者ニ對シテ擔保ノ求償權ヲ有セス但特別ノ合意ヲ以テ此擔保ヲ伸縮スルコトヲ得」

　本規定はフランス民法典1276条[64]を基礎にしたものである。ボアソナードによれば、完全指図（および除約）では、指図人（旧債務者）は受取人（債権者）に対する旧債務を免責されるため、被指図人（新債務者）が更改の後に支払不能（insolvabilité）に陥った場合に、受取人が指図人に対してもはや遡求することができないのは当然のことである。ただしこの原則には二つの例外があるという[65]。
　第一の例外は、被指図人が更改の時点ですでに支払不能に陥っており、かつ受取人がそのことを知らなかった場合であり、その場合には受取人は指図人に対して遡求権（recours）を有するという。そこには更改の原因（cause）に関する錯誤（erreur）が認められる[66]。このように遡求権の発生原因を錯誤に求める説は、当時のフランス法においてはコルメ・ドゥ・サンテールが唱えている

が[67]、少数説にとどまっている[68]。

　第二の例外は、被指図人が更改の後に支払不能に陥った場合にも遡求権を留保する旨を当事者が合意している場合である。そこには完全指図と不完全指図（あるいは除約と補約）との間のなんらかの中間状態が存在することになる[69]。

　ところで、当事者の合意にもとづく第二の例外の場合、受取人が指図人に対して有する遡求権の法的性質は、新たに創り出された新訴権であるのか、受取人が指図人に対して有していた旧訴権であるのか。ボアソナードはこの点につき以下のように述べる。第一の例外の場合は旧訴権の復活であると解するのが自然であるが、第二の例外の場合には、遡求権を留保する受取人に説明させるのがより慎重であろう。受取人がなにも語らなかったならば、指図の場合は委任訴権が（除約の場合は無名契約（contrat innommé）による通常の訴権が）新たに創り出されたと判断することができる。

　なお、ボアソナードは第一・第二の例外に、さらにもう一つの例外を付け加えている。それは、指図人が受取人を騙して、近い将来支払不能になるであろう被指図人を紹介した場合である。その後、現実に被指図人が支払不能に陥ったならば、受取人は指図人に遡求することができるという[70]。

9　債権者の交替による更改

旧民法財産編499条[71]
「債権者ノ交替ニ因ル更改ハ債務者ト新舊債權者トノ承諾アルニ非サレハ成ラス」

　債権者の交替による更改は、ほとんどの場合、債務者の交替と同時になされ[72]、ある債務者が自己の債務者を自己の債権者に指図する場合に生じる[73]。その場合、被指図人は債権者が交替し、受取人は債務者が交替する。指図人が受取人の債務者ではなく、無償で（à titre gratuit）受取人に指図をなした場合には、債権者の交替のみが存在している。

　いずれにせよ、債権者の交替による更改をおこなうためには、三当事者の意思の合致が必要である（随意干渉によっておこなうことはできない）。すなわち、自己の意思なく自己の債権を失うことはありえないのであるから、指図人の意思

は必要である。自己の意思によって債務負担しなければ債権者の交替は生じえないのであるから、被指図人の意思も必要である。最後に、指図が無償の場合でさえ自己の意思なく債権者にはなりえないのであるから、受取人の意思も必要である。

また、ボアソナードによると、債権者の交替による更改は、債権譲渡（cession de créance）とは区別される。なぜなら、債権譲渡では旧債権が消滅し債務者が新債権を負担することがないからである[74]。

旧民法財産編500条[75]
「債権者カ第五百三條ニ定ムル如ク其債権ノ物上擔保ヲ留保シテ或ハ他人ヲ惠ム爲メ或ハ他人ニ對スル債務ヲ免カルル爲メ其人ニ囑託シテ自己ノ債務者ヨリ辨済ヲ受ケシムルトキハ其受囑託人ハ債権ノ譲渡ニ關スル第三百四十七條ノ規定ニ從フニ非サレハ第三者ニ對シテ其債権ヲ主張スルコトヲ得ス」

本条は更改に債権譲渡の対抗要件制度を準用する規定である。ボアソナードによると、本条のような場面において、更改と債権譲渡との間にもはや差異はないという[76]。すなわち、債権譲渡を一種の公示制度に服させる理由を参照するならば、法文に挙げられている状況においては、更改を同様の形式に服させる理由が存在するのである。

このような形式が必要な場合とは、旧民法503条[77]に規定されているように、物的担保（sûreté réelle）の留保がある場合であり、この場合、留保した物的担保の移転に関しては債権譲渡と同視しうるという[78]。反対に、人的担保（sûreté personnelle）の場合には、新たな保証契約が必要なのであり、それはもはや同一の債務でも同一の担保でもないのであるから債権譲渡に類するものはなにもないという[79]。

Notes

5) 「指図は常に更改をともなう（In delegatione semper inest novatio）」。
   Cf. Frédéric HUBERT, Essai d'une théorie juridique de la délégation en droit français, th. Poitiers, 1899, n°77, p.53.
6) フランス語公定訳489条（以下、公定訳はCode civil de l'Empire du Japon accompagné d'un exposé des motifs, t.1 texte, Tokio, 1891による。）

Art.489. La novation, ou changement d'une première obligation en une nouvelle obligation, a lieu :

1° Lorsque les parties conviennent d'un nouvel objet de l'obligation substitué au premier ;

2° Lorsque, l'objet dû restant le même, les parties conviennent qu'il sera dû à un autre titre ou par une autre cause ;

3° Lorsqu'un nouveau débiteur prend la place de l'ancien ;

4° Lorsqu'un nouveau créancier est substitué au premier.

7) Gustave BOISSONADE, op. cit. (note 3), n°551, p.677.
8) 原因（cause）の変更による更改はフランス法に規定されていないが、ボアソナードによれば、これはフランス法が見落としている点であるという（Gustave BOISSONADE, op. cit. (note 3), n°551, p.678）。
9) Gustave BOISSONADE, op. cit. (note 3), n°551, p.678.
10) フランス語公定訳 496 条

Art.496. La novation par changement de débiteur s'opère, soit par délégation du premier débiteur au nouveau, soit par l'intervention spontanée de celui-ci, sans le consentement du premier débiteur.

La délégation est parfaite ou imparfaite.

L'intervention spontanée d'un tiers constitue une expromission ou une simple adpromission, comme il est expliqué ci-après.

11) Gustave BOISSONADE, op. cit. (note 3), n°563, p.691.
その具体的内容についての言及はないが、少なくとも今日わが国において認められている債務引受の制度と対応するものであった（野澤・前掲注 2) 17 頁）。
12) Gustave BOISSONADE, op. cit. (note 3), n°563, p.692.
13) Gustave BOISSONADE, op. cit. (note 3), n°563, pp.692-693.
14) Gustave BOISSONADE, op. cit. (note 3), n°563, p.693.
15) Par ex. Charles AUBRY et Charles RAU, Cours de droit civil français d'après la méthode de Zachariae, 4ème éd., t.4, Paris, 1871, § 324, pp.211-212; Alexandre DURANTON, Cours de droit français suivant le Code Civil, 3ème éd., t.12, Paris, 1834, n^{os}306 et s., pp.420 et s.
16) 現在でも、一般に完全指図は債務者の交替による更改であるとみなされているようである（(Henri et Léon) MAZEAUD, Jean MAZEAUD et François CHABAS, Leçons de droit civil, obligations, théorie générale, 9e éd., t.2, Paris, 1998, n°1239, p.1261）。ただし、これらを区別する見解もある（Philippe MALAURIE, Laurent AYNÈS et Philippe STOFFEL-MUNCK, Droit civil, les obligations, 3e éd., Paris, 2007, n°1374, p.814）。
17) ボアソナード民法典草案 518 条

Art.518. La novation par changement de débiteur s'opère, soit par délégation ou mandat du premier débiteur au nouveau, soit par l'intervention spontanée de celui-ci sans le concours du premier débiteur.

18) Code civil de l'Empire du Japon accompagné d'un exposé des motifs, t.2 exposé des motifs du livre des biens, Tokio, 1891, pp.727-729.
これらの点に関して、民法理由書の解説は、本章で参照しているプロジェ新版の注釈とほぼ同一の文章であり、内容面でも注釈以上の記述は見られなかったため、以下においても主として本注釈を参照する。
19) Gustave BOISSONADE, op. cit. (note 3), n°563, p.692.
20) たしかに、学説のなかにはデレガシオンと委任（mandat）とを関連付けて論ずる見

解がいくつか見られる。Cf. Robert NOURRIT, De la novation et de la délégation, th. Aix, 1859; Paul RUTSAERT, Étude sur la délégation en droit privé romain, th. pour le doctorat spécial en droit romain, Bruxelles/Paris, 1929.

21) Jacobus CUJACIUS, Recitationes solemnes sive commentarii, ad Tit.XLI. Lib.VIII. De Novationibus et Delegationibus, Opera Tomus Nonus, Neapoli, 1758, col.1282.

22) Laurent GODON, La distinction entre délégation de paiement et indication de paiement, Répertoire Defrénois (2000), art.37103, n°26, p.210.

23) BGB § 783. Händigt jemand eine Urkunde, in der er einen anderen anweist, Geld, Wertpapiere oder andere vertretbare Sachen an einen Dritten zu leisten, dem Dritten aus, so ist dieser ermächtigt, die Leistung bei dem Angewiesenen im eigenen Namen zu erheben; der Angewiesene ist ermächtigt, für Rechnung des Anweisenden an den Anweisungsempfänger zu leisten.

ドイツ民法典 783 条「金錢、有價證券又ハ其ノ他ノ代替物ヲ第三者ニ給付スベキコトヲ他人ニ指圖スル證書ヲ第三者ニ交付シタル者アルトキハ、其ノ第三者ハ被指圖人ヨリ自己ノ名ヲ以テ給付ヲ取立ツル權限ヲ有ス；被指圖人ハ指圖人ノ計算ニ於テ指圖證書受取人ニ給付ヲ爲ス權限ヲ有ス。」訳は、柚木馨・上村明廣『現代外国法典叢書(2)獨逸民法 [II] 債務法』(有斐閣・1955) 770 頁から引用。

24) Vgl. Otto Palandt/Hartwig Sprau, Bürgerliches Gesetzbuch, 69., neubearbeitete Aufl., München, 2010, § 783, Rn.3, S.1226; Dieter Medicus/Stephan Lorenz, Schuldrecht, Bd.2, B.T., 15., neubearbeitete Aufl., München, 2010, Rn.1074f., S.353f.; u. s. w.

25) BGB § 784. Nimmt der Angewiesene die Anweisung an, so ist er dem Anweisungsempfänger gegenüber zur Leistung verpflichtet; er kann ihm nur solche Einwendungen entgegensetzen, welche die Gültigkeit der Annahme betreffen oder sich aus dem Inhalt der Anweisung oder dem Inhalt der Annahme ergeben oder dem Angewiesenen unmittelbar gegen den Anweisungsempfänger zustehen.

Die Annahme erfolgt durch einen schriftlichen Vermerk auf der Anweisung. Ist der Vermerk auf die Anweisung vor der Aushändigung an den Anweisungsempfänger gesetzt worden, so wird die Annahme diesem gegenüber erst mit der Aushändigung wirksam.

ドイツ民法典 784 条「被指圖人ガ指圖ヲ引受ケタルトキハ、指圖證書受取人ニ對シテ給付ヲ爲ス義務ヲ負フ；被指圖人ハ受取人ニ對シ、引受ノ效力ニ關スル異議又ハ指圖ノ内容若ハ引受ノ内容ヨリ當然生ズル異議又ハ被指圖人ガ直接指圖證書受取人ニ對シテ有スル異議ノミヲ對抗セシムルコトヲ得。

引受ハ指圖證書上ノ記載ガ以テ之ヲ爲ス。證書上ノ記載ガ指圖證書受取人ニ對スル交付前ニ爲サレタルトキハ、引受ハ受取人ニ對シテハ交付ノ時ヨリ其ノ效力ヲ生ズ。」訳は、柚木ほか・前掲注 23) 771 頁から引用。

26) C. Civ. des Français. Art.1277. La simple indication faite, par le débiteur, d'une personne qui doit payer à sa place, n'opère point novation.

Il en est de même de la simple indication faite, par le créancier, d'une personne qui doit recevoir pour lui.

フランス民法典 1277 条「①債務者に代わって弁済すべき者について債務者が行った単なる指定は、なんら更改を生じない。

②債権者のために受領すべき者について債権者が行った単なる指定も、同様である。」訳は、法務大臣官房司法法制調査部編集（稲本洋之助訳）『フランス民法典——物権・債権関係——』(法曹会・1982) 103 頁から引用。

27) Gustave BOISSONADE, op. cit. (note 3), n°556, p.684.

28) 1項に関して、Charles AUBRY et Charles RAU, op. cit. (note 15), § 324, p.220.
29) Robert-Joseph POTHIER, Œuvres de Pothier, contenant les traités du droit français par M. Dupin, nouv. éd., t.1, Paris, 1827, n°605, p.358.
30) ポチエは債務概論において指図を更改の一種であると定義している（Robert-Joseph POTHIER, op. cit. (note 29), n°600, p.353）。
31) 支払委託書は慣習法を起源とする小切手類似の証書であったといわれている（柴崎・前掲注2) 197頁）。
32) Robert-Joseph POTHIER, op. cit. (note 29), n°605, p.358.
33) Robert-Joseph POTHIER, Œuvres de Pothier, contenant les traités du droit français par M. Dupin, nouv. éd., t.3, Paris, 1827, n°226, p.226.
34) これらの経緯につき、本書第1部第1章および第2章、また、前章参照。
35) Robert-Joseph POTHIER, Œuvres de Pothier, contenant les traités du droit français par M. Dupin, nouv. éd., t.2, Paris, 1827, n°^{os}552-553, p.245.
36) Ulrich Eisenried, Die bürgerlich-rechtliche Anweisung und ihre Entstehung, Diss. Passau, 2010, S.89.
37) Günther Loewenfeld, Die Anweisung in Gesetz und Verkehr, Berlin, 1922, S.19ff.
38) Peter Bülow, Kommentar zum Wechselgesetz/Scheckgesetz und zu den Allgemeinen Geschäftsbedingungen, 4., neubearbeitete Aufl., Heidelberg, 2004, SchG Einf., Rn.1, S.339.
39) フランス民法典1277条の解釈上の特殊性に言及するものとして、BADAREU-TOMSA, De la délégation imparfaite, Paris, 1914, pp.92-94; Frédéric HUBERT, op. cit. (note 5), n°140, pp.102-103.
40) Par ex. Charles Bonaventure Marie TOULLIER, Le droit civil français, t.7, 5 éd., 1842, n°286, p.350.
41) Gustave BOISSONADE, op. cit. (note 3), n°564, p.693.
42) Par ex. Charles DEMOLOMBE, Cours de Code Napoléon, t.28, Paris, 1877, n°309, p.218; G. BAUDRY-LACANTINERIE, Précis de droit civil, 2ème éd., t.2, Paris, 1886, n°1093, p.748.
43) Botho von Salpius, Novation und Delegation nach römischem Recht, Berlin, 1864.
44) Paul GIDE, Études sur la novation et le transport des créances en droit romain, Paris, 1879.
45) Frédéric HUBERT, op. cit. (note 5).
46) Par ex. Ambroise COLIN et Henri CAPITANT, Cours élémentaire de droit civil français, 7ème éd., t.2, Paris, 1932, n°331, p.313.
47) 一連の流れについては、本書第2部第1章参照。
48) Georges RIPERT et Jean BOULANGER, Traité élémentaire de droit civil de Planiol refondu et complété, 4ème éd., t.2, Paris, 1952, n°1823, p.606.
49) Par ex. François TERRÉ, Philippe SIMLER et Yves LEQUETTE, Droit civil, Les obligations, 10e éd., Paris, 2009, n°1441, p.1419.
50) Gustave BOISSONADE, op. cit. (note 3), n°563, p.693.
51) この点につき民法理由書では、これらの細分類を同一の条文のなかで過度の負担をかけずに説明する（expliquer）ことができなかったと述べられている（Code civil de l'Empire du Japon accompagné d'un exposé des motifs, t.2 exposé des motifs du livre des biens, Tokio, 1891, p.728）。
52) フランス語公定訳497条
    Art.497. La délégation n'est parfaite et n'opère novation que si le créancier a manifesté clairement l'intention de décharger le premier débiteur; à défaut de cette

intention, la délégation est imparfaite et les deux débiteurs peuvent être poursuivis solidairement.

　Au cas d'intervention spontanée d'un tiers, si le créancier a déchargé le premier débiteur, il y a novation par expromission; dans le cas contraire, il y a simple adpromission et le créancier acquiert un second débiteur pour le tout, mais sans solidarité.

53) C. Civ. des Français. Art.1273. La novation ne se présume point; il faut que la volonté de l'opérer résulte clairement de l'acte.
　　フランス民法典1273条「更改は、なんら推定されない。更改を行う意思は、その行為から明白に引き出されるものでなければならない。」訳は、司法制調査部編集（稲本訳）・前掲注26）102–103頁から引用。

54) C. Civ. des Français. Art.1275. La délégation par laquelle un débiteur donne au créancier un autre débiteur qui s'oblige envers le créancier, n'opère point de novation, si le créancier n'a expressément déclaré qu'il entendait décharger son débiteur qui a fait la délégation.
　　フランス民法典1275条「債務者が債権者に他の債務者を付与し、その者が債権者に対して義務を負う旨の指図 délégation は、債権者が指図を行った債務者を免責する意図がある旨を明示的に申述した場合でなければ、なんら更改を生じない。」訳は、司法制調査部編集（稲本訳）・前掲注26）103頁から引用。

55) Charles AUBRY et Charles RAU, op. cit. (note 15), § 324 note42, p.220; Charles DEMOLOMBE, op. cit. (note 42), n°313, p.221.

56) E. COLMET DE SANTERRE et A. M. DEMANTE, Cours analytique de Code Civil, continué depuis l'article 980, 2ème éd., t.5, Paris, 1883, n°223 bis.IV, pp.409-410.
　　本書第2部第1章参照。

57) 旧民法財産編492条
　　「更改ノ意思ハ債権者ニ在テハ之ヲ推定セス明カニ證書又ハ事情ヨリ見ハルルコトヲ要ス
　　然レトモ同一ノ當事者間ニ於テ義務ノ更改アリタルカ二箇ノ義務ノ共ニ存スルカノ疑アルトキハ第三百六十條ニ依リテ債務者ノ利益ノ爲メニ更改ノ意義ニ解釋ス」
　　フランス語公定訳492条
　　Art.492. L'intention de nover ne se présume pas chez le créancier : elle doit résulter clairement de l'acte ou des circonstances.
　　Toutefois, lorsqu'il est douteux s'il y a novation ou cumul de deux obligations entre les mêmes parties, le doute l'interprète en faveur du débiteur et dans le sens de la novation, conformément à l'article 360.

58) Gustave BOISSONADE, op. cit. (note 3), n°564, p.694.
59) Gustave BOISSONADE, op. cit. (note 3), n°565, p.694.
60) Gustave BOISSONADE, op. cit. (note 3), n°565, p.695.
61) Frédéric HUBERT, op. cit. (note 5), n°190 note 1, p.146.
62) 柴崎暁「主観的更改と純粋指図」池田真朗・平野裕之・西原慎治編集『民法（債権法）改正の論理・別冊タートンヌマン』（新青出版・2010）422頁。
63) フランス語公定訳498条
　　Art.498. Dans les cas de délégation parfaite et d'expromission, si le nouveau débiteur ne peut acquitter la dette, le créancier n'a de recours en garantie contre l'ancien que si le nouveau débiteur était déjà insolvable au moment de la délégation ou de l'expromission et à l'insu du créancier; sans préjudice des conventions particulières qui peuvent étendre ou restreindre cette garantie.

64) C. Civ. des Français. Art.1276. Le créancier qui a déchargé le débiteur par qui a été faite la délégation, n'a point de recours contre ce débiteur, si le délégué devient insolvable, à moins que l'acte n'en contienne une réserve expresse, ou que le délégué ne fût déjà en faillite ouverte, ou tombé en déconfiture au moment de la délégation.

フランス民法典 1276 条「指図を行った債務者を免責した債権者は、指図を受けた者 délégué が支払不能となる場合にも、その債務者に対してなんら求償権を有しない。ただし、その行為が求償権について明示の留保 réserve expresse を含む場合、又は指図を受けた者が指図の時にすでに破産開始 faillite ouverte〔の状態〕にあった場合、若しくは支払不能 déconfiture に陥っていた場合には、その限りでない。」訳は、司法法制調査部編集（稲本訳）・前掲注 26）103 頁から引用。

65) Gustave BOISSONADE, op. cit. (note 3), n°566, p.695.
66) Gustave BOISSONADE, op. cit. (note 3), n°566, p.696.
67) E. COLMET DE SANTERRE et A. M. DEMANTE, op. cit. (note 56), n°224 bis.I, p.411.
68) この点については、本書第 2 部第 1 章参照。
69) Gustave BOISSONADE, op. cit. (note 3), n°566, pp.696-697.
70) Gustave BOISSONADE, op. cit. (note 3), n°566 bis, p.697.
71) フランス語公定訳 499 条
Art.499. La novation par changement de créancier n'a lieu que du consentement tant du débiteur que de l'ancien et du nouveau créancier.
72) Gustave BOISSONADE, op. cit. (note 3), n°567, pp.697-698.
73) なお、フランス法において、デレガシオンは「債務者の交替による更改」のみが念頭に置かれており、「債権者の交替による更改」とデレガシオンとの関係はあまり考えられていないようである（本書第 2 部第 1 章参照）。

これに対して、ドイツ法では、「債務者の交替による更改」も「債権者の交替による更改」も同じく指図の一種と解するのが有力であるようである（本書第 1 部第 1 章参照）。
74) Gustave BOISSONADE, op. cit. (note 3), n°567, p.698.
75) フランス語公定訳 500 条
Art.500. Lorsqu'un débiteur est délégué par son créancier, soit gratuitement, soit en acquit d'une dette du délégant, avec réserve des sûretés réelles qui garantissaient la créance primitive, comme il est prévu à l'article 503, le délégataire n'est saisi de ladite créance à l'égard des tiers que sous les conditions prescrites à l'article 347 pour la cession de créance.
76) Gustave BOISSONADE, op. cit. (note 3), n°572, pp.701-702.
77) 旧民法財産編 503 条
「舊債權ノ物上擔保ハ新債權ニ移ラス但債權者之ヲ留保スルトキハ此限ニ在ラス
此留保ハ共同債務者、保證人又ハ第三所持者ノ手ニ存スル擔保負擔ノ財産ニモ之ヲ行フコトヲ得
此留保ニ付テハ更改ノ相手方ノ承諾ノミヲ必要トス
右ノ場合ニ於テ財産ハ舊債務ノ限度ヲ超エテ擔保ヲ負擔セス」
78) Gustave BOISSONADE, op. cit. (note 3), n°572, p.702.
79) Gustave BOISSONADE, op. cit. (note 3), n°572, p.703.

III 指図（嘱託）規定の削除

　明治29年の新民法の誕生により、詳細に規定してあった更改に関する規定は大幅に縮減され、旧民法の指図（嘱託）規定も姿を消した。そこで最後に、指図規定削除の経緯を見てゆくことにしよう。

1　梅謙次郎委員による指図規定の削除理由

　現行民法における更改の款を起草したのは、梅謙次郎委員である。その起草趣旨を見ると、更改の款は旧民法の「財産編ノ第二部第三章第二ニ御座イマスル規定ト粗同ジ」であるとし、はじめに、不必要または不穏当と考えて削除された各条についての説明がなされている[80]。そのなかで、債務者の交替による更改を規定した旧民法496条（II 2 参照）については、一部を修正案に採用しつつ、削除した理由が次のように述べられている。
　「第四百九十六條是レハ或ル一部分ハ本案中ニモ取リマシタガ一體此規定ハ定義ガ澤山アツテ定例ヲ設ケテ夫レニ定義ヲ加ヘテアルヤレ完全嘱託トカ不完全嘱託トカ云フモノガ設ケテアツテ夫レノ説明モアル然ウ云フコトハ餘リ必要ハ少ナカラウ學者ガ名ヲ附ケルノハ宜イガ法典デ濫リニ術語抔ヲ附ケルノハ宜クナカラウ外國ニモ餘リ是レハ例ノ極ハメテ少ナイコトデアリマスカラ本案ニ於テモ取リマセヌ」。
　梅委員の説明によれば、「完全嘱託」や「不完全嘱託」などの語を法典の用語として採用する必要はないためこれらを削除したというのである。すでに述べたように、このような用語は、ボアソナード草案には規定されていなかったものであり、これをわざわざ法文に採り込んでいたことが該規定削除の理由となっている。つづいて、完全指図（および除約）における受取人の更改意思、ならびに不完全指図（および補約）における新旧債務者の義務について規定した旧民法497条（II 6 参照）について見てみよう。
　1項前段については、「是レハ更改ハ推定セズト云フ當然ノ結果デアリマス」と述べ、1項後段については、「連帯債務者ニナル前ニハ債務者ヲ保護シタノガ今度ハ債権者ヲ保護シタ様ニナツテ奇妙ニ思フ」とし[81]、2項については、

「此處デハ全部義務ヲ推定シテ居ル斯ウ云フ推定ト云フモノハ餘程必要ガナケレバ設ケヌ方ガ宜カラウト思ヒマシテ外ニモ餘リ例ノナイコトデアリマスカラ旁々以テ是レハ置キマセヌコトニシマシタ」という[82]。

すでに見たように、497条1項前段は、ボアソナードがフランス法における解釈上の疑義につき少数説を採ったために同じ表現となった箇所であるが、このような繰り返しは不要であるとして、また、後段は旧民法492条[83]との関係で、連帯債務者になる前には債務者を保護したのに、ここでは債権者を保護したようになって奇妙であるとして削除されている。さらに2項に関しては、補約をおこなうような場合は、通常であれば保証人となる場合が多いのであるから、このような規定を設けない方がよいと述べられている。つぎに、完全指図における指図人の資力担保義務について規定された旧民法498条（II 8参照）については以下のとおりである。

「此規定ハ若シ必要デアレバ餘程大事ナ規定デアルコトト思ヒマス」として、諸外国の立法を比較しつつ、「原則トシテ擔保ノ義務ノナイト云フコトハ是レハ規定ヲ待タズシテ知レ切ツタコトデアル」と述べる。そして、当事者の合意による第二の例外については、「此場合ニ於テ特約ガナケレバ勞力ニ付テ擔保ノ義務ノナイト云フコトハ無論ノ話デアリマス」という。かえって本条の必要性は、法定的に指図人に担保義務を課す第一の例外にあり、これが「本條ノ骨」である。

しかしこの場合でも、被指図人が無資力であることを知らなかったのは受取人の調査が至らなかったせいである。もちろん指図人の詐欺がある場合は詐欺取消が認められるから受取人は害されない。詐欺がない場合には受取人の調査不足なのであるから、「其結果ヲ善意ナル債務者ニ負ハセルコトハ不都合ト思フ特約アル場合ハ格別特約ノナイ場合ハ寧ロ擔保ガナイト云フ方ガ當事者双方ヲ公平ニ保護スルモノデアラウ」というのである。資力担保義務を認めない以上、明文は必要ないため本条は削除された。

最後に、債権者の交替による更改を定める旧民法499条に（II 9参照）ついて見てみよう。

梅委員によると、499条は削除したのであるが、これを「決シテ定質上反對ニ極メル積リデアリマセヌ」という[84]。更改は契約なのであるから、旧債権者と債務者間に契約が必要なのは当然である。また新債権者についても、「自

分ガ知ラナイ間ニ他ノ人ノ意思ヲ以テ自分ガ債権者ニナルト云フコトハアリマセヌカラ無論其者ノ承諾ガ必要デアルト云フコトハ書カナクテモ知レ切ツタコトト思フ」。そして、このような規定は他国の立法にも例が少ないものであるから削除したという[85]。こうして、債権者の交替による更改は、対抗要件や債権譲渡の準用に関する条文のみが置かれることになったのである。

2 修正案511条（現行民法514条）の起草趣旨

債務者の交替による更改を定める修正案511条（現行民法514条）の起草趣旨説明において、「之ハ先刻一寸申上ゲマシタ第四百九十六條第一項ノ規定ト實質ニ於テハ變ハル所ハナイノデアリマス此四百九十六條ノ如ク『嘱託』トカ隨意ノ『干渉』ト云フヤウナ文字ヲ用キマセヌデ單ニ事柄丈ケヲ規定シタノガ少シ違ウ丈ケノコトデアリマス」と述べている。

要するに、旧民法496条第1項は、嘱託および随意干渉という語を用いているが、修正案511条ではそのような語を用いず、単に事柄だけを規定しただけだというのである。規定の内容は実質において変わるところはないといわれており、起草趣旨を見るかぎり、決して嘱託が不要の概念であるとして排斥する趣旨ではなく、むしろ肯定する趣旨であったことが窺える。

また、但書（現行民法514条但書）については、既成の旧民法にも諸外国の立法にも例のない規定であるが、「既ニ辯濟ニ付テ債務者ガ不同意ヲ表シタトキニハ第三者ヨリ辯濟ヲ爲スコトヲ得ナイト云フコトニ爲リマシタ以上ハ此處ニ於テモ前ノ債務者ガ不同意ヲ唱ヘタ場合ニハ外ノ者ガ替ツテ債務者ト爲ツテ更改ヲ爲スト云フコトハ許サヌトシテ置カヌト前後權衡ヲ得ナイト思ヒマスカラ夫レデ此處ニ此但書ヲ加ヘタノデアリマス」と説明されている[86]。

以上の審議過程を経て、債務者の交替による更改は現行法に受け継がれることになった。起草趣旨を見れば、当該規定が旧民法におけるそれと直接の連続性を有することは明白である[87]。

3 その後の学説

ここでは、新旧民法で直接の連続性を有する現行民法514条についての学

説の解釈を見てゆくことにする。

　明治30年に刊行された法典起草の補助委員の共著による注釈書によると、「債務者ノ交替ニ因ル更改ハ舊債務者ヨリ新債務者ニ爲シタル囑託ニ因ルコトアリ」と述べ、具体例として、AがBに対して、Aの債権者甲に負っている債務を代わりに支払うよう依頼し、Aの債務が消滅しBが甲に債務を負担する場面を挙げる[88]。更改の有無は、債権者甲がAを免責することに同意するか否かによって決する[89]。また、遠隔地間の決済の場合に労力と費用を省き、損害を生じさせることなく決済を簡易化するという指図の機能に触れ、「商事取引ニハ此類ノ更改頗ル多シ」と説明している。

　さらに、「債務者ハ交替ヲ囑託セサルニ第三者自ラ進ンテ債務者ニ替ラントスル場合アリ之ヲ稱シテ新債務者ノ隨意ノ干渉ト言フ」とし、この場合も債権者が旧債務者を免責したときは更改が生じ、免責しなかったときは更改が生じないという[90]。ここでは旧民法におけるような指図・随意干渉の説明、完全指図・不完全指図と除約・補約の説明がなされており、現行民法514条が実質的に指図と随意干渉とを規定しているものと理解されている。

　そのほか、明治31年に刊行されたテキストを見ても、「債務者ノ變更即チ交替ニ因ル更改ハ舊法典財産編第四百九十六條第一項ニ明示セル如ク或ハ舊債務者ヨリ新債務者ニ爲セル囑託ニ因リ或ハ新債務者ノ隨意干渉ニ因リテ行ハル、モノナリ」として、各場合の説明が加えられている[91]。このように、債務者の交替による更改は、新民法においても指図ならびに随意干渉によって説明がなされており、これは、現行民法514条が事柄だけを規定したにすぎないという梅委員の起草趣旨とも合致するものである。しかし、この段階に至っても指図は更改の説明に付随する形でしか言及されず、更改と指図との峻別はつけられていない。

　ところで、ボアソナードが債務者の交替による更改によって、いわゆる債務引受に機能的に類する制度を構築しようとしていたことは端々から窺い知ることができる。しかし、1900年に施行されたドイツ民法典が債務引受（Schuldübernahme）の制度を規定したことにより、更改は過去の歴史へと押し流されてゆくことになる[92]。1900年以降、わが国においてもドイツ法を中心とした債務引受論が隆盛に向かうことになり、債務者の交替による更改への関心が薄れることと一体的に、指図そのものがクローズアップされる機会も少な

くなっていったのである。

4　わが国における指図理論の再発見

　最後に、近年わが国において、なぜ再び指図に関心が寄せられつつあるのかについて、現代のフランス法における指図理論に触れつつ簡潔に述べておきたい。

　デレガシオンのもっとも象徴的な性質のひとつとして、抗弁の対抗不能性 (inopposabilité des exceptions) が挙げられる。これによって、被指図人は、指図人との関係から生じた抗弁も、指図人と受取人の関係から生じた抗弁も、受取人に対して対抗できない。この点、現代のフランス指図理論では、確実指図 (délégation certaine) と不確実指図 (délégation incertaine) という類型が新たに学説上承認されてきている[93]。

　不確実指図とは、被指図人が受取人に対して、自己が指図人に対して支払わなければならないもの、あるいは指図人が受取人に支払わなければならないものを支払うよう義務づけられる指図であり、この場合、被指図人の債務は、関係づけられている債務に依拠することになる。フランスで当事者が債務引受 (reprise de dette) を企図しておこなうのがこの種の指図であるという[94]。確実指図とは、被指図人の受取人に対する債務が、指図人に対する被指図人の債務にも、受取人に対する指図人の債務にも依存しない指図である。それゆえ、この種の指図は、フランス法にあって無因行為 (acte abstrait) であると明言する学説もある[95]。

　翻って、商事領域における第三者を介する為替取引・決済手段は、取扱量の大量性に起因する円滑かつ迅速な処理の要請があるため、原因関係から効力的牽連性を切断し、法的関係を安定化させる無因性は重要な要素のひとつとなっている[96]。それゆえ、その本質的性質として抗弁の対抗不能性が認められ、フランスにおいてさえ無因行為と説明されることもあるデレガシオンは、債務引受や債権譲渡などに還元しえない様相を呈しており[97]、近時、商事取引や金融取引の分野で指図が再発見されたもっとも大きな理由のひとつといえるのである[98]。

Notes

80) 法務大臣官房司法法制調査部監修『法典調査会民法議事速記録三（日本近代立法資料叢書三）』（商事法務研究会・1984）597頁。
81) 司法法制調査部監修・前掲注80）598頁。
82) 司法法制調査部監修・前掲注80）598–599頁。
83) 前掲注57）参照。
84) 司法法制調査部監修・前掲注80）599頁。
85) 司法法制調査部監修・前掲注80）599–600頁。
86) 司法法制調査部監修・前掲注80）610頁。
87) なお、これとは反対の結論を導くものとして、池田真朗「債務引受と債権譲渡・差押の競合——一括決済方式における債権譲渡方式と併存的債務引受方式の比較を契機に——」法研77巻9号（2004）38頁以下。
88) 松波仁一郎・仁保亀松・仁井田益太郎『帝國民法正解・第三編債権』（日本法律學校・1897）747頁。
89) 松波ほか・前掲注88）747–748頁。
90) 松波ほか・前掲注88）749頁。
91) 前田孝階・亀山貞義『民法講義・債権編・巻之一（上、中、下）』（講法會・1898）124頁以下。
92) 野澤・前掲注2）30頁以下。
93) Par ex. Rémy CABRILLAC, Droit des obligations, 8e éd., Paris, 2008, n°425, p.312; Philippe MALAURIE, Laurent AYNÈS et Philippe STOFFEL-MUNCK, op. cit. (note 16), n^{os}1366 et 1367, pp.805 et 806.
94) Jacques FLOUR, Jean-Luc AUBERT et Éric SAVAUX, Droit civil, les obligations, le rapport d'obligation, t.3, 6e éd., Paris, 2009, n°436, p.370.
95) Par ex. Alain SÉRIAUX, Droit civil, droit des obligations, 2e éd., Paris, 1998, n°178, p.652; Jacques FLOUR, Jean-Luc AUBERT, Yvonne FLOUR et Éric SAVAUX, op. cit. (note 94), n°437, p.371.
96) たとえば振込取引に関して、松本貞夫「誤振込による預金の成否と原因関係の存否」法論80巻2・3合併号（2008）419頁、伊藤壽英「振込依頼人と受取人との間に振込みの原因となる法律関係が存在しない場合における振込みに係る普通預金契約の成否」金判1001号（1996）49頁など。
97) 柴崎暁「振込取引と指図の法理」タートンヌマン10号（2008）57頁。
98) フランス破毀院の判例においても、民事部においては不確実指図が認定されやすく、商事部においては確実指図が認定され、取引の動的安全が図られやすい傾向にあるという（Jacques FLOUR, Jean-Luc AUBERT, Yvonne FLOUR et Éric SAVAUX, op. cit. (note 94), n°441, p.373）。

IV 小 括

ボアソナードは、フランス法を母法とした指図論を構築しており、その内容は指図を更改のなかに位置づけるなど、基底をなす部分はフランスの当時の通

説に依拠していたと評価しうるだろう。ただし、細部については少数説に与しており、また、指図と委任との関係を明確に指摘したり、不完全指図の新旧債務者の義務を連帯と解したりと、独特の考え方も垣間見ることができる。その一方で、フランス民法典1277条を排斥したことにより、ドイツ法のいわゆる支払指図についての民事法的基盤が、無自覚にわが国の法典のなかで散逸したことも指摘しうるだろう。

このような形でわが国に継受された指図規定は新民法では削除されたが、起草にあたった梅委員の起草趣旨を見ると、嘱託や随意干渉という語を用いず事柄だけを規定するというものであり、事実、新民法誕生以後も現行民法514条については旧民法と同様の説明がなされていた。

ところで、ボアソナードの指図論は、現在のフランス法における指図理論とは相当懸け隔たったものとなっている。これはボアソナード起草以後に生じたパラダイムシフトの結果であり、フランスでは条文上はなおもデレガシオンを更改の款に置きながら、講学上、更改から（それにともなって既存債務からも）切り離された指図理論が構築されている。これに対し、わが国では新民法誕生以後においても指図を更改の一種としてしか認識しておらず、指図に関する文言が法文上にあらわれていないことから、その解釈について顧みられることも少なかった。

西欧法における指図理論のその後の発展を鑑みると、わが国における指図・嘱託（délégation）の継受は成功したとはいいがたい。指図理論そのものを見ても、ごく一部を除いては[99]、ボアソナード以後の西欧法の理論的展開から取り残されてしまったと評価せざるをえないように感じられる。

しかし、梅委員の起草趣旨のとおり、現行民法514条は新旧民法に命脈を繋ぐ指図規定ということができ、フランス法の如く解釈論的に指図理論を展開させることも理に悖る話ではない。いずれにせよ、商事取引・金融取引を中心として、わが国においても現代的指図理論の再構築が俟たれているのである。

Notes

99) たとえば、石坂音四郎『債権總論下巻』（有斐閣・第5版・1918）1673頁以下。

終　章

　現在の独・仏法における指図の淵源は、古くローマ法における指図（delegatio）に遡ることができる。しかしながら、ローマ法上の指図は、19世紀中葉に至るまで、その解釈においては、二つの大きな誤謬があった。

　一つ目の誤謬は、ローマ法上の指図を更改の一種と解していたことである。すなわち、近世初頭には、ローマ法上の指図は、被指図人の指図人に対する既存債務と指図人の受取人に対する既存債務とが消滅し、被指図人の受取人に対する新債務が発生するという、二重の更改を生じるものとされ、それゆえ、両原因関係における既存債務が前提とされていたのである。かかる解釈は永らく学説を支配し、ローマ法上の指図は不当な桎梏状態にあった。

　ドイツ法においては、19世紀の初頭に至っても、いまだ更改の桎梏から抜け出すことができず、ローマ法上の指図は、指図人と被指図人との資金関係か指図人と受取人との対価関係にもとづく既存債務の、少なくともいずれか一方の更改に相違ないと解されていた。しかしながら、1835年のマイアーフェルトの著作が、ローマ法には既存債務を前提としない（すなわち、更改の生じない）指図がありうることを明らかにし、これを皮切りに、テール、ザルピウスなどが、ローマ法上の指図にとって既存債務は本質的ではなく、延いては更改とは別個独立の制度であることを明らかにしたのである。

　他方、フランス法では、ドマおよびポチエが、指図が更改の一種であるとしながらも、そのなかには更改を生じない指図がありうるということを早くから指摘していた（とりわけポチエは、商業実務の利用例からこれを明確に意識していたことが窺える）。しかし、1804年のフランス民法典では、従来どおり、指図は更改の節に規定されることになり、その後のいわゆる註釈学派の時代にも、指図が更改の一種であるとの見解が固辞された。

終章

ただし、条文の文言上、更改が生じるためには受取人の明示的な免責意思の表示が必要とされていることから、法典成立後の学説は、指図には更改を生じない場合がありうると解し、講学上、更改を生じる指図は「完全指図 (délégation parfaite)」、更改を生じない指図は「不完全指図 (délégation imparfaite)」と呼ばれていた。

前述のとおり、ドイツでは19世紀中葉ごろから、マイアーフェルト、テール、ザルピウスらによって、ローマ法上の指図は更改の一種ではないとの見解が通説的地位を獲得し、これらの見解はフランス法にも影響を与えることになった。指図と更改との縁切りのために決定的であったのは、1879年のジッド、ついで1899年のユベールの著作であろう。これ以後、いわゆる科学学派の時代には、不完全指図が本則であり、受取人が指図人の既存債務を免責するという明示的意思を表示した場合にのみ更改効が生ずるとの見解が通説となっている（なお、現在では「完全指図・不完全指図」という名称が不正確であるとして、「更改指図・単純指図」という名称があえて用いられることもある）。

二つ目の誤謬は、ローマ法の解釈にあたり、いわゆる「支払指図 (delegatio solvendi)」が見落とされていたことである。すなわち、現在のローマ法の解釈によると、ローマ法上の指図は、「支払指図」と「義務設定指図 (delegatio obligandi vel delegatio promittendi)」とに区別しうると解されている。支払指図とは、被指図人が受取人へ直接給付をなす、すなわち、支払目的物を受取人に直接引き渡すことに向けられた指図のことである。

義務設定指図とは、被指図人が受取人に対して、問答契約 (stipulatio) または嫁資の言明 (dotis dictio) によって義務づけられることに向けられた指図のことである。

一つ目の誤謬により、ローマ法上の指図は更改の一種と解されていた。これはすなわち、被指図人の受取人に対する債務の存在をも前提としていた。つまり、指図が更改の一種であると解されることは、同時に、いわゆる義務設定指図のみが指図であると理解されることにもつながるのである。

さて、中世フランドル地方の都市の商慣習のなかでは、まさにこの支払指図が用いられていた。これは12、13世紀ごろに誕生し、15、16世紀ごろに目覚ましい発展を遂げた。当時、ローマ法上の指図は更改であると考えられていたため、指図と同時に既存債務の免責が生ずることになる。そうすると、債権

者である指図の受取人は、被指図人の支払能力に対するリスクを負わされることになってしまう。また、幣制の異なる他地へと現金を輸送するコストおよびリスク削減の必要から、更改を生じない指図が必要とされたのである。なお、このような経済事情は、フランスにおいて、義務設定指図のなかでも更改を生じない、いわゆる不完全指図誕生の経緯にもなっている。

かくして商業実務のなかで新たに誕生した（かに思われた）支払指図には、その後、assignatioという新名称が付されることになった。これがドイツ法における指図（Anweisung）の直接の基盤となっており、このことがさらなる混迷をもたらす原因となるのである。

ドイツ法は、この中世商業取引における指図の法的性質を、ローマ法上の委任（mandatum）に求めた。ローマ法上の指図は、上述のとおり、更改の一種であると解されていたからである。このようにして、かかる指図は、当初は、単一の委任、すなわち、指図人の被指図人に対する委任、あるいは指図人の受取人に対する委任であると解されていたが、その後、指図人の被指図人に対する支払委任と指図人の受取人に対する取立委任との結合からなる二重委任であるとの見解が有力となり、以後、これが19世紀中葉までの通説となった。

ただし、指図人の被指図人および受取人に対する委任は、彼らを指図の履行へと義務づけることはなく、また、受任者が委任者に対して受取物の引渡義務を負う委任の原則とは異なり（ドイツ民法典667条。わが国でも同様（民法646条））、受任者である受取人は、委任者である指図人に対して、被指図人から取得した給付目的物を引き渡す義務を負わないものと解されていた（それゆえ、当時の普通法は、これを「自己の利益のための委任（mandatum in rem suam）」という特殊な委任であると説明していた）。

そのため、二重委任説のもとで指図の法的性質が委任であるといっても、それは現在の意味における委任と同じ内容、同じ性質を持つものではなかったのである。このような原則的な委任との相違が、後の二重委任説への批判へとつながることになる。

また、指図引受、すなわち、被指図人が指図を引き受けることによって、受取人に対して独自に義務を負う行為も無効であると解されていた。被指図人と受取人との間で債務関係を生ぜしめる債務原因が存在していないと考えられたからである。しかし、商業取引のなかで、書面的に指図引受がなされるように

なると、これを例外的に有効であると解する見解が登場しはじめる。手形引受（Wechselakzept）は、法令上、当時からすでにその有効性が承認されており、手形引受との類推が可能な限りで指図引受の有効性を認めようとしたのである。

19世紀中葉ごろには、一つ目の誤謬から、すなわち、ローマ法上の指図が更改の不当な桎梏から解放されることになった。そのため、従来はローマ法上の指図（delegatio）と中世商業取引の指図（assignatio）とが更改の有無という点で区別されていたところ、両者の区別の基準が不明確となった。そこで、テールは、前者は被指図人の受取人に対する債務負担を必要とし、後者は債務負担が原則として無効になるとして（ただし、前述の例外は認められる）、新たな区別の基準を立てたのである。

ところが、1864年、ザルピウスが公表したモノグラフィーにより、それまでの状況が一変することになる。

ザルピウスは、ローマ法上の指図が更改とは峻別される独立の法的範疇であること、そしてローマ法上の指図には、支払指図と信用指図（義務設定指図）という二つの種類があるということを明らかにした。そのうえで、ドイツで中世商慣習の創作物であると解されていた指図（assignatio）が、この支払指図と理論的連続性を保っており、ローマ法上の指図に包摂される概念であることを、十分な証拠とともに論証したのである。

また、指図の法的性質として通説的位置を占めていた二重委任説を批判し、指図人が被指図人に与えるのは委任ではなく授権（iussum）であり、指図人が受取人に与えるとされる「自己の利益のための委任」は、ローマ法には存在しないと主張した。

さらに、指図引受について、これはローマ法上の指図問答契約に相応するものであり、債務原因は指図人との関係に求められるとして、ローマ法を手掛かりとして、手形引受の類推によらずに指図引受の一般的有効性を認めた。

ザルピウスのかかる見解は、後の学説に非常に大きな影響を与え、批判を受けながらも受け容れられることになった。

指図の法的性質については、二重委任説に対する批判が強くなり、「自己の利益のための委任」がローマ法において完全に無効とされているとして、授権（Ermächtigung）概念を用いて指図人と受取人との間の指図関係を説明する見解が登場するようになった。

このようにして、ドイツ法における指図は、ローマ法上の支払指図と理論的には連続するものと理解され、なんら当事者を義務づけない授権概念をもって規定されたのである（ただし、指図行為とは別に、原因関係において履行を義務づけることは可能である）。また、指図引受についても、従来は技術的制度としての認識が強かったが、理論的にはローマ法上の指図問答契約の一部（無因的指図問答契約）として再定位された。

ただ、ドイツ民法典は、もっともよく用いられる取引を指図として規定したため、ドイツ民法典783条の指図は、証書を要し、給付物が有体物に制限され、指図人から被指図人への授権は受取人を通じて間接的に与えられると規定されることになった。

さて、フランス法における指図は、前述のとおり、更改であるか否かという点に学説の焦点があてられているが、更改をともなう場合は当然、更改をともなわない場合でも、被指図人の受取人に対する債務負担が前提とされている。これは、先のドイツ法におけるローマ法の現代的解釈に徴すれば、まさしく義務設定指図のことを意味している。ローマ法上の支払指図は、フランス民法典起草当時にはいまだ知られていなかったのである。

しかしながら、フランス民法典の成立に非常な貢献を果たしたポチエは、ローマ法の継受と実際上の取引慣行を折衷させる過程で、支払委託書を用いた中世商慣習上の指図（assignatio）に単なる指示（simple indication）、単なる指図（simple délégation）という語を用いて、この場合の指図は、二重の委任であって更改ではないと説明している。このことから、ポチエはフランス法においてもローマ法の支払指図を継受する土壌を開拓していたといえる。

しかし、実際に制定された、単なる指示に関するフランス民法典1277条では、ポチエの思惑とは異なり、有機的一体をなすべき二つの指示が1項と2項とで別々に規定された。さらにこれらは更改にあたらないという点のみが注目されることになり、その法的性質は、単に委任であると解されることになったのである。

それゆえ、現在のフランス法においては、1277条は無益な規定であると断じられることすらある。委任の規定は別に設けられており、また、指示のみでは被指示者と第三者との間に債務が発生することはないため、当然ながら更改を生ずる余地もないからである。

しかし、ドイツ法と同様、フランス法においても、指図の完成を企図してなされた1277条の指示（委任）は、通常の委任とは異なる性質を有すると解されることがあるようである。すなわち、単なる指示が、最終的に指図（délégation）という法律行為の完成を志向するものであるならば、なされるべき二つの指示は、未完成指図（指図の草案）たる性質を有するというのである。

ところで、わが国の旧民法にも、ボアソナードによって嘱託という名の指図規定が設けられていた。これはフランス法をベースにしたものであったが、起草当時の議論状況も相俟って、更改の節のなかに規定され、完全指図と不完全指図という分類がなされていた。また、細部には当時の少数説が採用されており、フランス法の指図理論と比較しても、少々異色な立法となっている。さらに、フランス民法典1277条は採用する実益がないとして、旧民法にこれを模範とした規定が置かれなかったため、支払指図に関する基盤が法典中から欠落することになった。旧民法の指図規定は、新民法成立にあたって削除されたが、起草委員の説明を見ると、規定内容に変更はないといわれており、決して指図を排斥する趣旨でなかったことが窺える。

これまでの研究により、独・仏法の指図規定には、以下のような理論的背景が見て取れる。

フランス法における指図（délégation）は、（支払指図を除いて）極めてローマ法的な義務設定指図を継受したものであり、ドイツ法とは異なり、（その実際上の利用方法はともかく）三当事者の無方式の合意によってその拘束力が基礎づけられるものと再構成されている。指図規定が更改の款に置かれているのは、かつて、義務設定指図が更改の一種であると解されていたためである。ただし、フランス民法典1277条のそもそもの立法背景には、中世の商業実務における指図（assignatio）が潜匿している。

これに対し、ドイツ法における指図（Anweisung）は、中世の商業実務における指図を基盤としているが、商慣習のなかで誕生した書面的行為という経緯もあり、ローマ法上の指図に比して、より技術的・専門的なものとなっており、いわばローマ法上の指図の特殊化と呼びうるものであった。ドイツ法上の指図はこれをベースに立法されたため、非常に企業法的、技術的色彩の強い規定となっている。

しかし、現在のドイツ法では、そのような指図規定にもかかわらず、指図そ

れ自体がローマ法上の支払指図、指図引受によって引き受けられた指図がローマ法上の指図問答契約と、それぞれ理論的に連続性を持つものと解されている。

それゆえ、現在では、ドイツ民法典 783 条の文言にしたがった、すなわち、指図に証書が必要であり、給付物が有体物に限定され、被指図人への授権が受取人を通じて間接的に与えられる指図は、いわゆる「狭義の指図（Anweisung im engeren Sinne）」と呼ばれ、これに対して、そのような条文の文言に拘泥しない、いわゆる「広義の指図（Anweisung im weiteren Sinne）」が認められている。そうであるからこそ、序章で触れた種々の資金移動取引の基礎法理足りうるのである。

本書においては、独・仏法における指図概念の生成過程を概観し、指図概念の輪郭の素描を目的としていた。本書の研究を通じて、独・仏法の指図規定はまったく別の制度を規定しているのではなく、それぞれ指図の異なる一面を規定しているにすぎないことが判明した。しかしながら、それと同時に、それぞれの指図規定を眺めているだけでは指図理論の全体像を捉えることはできないことも明らかとなった。現在の独仏法における指図理論は、それぞれの指図規定が完全な自足的規定ではないことを前提に、条文の文言に拘泥せずに議論を展開している。

現在の銀行金融実務に必要とされているのは、まさにかかる意味での指図理論なのである。わが国で従前、指図理論全般の議論が欠けていたことからすれば、独仏法の指図規定の理論的背景および現在の学説における位置づけを正しく明らかにしておくことは、わが国における指図研究の発展にとって必須の準備作業であった。

指図は、その種々の適用例の重要性と多様性にもかかわらず、それが実務と裁判例のなかで占めている地位に対応するような地位を法典のなかでまったく与えられていない。今後は、この切断された指図理論の、散在する断片を収集し、徐々に復元し、最初の形態と一体性とを復活させる作業が必要となるのである[1]。

Notes

1) Paul GIDE, Études sur la novation et le transport des créances en droit romain, Paris, 1879, pp.379-380.

文献一覧

邦文献

・雑誌論文等

安達三季生「振込の全体的構造（一）――指図、電信送金契約から振込法へ――」志林 1062 号（2008）

安達三季生「振込の全体的構造（二）――振込の無因性を中心に――」志林 106 巻 3 号（2009）

安達三季生「振込の全体的構造（三）――他行間振込における階層的指図説（仮定的債権譲渡と債務者の処分授権の概念による）の提唱（その一）――」志林 106 巻 4 号（2009）

安達三季生「振込の全体的構造（四・完）――他行間振込における階層的指図説の提唱（その二）（振込の不執行と損害賠償、資金返還を中心に）――」志林 107 巻 1 号（2009）

池田真朗「債務引受と債権譲渡・差押の競合――一括決済方式における債権譲渡方式と併存的債務引受方式の比較を契機に――」法研 77 巻 9 号（2004）

伊澤孝平「指圖（Anweisung）の本質（一）」法協 48 巻 11 号（1930）

伊澤孝平「指圖（Anweisung）の本質（二・完）」法協 49 巻 6 号（1931）

伊澤孝平「指圖の觀念」法學 4 巻 4 号（1935）

伊澤孝平「指圖の効果（一）」法學 5 巻 1 号（1936）

伊澤孝平「指圖の効果（二・完）」法學 5 巻 2 号（1936）

石田文次郎「預金預入の假装と拂戻義務」論叢 32 巻 3 号（1935）

石部雅亮「ドイツ民法典編纂史概説」石部雅亮編集『ドイツ民法典の編纂と法学』（九州大学出版会・1999）

伊藤壽英「振込依頼人と受取人との間に振込みの原因となる法律関係が存在しない場合における振込みに係る普通預金契約の成否」金判 1001 号（1996）

岩原紳作「資金移動取引の瑕疵と金融機関」国家学会百年記念『国家と市民』3 巻（有斐閣・1987）

上村一則「古典期ローマ法における指図の法的性格」久留米 40 号（2001）

上柳克郎「フランス法における指圖について」民商 28 巻 1 号（1953）

遠藤歩「学説彙纂第 46 巻第 3 章の邦訳」都法 45 巻 1 号（2004）

大塚龍児「原因関係と人的抗弁――手形の無因性と直接の当事者間における人的抗弁の基礎。人的抗弁の個別性、権利濫用の抗弁、二重無権の抗弁等の理解のために――」LawSchool 18 号（1980）

大西耕三「指圖に就て」論叢 17 巻 5 号（1927）

梶山純「内国電信送金爲替取引契約の法律的性質」法政 24 巻 1 号（1957）

金山直樹「ポティエの法律学」姫路 3 号（1989）

京都大学西洋法史研究会「ユ帝學説彙纂第 21 巻邦譯（六）」論叢 65 巻 3 号（1959）

児玉寛「ドイツ民法典編纂資料一覧」石部雅亮編集『ドイツ民法典の編纂と法学』（九州大学出版会・1999）

小峯登「荷為替信用状」鈴木竹雄・大隅健一郎編集『手形法・小切手法講座（第2巻）』（有斐閣・1965）

柴崎暁「ポール・ジッド『指図論』（『ローマ法における更改および債権移転の研究』第四部）（一）」山形大学法政論叢16号（1999）

柴崎暁「ポール・ジッド『指図論』（『ローマ法における更改および債権移転の研究』第四部）（二）」山形大学法政論叢18号（2000）

柴崎暁「振込取引と指図の法理」タートンヌマン10号（2008）

柴崎暁「主観的更改と純粋指図」池田真朗・平野裕之・西原慎治編集『民法（債権法）改正の論理・別冊タートンヌマン』（新青出版・2010）

ジャン・カルボニエ（野上博義・金山直樹訳）「コード・シヴィル」石井三記編『コード・シヴィルの200年・法制史と民法からのまなざし』（創文社・2007）

鈴木尉久「購入者、与信業者、販売業者の三者間不当利得――指図の法理による清算――」現代消費者法10号（2011）

瀧久範「三角関係型不当利得における事実上の受領者の保護――『財産移転の対価関係 Valutaverhältnis への効果帰属』の観点から――（一）」論叢163巻4号（2008）

瀧久範「三角関係型不当利得における事実上の受領者の保護――『財産移転の対価関係 Valutaverhältnis への効果帰属』の観点から――（二）」論叢165巻4号（2009）

瀧久範「三角関係型不当利得における事実上の受領者の保護――『財産移転の対価関係 Valutaverhältnis への効果帰属』の観点から――（三・完）」論叢166巻1号（2009）

竹田省「商業信用状（一）」論叢17巻4号（1927）

竹田省「商業信用状（二）」論叢18巻1号（1927）

田邊光政「ドイツにおける振替取引――現金を用いない合理的支払取引――」阪南論集11巻2号（1975）

電子マネー実現研究会「電子マネー実現に向けての法的検討」NBL640号（1998）

西尾幸夫「信用状の譲渡と売買契約上の売主の地位の移転」塩田親文編集『外国為替判例研究』（中央経済社・1987）

野澤正充「『契約当事者の地位の移転』の再構成（一）」立教39号（1994）

野田良之「ジャン・ドマとフランス民法典――特に民事責任の規定を中心として――」比雑3巻2号（1956）

服部榮三「指図行為と為替手形の振出」磯村哲先生還暦記念論文集『市民法学の形成と展開・上』（有斐閣・1978）

濱田一男「商業信用状の一考察――特に其の抽象性と法的性質とに關聯して――（二・完）」論叢48巻3号（1943）

藤田寿夫「指図・振込・振替と三者不当利得」神院20巻3・4号（1990）

藤田寿夫「三者不当利得――振込・指図を中心に――」法時76巻5号（2004）

前田庸「振出人と支払人との関係」鈴木竹雄・大隅健一郎編集『手形法・小切手法講座（第2巻）』（有斐閣・1965）

松井雅彦「西ドイツ振替取引における『貸方記帳』について」同法 31 巻 5・6 号（1979）
松井雅彦「振替における過誤貸方記帳の法的事後処理について——西ドイツを中心に——」追手門経済論集 16 巻 1・2 号（1981）
松井雅彦「『貸方記帳』論の新展開」追手門経済論集 17 巻 1 号（1982）
松井雅彦「いわゆる『広義の指図』について」追手門経済論集 19 巻 2 号（1984）
松本貞夫「誤振込による預金の成否と原因関係の存否」法論 80 巻 2・3 合併号（2008）
松本烝治「手形行為ト其原因」新報 28 巻 3 号（1918）
森田宏樹「電子マネーをめぐる私法上の諸問題」金融法 15 号（1999）
早稲田大学ローマ法研究会（佐藤篤士監訳）「ガーイウス法学提要（IV）」早法 74 巻 1 号（1998）
早稲田大学ローマ法研究会（佐藤篤士監訳）「ガーイウス法学提要（VIII）」早法 75 巻 4 号（2000）
早稲田大学ローマ法研究会（佐藤篤士監訳）「ガーイウス法学提要（X 完）」早法 76 巻 4 号（2001）

・書籍等

伊澤孝平『商業信用状論』（有斐閣・第 9 版・1965）
石川博康『『契約の本性』の法理論』（有斐閣・2010）
石坂音四朗『債権總論下巻』（有斐閣・第 5 版・1918）
磯村哲編『注釈民法 (12) 債権 (3)』（有斐閣・1970）
岩原紳作『電子決済と法』（有斐閣・2003）
右近健男『注釈ドイツ契約法』〔床谷文雄〕（三省堂・1995）
江南義之『『学説彙纂』の日本語への翻訳 (1)』（信山社・1992）
江南義之『『学説彙纂』の日本語への翻訳 (2)』（信山社・1992）
エーリック・アールツ（藤井美男監訳）『中世末南ネーデルラント経済の軌跡——ワイン・ビールの歴史からアントウェルペン国際市場へ』（九州大学出版会・2005）
大隅健一郎『新版手形法小切手法講義』（有斐閣・新版・1989）
小野正一『銀行取引法概論』（巌松堂書店・1931）
於保不二雄『財産管理権論序説』（有信堂・1954）
金山直樹『法典という近代——装置としての法』（勁草書房・2011）
木内宜彦『特別講義手形法小切手法』（法学書院・再版・1983）
木内宜彦『金融法・現代法律学全集 (41)』（青林書院・1989）
木内宜彦『手形法小切手法（企業法学 III）』（新青出版・第二版復刊版・1998）
倉澤康一郎『手形法の判例と基礎』（成文堂・1981）
Georg Klingenberg（瀧澤栄治訳）『ローマ債権法講義』（大阪教育出版・2001）
後藤紀一『振込・振替の法理と支払取引』（有斐閣・1986）
木庭顕『ローマ法案内——現代の法律家のために』（羽鳥書店・2010）

四宮和夫『事務管理・不当利得・不法行為上巻（現代法律学全集）』（青林書院・1981）
柴崎暁『手形法理と抽象債務』（新青出版・2002）
竹田省『手形法・小切手法』（有斐閣・1955）
田中周友・川上太郎・小野木常・谷口知平・木村健助『現代外國法典叢書(16)佛蘭西民法〔III〕財産取得法(2)』（有斐閣・1956）
西原寛一『金融法・法律学全集(53)』（有斐閣・1968）
納富義光『手形法小切手法論』（有斐閣・1982）
納富義光『手形法に於ける基本理論』（新青出版・復刻版・1996）
ハインリッヒ・ミッタイス（世良晃志郎・廣中俊雄共訳）『ドイツ私法概説』（創文社・1961）
橋本佳幸・大久保邦彦、小池泰『民法Ⅴ・事務管理・不当利得・不法行為（リーガルクエスト）』（有斐閣・2011）
原田慶吉『ローマ法』（有斐閣・第6版改訂版・1955）
春木一郎『ユースティーニアヌス帝学説彙纂ΠΡΩΤΑ（プロータ）』（有斐閣・1938）
船田享二『ローマ法・三巻』（岩波書店・改版・1970）
法務大臣官房司法法制調査部編集（稲本洋之助訳）『フランス民法典——物権・債権関係——』（法曹会・1982）
法務大臣官房司法法制調査会監修『法典調査会民法議事速記録三（日本近代立法資料叢書三）』（商事法務研究会・1984）
前田考階・亀山貞義『民法講義・債権編・巻之一（上、中、下）』（講法會・1898）
松波仁一郎・仁保亀松・仁井田益太郎『帝國民法正解・第三編債権』（日本法律學校・1897）
三潴信三『獨逸法律類語異同辯』（有斐閣・再版・1936）
山口俊夫『概説フランス法・上』（東京大学出版会・1978）
山口俊夫『フランス法辞典』（東京大学出版会・2002）
山田幸二『現代不当利得法の研究』（創文社・1989）
柚木馨・上村明廣『現代外国法典叢書(2)獨逸民法[II]債務法』（有斐閣・1955）
我妻栄『債権各論・下巻一』（岩波書店・1972）

ドイツ文献

文献一覧

Allgemeines Landrecht für die Preußischen Staaten, Erster Teil, Zweiter Band, Berlin, 1855

Peter Bülow, Kommentar zum Wechselgesetz/Scheckgesetz und zu den Allgemeinen Geschäftsbedingungen, 4., neubearbeitete Aufl., Heidelberg, 2004

Bürgerliches Gesetzbuch für das Königreich Sachsen, nebst Publication = Verordnung, Dresden, 1863

Georg Cohn, in: Endemanns Handbuch des deutschen Handels- see- und Wechselrechts, Bd.3, Leipzig, 1885

Heinrich Dernburg, Pandekten, Bd.2, 3 verbesserte Aufl., Berlin, 1892

Heinrich Dernburg, Lehrbuch des Preußischen Privatrechts und der Privatrechtsnormen des Reichs, Bd.2, Das Obligationenrecht Preußens und des Reichs und das Urheberrecht, 4 neu bearbeitete Aufl., Halle, 1889

Philippos Doris, Die rechtsgeschäftliche Ermächtigung bei Vornahme von verfügungs-, Verpflichtungs- und Erwerbsgeschäften, München, 1974

Max Ernst Eccius/Franz August Alexander Förster, Theorie und Praxis des heutigen gemeinen preussischen Privatrechts, Bd.3, 5 Aufl., Berlin, 1887

Ulrich Eisenried, Die bürgerlich-rechtiliche Anweisung und ihre Entstehung, Diss. Passau, 2010

Wilhelm Endemann, Das deutsche Handelsrecht, Heidelberg, 1865

Wilhelm Endemann, Studien in der romanisch- kanonistischen Wirtschafts- und Rechtslehre bis gegen Ende des 17. Jahrhunderts, Bd.1, Neudruck der Ausgabe, Berlin, 1874

Wilhelm Endemann, Das deutsche Handelsrecht, 4 verbesserte Aufl., Leipzig, 1887

Wolfgang Endemann, Der Begriff der Delegatio im Klassischen Römischen Recht, Marburg, 1959

Entscheidungen des Reichsgerichts in Zivilsachen, Bd.11, Leipzig, 1884

Entwurf eines bürgerlichen Gesetzbuches für das Königreich Bayern, Teil II., Recht der Schuldverhältnisse, München, 1861

Walter Erman/Rüdiger Wilhelmi, Bürgerliches Gesetzbuch, Handkommentar, Bd.2, 13. neubearbeitete Aufl., München, 2011

Wolfgang Fikentscher/Andreas Heinemann, Schuldrecht, de Gruyter Lehrbuch, 10., völlig neu bearbeitete Aufl., Berlin, 2006

Bernhard Francke (hrsg.), Dresdener Entwurf eines allgemeinen deutschen Gesetzes über Schuldverhältnisse, Dresden, 1866

Christian Friedrich von Glück, Ausführliche Erläuterung der Pandecten nach Hellfeld, Bd.15, Abt.2, Erlangen, 1814

Levin Goldschmidt, Vermischte Schriften, 2. Bd., Berlin, 1901

Carl Friedrich Günther, in: Weiskes Rechtslexikon für Juristen aller teutschen Staaten enthaltend die gesammte Rechtswissenschaft, Bd.1, Leipzig, 1839

Carl Friedrich Günther, in: Weiskes Rechtslexikon für Juristen aller teutschen Staaten enthaltend die gesammte Rechtswissenschaft, Bd.1, Leipzig, 1844

Host Hahn, Die Institute der bürgerlichrechtlichen Anweisung der §§ 783ff BGB und der „Delegation" der Art. 1275f C.civ. in rechtsvergleichender Darstellung, Diss. München, 1965

Emil Hoffman, Beiträge zur Lehre von der Delegation, Sells Jahrbücher für historische und dogmatische Bearbeitung des römischen Rechts, Bd.3, Braunschweig, 1844

Rudolph Freiherrn von Holzschuher/Johannes Emil Kuntze, Theorie und Casuistik des gemeinen Civilrechts, ein Handbuch für Praktiker, Bd.3 (Obligationenrecht), 3 neu vermehrte und verbesserte Aufl., nach dem Tode des Verfassers, Leipzig, 1864

Rudolf von Jhering, Mitwirkung für fremde Rechtsgeshäfte, in: Jahrbücher für die Dogmatik des heutigen römischen und deutschen Privatrechts, Bd.2 (1858)

Max Kaser/Rolf Knütel, Römisches Privatrecht, 20., überarbeitete und erweiterte Aufl., München, 2014

Tina Krügel, E-Commerce-Das Risiko eines Versendungskaufs, Bank-und Kapitalmarktrecht 2, Göttingen, 2005

Ladenburg, Die Anweisung, in: Archiv für Theorie und Praxis des allgemeinen deutschen Handelsrechts, Bd.10 (1867)

Ladenburg, Die Vollmacht als Verkehrsmittel, in: Zeitschrift für das gesamte Handelsrecht 11 (1868)

Karl Larenz, Lehrbuch des Schuldrecht, Bd.2, BT, 11. neubearbeitete Aufl., München, 1977

Otto Lenel, Stellvertretung und Vollmacht, in: Jherings Jahrbücher für die Dogmatik des bürgerlichen Rechts, Bd.36 (1896)

Friedrich Lent, Die Anweisung als Vollmacht und im Konkurse, Leipzig, 1907

Johann Michael Leuchs, Vollständiges Handelsrecht, Nürnberg, 1822

Günther Loewenfeld, Die Anweisung in Gesetz und Verkehr, Berlin, 1922

Wilhelm Ludewig, Die Ermächtigung nach bürgerlichem Recht, Marburg, 1992

Friedrich Ludwig Keller, Pandekten, Leipzig, 1861

Dieter Medicus/Stephan Lorenz, Schuldrecht, Bd.2, B.T., 15., neubearbeitete Aufl., München, 2010

Dieter Medicus/Stephan Lorenz, Schuldrecht II, B.T., Ein Studienbuch, 16., neu bearbeitete Aufl., München, 2012

Franz Wilhelm Ludwig von Meyerfeld, Die Lehre von den Schenkungen nach römischem

文献一覧

Recht, Bd.1, Marburg, 1835

Motive zum Entwurfe eines bürgerlichen Gesetzbuches für das Königreich Bayern, München,1861

Benno Mugdan, Die gesamten Materialien zum bürgerlichen Gesetzbuchs für das deutsche Reich, Bd.2,1899

Christian Friedrich Mühlenbruch, Lehrbuch des Pandekten-Rechts, T.2, Halle, 1883

Otto Palandt/Hartwig Sprau, Kommentar zur Bürgerliches Gesetzbuch, 69. neubearbeitete Aufl., München, 2010

Plathner, Zur Lehre von der Assignation, in: Deutsche Gerichtszeitung, Organ des Deutschen Juristentages, Neue Folge, Bd.2, Berlin, 1867

Plucinski, Zur Lehre von der Assignation und Delegation, in: Archiv für die zivilistische Praxis, Bd.60 (1877)

Protocolle der Commission zur Ausarbeitung eines Allgemeinen Deutschen Obligationenrechtes, Dresden, 1865

Georg Friedrich Puchta, Lehrbuch der Panndekten, Leipzig, 1838

Georg Friedrich Puchta, Pandekten, 12 Aufl., Leipzig, 1877

Georg Rust, Das Anweisungsakzept, Diss. Kaiser-Wilhelms-Universität Straßburg, 1914

Karl Salkowski, Zur Lehre von der Novation nach Römischem Recht, Leipzig, 1866

Botho von Salpius, Novation und Delegation nach römischem Recht, Berlin, 1864

Rudolph Schlesinger, Zur Lehre von den Formalkontrakten und der Querela non numeratae pecuniae, Zwei Abhandlungen, Leipzig, 1858

Werner Schubert (hrsg.), Die Vorlangen der Redaktoren für die erste Kommission zur Ausarbeitung des Entwurfs eines Bürgerlichen Gesetzbuches, Recht der Schuldverhältnisse, T.3, Besonderer Teil II, Berlin/New York, 1980

Werner Schubert (hrsg.), Entwurf eines bürgerlichen Gesetzbuchs für das Großherzogthum Hessen nebst Motiven, Zweites Buch, Gesetzesentwurf, Darmstadt, 1986

Werner Schubert (hrsg.), Entwurf eines bürgerlichen Gesetzbuchs für das Großherzogthum Hessen nebst Motiven, Zweites Buch, Motive, Darmstadt, 1986

Werner Schubert (hrsg.), Bürgerliches Gesetzbuch für das Großherzogthum Hessen, Entwürfe und Motive (1842-1853), Bd.5, 4. Abteilung (Schuldrecht), Entwürfe und Motive von 1853, Frankfurt/Main, 1986

Albrecht Schweppe, Das römische Privatrecht in seiner Anwendung auf Teutsche Gerichte, als Leitfaden zu den Vorlesungen über die Pandekten, 2 Aufl., Altona, 1819

Johann Adam Seuffert's Archiv für Entscheidungen der obersten Gerichte in den deutschen Staaten, Bd.22, München, 1870

Eduard Siebenhaar/Karl Magnus Pöschmann, Commentar zu dem bürgerlichen Gesetzbuche für das Königreich Sachsen, Das Recht der Forderungen, Bd.2, Leipzig, 1865

Carl Friedrich Ferdinand Sintenis, Das practische gemeine Civilrecht, Bd.2, Das
 Obligationenrecht, Leipzig, 1847
Carl Friedrich Ferdinand Sintenis, Das Practische gemeine Civilrecht, Bd.2, 2 Aufl.,
 Leipzig, 1868
Juris von Staudinger/Peter Marburger, Kommentar zum B.G.B., Neubearbeitung, Aufl.,
 München, 2002
Anton Friedrich Justus Thibaut, System des Pandecten-Rechta, Bd.2, Jena, 1803
Anton Friedrich Justus Thibaut, System des Pandecten-Rechta, Bd.1, 9. Aufl., Jena, 1846
Heinrich Thöl, Das Handelsrecht, Bd.2, Göttingen, 1847
Heinrich Thöl, Das Handelsrecht, Bd.1, 3 vermehrte Aufl., Göttingen, 1854
Heinrich Thöl, Das Handelsrecht, Bd.1, T.3, 5 umearbeitete Aufl., Leipzig, 1875
Karl August Dominikus Unterholzner, Quellenmäßige Zusammenstellung der Lehre des
 römischen Rechts von den Schuldverhältnissen mit Berücksichtigung der heutigen
 Anwendung, Bd.1, Leipzig, 1840
Eugen Ulmer, Akkreditiv und Anweisung, in: Archiv für die civilistische Praxis, Bd.126
 (1926)
Karl Adolf von Vangerow, Lehrbuch der Pandekten, Bd.3, 7 vermehrte und verbesserte
 Aufl., Marburg und Leipzig, 1869
Otto Wendt, Das allgemeine Anweisungsrecht, Jena, 1895
Bernhard Windscheid, Lehrbuch des Pandektenrechts, Bd.2, 7 durchgesehene und
 vermehrte Aufl., Frankfurt, 1891
H. Witte, Zur Lehre von der Stipulation, Novation, Delegation und Succession in
 obligatorischen Rechtsverhältnissen, Kritische Vierteljahrsschrift für Gesetygebung
 und Rechtswissenschaft, Bd.8, München, 1866

フランス文献

文献一覧

Charles AUBRY et Charles RAU, Cours de droit civil français d'après la méthode de Zachariae, 4ème éd., t.4, Paris, 1871

BADAREU-TOMSA, De la délégation imparfaite, Paris, 1914

G. BAUDRY-LACANTINERIE, Précis de droit civil, 2ème éd., t.2, Paris, 1886

G. BAUDRY-LACANTINERIE et L.BARDE, Traité théorique et pratique de droit civil, Des obligations, 2ème éd., t.3, Paris, 1905

Alain BÉNABENT, Droit civil, les obligations, 11e éd., Paris, 2007

Gustave BOISSONADE, Projet de Code civil pour l'Empire du Japon accompagné d'un commentaire, Nouv. Éd., Tomes.1-4., Tokyo, 1890-1891

Rémy CABRILLAC, Droit des obligations, 8e éd., Paris, 2008

Henri CAPITANT, De la cause des obligations, 3ème éd., Paris, 1927

Code civil de l'Empire du Japon accompagné d'un exposé des motifs, t.1 texte, Tokio, 1891

Code civil de l'Empire du Japon accompagné d'un exposé des motifs, t.2 exposé des motifs du livre des biens, Tokio, 1891

Ambroise COLIN et Henri CAPITANT, Cours élémentaire de droit civil français, 7ème éd., t.2, Paris, 1932

E. COLMET DE SANTERRE et A. M. DEMANTE, Cours analytique de Code Civil, continué depuis l'article 980, 2ème éd., t.5, Paris, 1883

DE BRÉARD-NEUVILLE, Pandectes de Justinien, mises dans un nouvel ordre, avec les lois du Code et les Nouvelles qui conferment, expliquent ou abrogent le droit des Pandectes, 24 vols, Paris, 1813-1823

Charles DEMOLOMBE, Cours de Code Napoléon, t.28, Paris, 1877

Jean DOMAT, Les loix civiles dans leur ordre naturel, le droit public, et legum delectus, nouv. éd., t.1, Paris, 1745

Alexandre DURANTON, Cours de droit français suivant le Code Civil, 3ème éd., t.12, Paris, 1834

P. A. FENET, Pothier analysé dans ses rapports avec le Code civil, Paris, 1826

Jacques FLOUR, Jean-Luc AUBERT, Yvonne FLOUR et Éric SAVAUX, Les obligations, le rapport d'obligation, t.3, 5e éd., Paris, 2007

Jacques FLOUR, Jean-Luc AUBERT et Éric SAVAUX, Droit civil, les obligations, le rappot d'obligation, t.3, 6e éd., Paris, 2009

Jérôme FRANÇOIS et Christian LARROUMET, Droit civil, les obligations, régime général, 1re éd., t.4, Paris, 2000

Eugènce GAUDEMET, Étude sur le transport de dettes á titre particulier, Paris, 1898

Paul GIDE, Études sur la novation et le transport des créances en droit romain, Paris, 1879

Laurent GODON, La distinction entre délégation de paiement et indication de paiement, Répertoire Defrénois (2000)

Frédéric HUBERT, Essai d'une théorie juridique de la délégation en droit français, th. Poitiers, 1899

Louis JOSSERAND, Cours de droit civil positif français, 2ème éd., t.2, Paris, 1933

Jean Guillaume LOCRÉ, La législation civile, commerciale et criminelle de la France, t.12, Paris, 1828

Philippe MALAURIE, Laurent AYNÈS, Philippe SOFFEL-MUNCK, Droit civil, les obligations, 3e éd., Paris, 2007

(Henri et Léon) MAZEAUD, Jean MAZEAUD et François CHABAS, Leçons de droit civil, obligations, théorie générale, t.2, 9e éd., Paris, 1998

Jean MAZEAUD, François CHABAS, Leçons de droit civil, obligations, théorie générale, 9e éd., t.2, Paris, 1998

Moreau de MONTALIN, Analyse des Pandectes de Pothier, en français, servant aussi de table analytique et alphabétique desmatières, également applicable au Digeste, 2 vols, Paris, 1824

Robert NOURRIT, De la novation et de la delegation, th. Aix, 1859

Robert-Joseph POTHIER, Oeuvres completes de Pothier, nouv. éd., 26 vols, Paris, 1821-1824

Robert-Joseph POTHIER, Œuvres de Pothier, contenant les traités du droit français par M. Dupin, nouv. éd., t.1, Paris, 1827

Robert-Joseph POTHIER, Œuvres de Pothier, contenant les traités du droit français par M. Dupin, nouv. éd., t.2, Paris, 1827

Robert-Joseph POTHIER, Œuvres de Pothier, contenant les traités du droit français par M. Dupin, nouv. éd., t.3, Paris, 1827

Robert-Joseph POTHIER, Oeuvres complétes de Pothier annotées et mises en corrélation avec le Code civil et législation actuelle par M. BUGNET, 10 vols, Paris, 1845-1848

Robert-Joseph POTHIER, Oeuvres complétes de Pothier annotées et mises en corrélation avec le Code civil et législation actuelle par M. BUGNET, 2e éd., 11vols, Paris, 1861-1862

Georges RIPERT et Jean BOULANGER, Traité élémentaire de droit civil de Planiol refondu et comlété, 4ème éd., t.2, Paris, 1952

Paul RUTSAERT, Étude sur la délégation en droit privé romain, th. pour le doctorat special en droit romain, Bruxelles/Paris, 1929

Alain SÉRIAUX, Droit civil, droit des obligations, 2e éd., Paris, 1998

Philippe SIMLER, Contrats et obligations, fasc.104 : délégation, J.-Cl. Notarial Répertoire (2005)

文献一覧

Pierre SORBIER, L'ancien contrat d'assignation de créance ou délégation commerciale à titre de nantissement, th. Paris, 1936

Boris STARCK, Henri ROLAND et Laurent BOYER, Droit civil, obligations, régime général, 5ème éd., Paris, 1997

François TERRÉ, Philippe SIMLER et Yves LEQUETTE, Droit civil, Les obligations, 9e éd., Paris, 2005

François TERRÉ, Philippe SIMLER et Yves LEQUETTE, Droit civil, Les obligations, 10e éd., Paris, 2009

Raymond Théodore TROPLONG, Le droit civil expliqué suivant l'ordre des articles du Code, depuis et y compris le titre de la vente, des privileges et hypothéques, 2 éd., t.1, Paris, 1835

Charles Bonaventure Marie TOULLIER, Le droit civil français, t.7, 5 éd., Paris, 1842

その他文献

Carolus Bernstein, De Delegationis Natura, Berolini, 1864

Heinrich Coccejus, Exercitationum curiosarum palatinarum, trajectinarum & viadrinarum, vol.2, Lemgoviae, 1722

Jacobus CUJACIUS, Recitationes solemnes sive commentarii, ad Tit.XLI. Lib. VIII. De Novationibus et Delegationibus, Opera Tomus Nonus, Neapoli, 1758

Hugo de Groot, Inleiding tot de Hollandsche Rechts-geleertheid, tweeden druk, 1631

Joachimus Mynsingerus, Jureconsulti clarissimi apotelesma, Sive corpus perfectum scholiorum ad quatuor libros institutionum juris civils, Basileae, 1563

Franciscus Hotomanus, Vwtus-renovatus commentaries in Quatuor libros Institutionum juris civils, Lugdunum, ed.5, 1588

Robert-Joseph POTHIER, Pandectae Justinianeae, in novum ordinem digestae, cum legibus Codicis, et Novellis, quae jus Pandectarum confirmant, explicant aut abrogant, 3 vols, Parisiis, 1748-1752

初出一覧

　本書に収録した各章の初出については下記の通りである。全章を通じて加筆・修正を加えているほか、序章、終章については書き下ろしである。

第1部　ドイツ法における指図（Anweisung）

第1章　ローマ法由来の指図（delegatio）のドイツ法への継受
　　　──原因関係上の既存債務からの独立を中心に
　　　：『法学政治学論究』（慶應義塾大学）第96号（2013年3月）71–105頁

第2章　ドイツ法における指図（Anweisung）の歴史的展開
　　　：『帝京法学』（帝京大学）第29巻第2号（2015年3月）73–125頁

第3章　ドイツ法における指図（Anweisung）立法の変遷
　　　：『帝京法学』（帝京大学）第29巻第2号（2015年3月）127–165頁

第4章　ドイツ法における指図引受（Annahme der Anweisung）の受容
　　　：『法学研究』（慶應義塾大学）第89巻第1号（2016年1月）333–359頁

第2部　フランス法における指図（délégation）

第1章　フランス法における指図（délégation）の歴史的展開
　　　：奥島孝康先生古稀記念論文集第2巻『フランス企業法の理論と動態』（成文堂・2011年10月）255–305頁

第2章　フランス法およびドイツ法における指図の理論的接続
　　　── Art.1277 C.civ. の比較法的考察を中心に
　　　：Tâtonnement 刊行会編『法学雑誌 tâtonnement（タートンヌマン）』第13号（2011年3月）23–56頁

第3章　ボアソナードの指図論
　　　──わが国における指図（délégation）の継受
　　　：『法学政治学論究』（慶應義塾大学）第92号（2012年3月）297–329頁

あとがき

　筆者が指図と出逢ったのは、大学院の修士課程に進学する直前のこと、手形法の諸理論、殊に手形の無因性に入興し、語学習得を兼ねて無因性に関する独仏法の論文を繙読していた最中のことであった。独仏両法には明文規定が置かれているというこの指図であったが、そこで説かれている内容を見るに、それは従来わが国で語られてきたような指図と名の付く種々の制度とも異質であり、一見すると日本民商法には存在しない法的範疇であるように感じられた。そして、通常無因概念を認めない仏法においてさえ、(一部ではあるにせよ)指図は無因性(caractère abstrait)を有する、あるいは無因行為(acte abstrait)と解されているという事実に衝撃を受けたことを覚えている。わが国の文献でも、為替手形や小切手に関して「指図」という言葉を目にすることはあったが、それまであまり気に留めたことはなく、無因性に関する研究の端緒として、この指図というものに取り組んでみようと考えたのが筆者の指図研究の契機であった。

　従来のわが国では、各種の資金移動取引との関連で指図に言及されることが多かった。これらの諸研究を「指図研究」という観点から眺めたとき、その研究手法は、具体的な資金移動取引から指図理論を分析する、いわば「枝葉を手掛かりに幹を見る」研究として機能していると評してよいであろう。しかし、独仏法における指図規定の内容は懸隔が甚だしく、さらにそれぞれの指図理論も、異なる論点にウェイトを置いて展開されてきている。それゆえ、指図理論は、種々の枝葉から幹を見るが如き帰納的手法によっては、その全体像を捉えることが困難な概念であるように感じられた。指図の根幹は決して一面的なものではなく、多様な側面を見せていたのである。

　筆者の問題意識は、個々の資金移動取引に目を向ける前に、その基礎理論と目される指図理論に正面から入り直し、一般的指図理論の全容解明を図ろうとする方法論に結びついた。従前の各論的アプローチに対して、いわば一般理論の方向からのアプローチを試みるわけである。もし指図理論が資金移動取引一般の基礎理論たりうるものであった場合、それは取引の個々的局面における適切かつ一貫した法的紛争解決のための準拠枠組となりうるはずであるし、それとの対比により各種資金移動取引の特殊性に応じた取扱いの差異を正しく理解することができるようになるのではないだろうか。

　独仏法の指図は、わが国の民商法に多大なる影響を与えており、わが国でもすでにこれらの指図についていくつかの論攷が公にされていたが、独仏指図理論の上に触れたような懸隔については依然として判然としない部分が多いように思える。そこで、一般理論探求のための基礎研究として、まずは、いかなる意味で両国法の指図が同一物であるといえるのかを解明しておく必要があると考え、本書ではその直

接の目的を、独仏法における指図の沿革を明らかにすることに置いた。これは、上記の疑問を解消するためには両法の指図規定および学説の理論的背景を明らかにすることが肝要であると考えたからである。もとより、このような目的が本書によってどれほど満たされたかは心許なく、諸賢のご叱正を俟つほかない。

あとがき

　本書は、2016年2月25日に筆者が慶應義塾大学より授与された、独仏法における「指図」理論に関する博士学位の請求論文（『独仏指図の法理論――資金移動取引の基礎研究』甲第4395号）に加筆・修正を施す形で成り立っている。本書の第2部第1章「フランス法における指図（délégation）の歴史的展開」が筆者の実質的な処女論文であるが、これが刊行されたのが2011年10月のことであるから、筆者が本格的に指図研究に取り組んでからようやく足掛け5年ということになる。駆け出しにすぎない私が、博士論文提出の区切りに単著として一冊の書籍を上梓する機会を得たことは、まったく僥倖というほかない。

　なお、本書は、序章と終章を除いて、すべて公表済みの研究論文より構成されている。ただし、各論文の執筆当時にはこのような近い将来において一書に纏めることは考えておらず、そのため、内容に一部重複が見られる箇所がある点についてはどうかご容赦願いたい。

　本書が成るにあたっては、実に多数の方々による多大なるご指導受けた。心から感謝申し上げる次第である。

　故・倉澤康一郎先生（慶應義塾大学名誉教授）には、お目にかかる以前よりご著書を通じてお教えを受けていたこともあり、短いながらも直接ご指導をいただいた期間は、何物にも代えがたい財産となって私の心骨に刻され続けている。

　宮島司先生（慶應義塾大学名誉教授）、高田晴仁先生（慶應義塾大学法科大学院教授）、北居功先生（慶應義塾大学法科大学院教授）、西原慎治先生（久留米大学法科大学院教授）には、頑迷な私に対して、辛抱強く厳しくも温かいご指導ご鞭撻を賜った。先生方のご指導がなければ筆者の研究はなく、本書の上梓などありえなかった。多大なる学恩に深謝申し上げる。

　また、加藤修先生（慶應義塾大学名誉教授）をはじめ、山本爲三郎先生（慶應義塾大学法学部教授）、鈴木千佳子先生（慶應義塾大学法学部教授）、杉田貴洋先生（慶應義塾大学法学部教授）には、大学院の講義における研究報告にて、修士・博士課程を通じて非常に多くのご指導をいただいた。厚く御礼を申し上げる。

　さらに、金山直樹先生（慶應義塾大学法科大学院教授）、武川幸嗣先生（慶應義塾大学法学部教授）、加藤雅之先生（神戸学院大学法学部教授）はフランス語の、フィリップ・オステン先生（慶應義塾大学法学部教授）、水津太郎先生（慶應義塾大学法学部准教授）、切詰和雅先生（高知大学人文社会科学部准教授）はドイツ語の、小松昭人先生（神戸学院大学法学部准教授）はラテン語の手解きを私にしてくださった。深く感謝申し上げる。曲がりなりにも本書を纏めることができたのは、先生方のご支援なくしてはありえなかった。

慶應義塾大学商法研究会では、実に多くの先生方からご指導をいただいた。また、故・倉澤先生が主催されていたロェスレル研究会でも、指図をご研究されている柴崎暁先生（早稲田大学大学院経営管理研究科教授）をはじめとして、多くの先生方からご指導をいただいた。この場を借りて厚く御礼を申し上げたい。
　本書の校正、参考文献一覧・事項索引作成については、明治大学大学院博士後期課程に所属する平山陽一君のご協力を得た。厚く御礼申し上げる。
　最後に、本書成立のうえで、修士論文をベースとする処女論文その後の数作をはじめとした稚拙な論文を懇切丁寧にチェックし、未熟で不慣れな私にアドバイスとアイデアを授けてくださり、叱咤激励をもって私を奮起させてくださった慶應義塾大学出版会の岡田智武氏にはただただ感謝するほかない。そして、本書のような販路の少ない基礎研究書の出版をお引き受けくださった慶應義塾大学出版会株式会社に厚く御礼申し上げる次第である。

　なお、本書は公益財団法人全国銀行学術研究振興財団の助成を得て刊行された。記して感謝の念を捧げたい。

索　引

あ行

悪意の抗弁 ……………………………… 159
アシグナチオ（assignatio） ………… 20, 49
「アシグナチオは支払に非ず（Assignatio non est solutio; Anweisung ist keine Zahlung）」 …………………………………………… 51
アンヴァイズング
　口頭での―― ………………………… 110
　債務にもとづく――（Anweisung auf Schuld） …………………………………………… 108
　書面上の―― ………………………… 110
委託（commission） …………………… 231
一方的意思表示である授権（iussum） … 107
一方的な代理権授与行為（einseitigen Bevollmächtigung） …………………… 61
委任（Mandat） ………………………… 56
委任（mandatum） ……………………… 38
委任訴権 ………………………… 57, 67, 72, 233
委任の承諾（Annahme des Auftrags） …… 95
委任反対訴権（actione mandati contrariâ） …………………………………………… 163
委任を与える義務 ………………………… 95
受取人の免責意思の明確な表示の必要性 …………………………………………… 166

か行

カウザ（causa） ………………………… 126
確実指図（délégation certaine） …… 46, 251
家資分産 ………………………………… 185
家資分産状態 …………………………… 176
為替手形支払人（Trassaten） ………… 130
為替手形振出人（Trassanten） ………… 130
為替手形 ………………………………… 128
完全指図（délégation parfaite） …… 45, 168, 175, 176, 182, 232, 236, 256
完全連帯（solidarité parfaite） ……… 238
義務設定指図（delegatio obligandi vel delegatio promittendi） …………………… 37, 256
義務設定的な契約 ………………………… 66
義務的契約 ……………………………… 107
求償権（recours） ……………………… 158
給付関係（Leistungsverhältnis） ……… 126
給付授権 ………………………………… 218
金銭給付 ………………………………… 86
金銭支払約束 …………………………… 133
空洞の占有（vacua possessio） ………… 69
空洞の約束（vacua promissio） ………… 70
形式的契約（Formalkontrakt） ………… 134
契約上の委任関係（vertraglichen Auftragsverhältnis） ………………… 61
原因債権 ………………………………… 131
原因（cause）の変更による更改 ……… 242
原因不記載証書（cautio indiscreta） … 133
権限（Befugnis） ……………………… 107
権原指図 ………………………………… 46
合意の撤回（révocation） ……………… 203
更改 …………………………………………… 8
　債権者の交替による―― …… 23, 45, 240
　債務者の交替による―― ……… 45, 231
　当事者が交替する―― ………………… 18
更改意思（animus novandi） … 19, 36, 53, 220, 234, 237
更改指図（délégation novatoire） …… 45, 201, 210, 256
後者の抗弁 ………………………………… 2
衡平性（équité） ……………………… 163
抗弁事由 ………………………………… 160
抗弁の対抗不能性（inopposabilité des exceptions） …………………… 3, 203, 251
コーズ（cause） ………………………… 185
固有の経済的利益のない抗弁 …………… 2
混合寄託 ………………………………… 5

さ行

債権者の指示 …………………………… 201

索引

債権譲渡 ………………… 41, 183
債務原因（causa debendi）………… 133
債務者の交替 ……………… 154
債務者の指示 ……………… 201
債務にもとづく指図（Anweisung auf Schuld）
 ……………………………… 33
債務引受（Schuldübernahme）…… 40, 43
指図
　狭義の――（Anweisung im engeren Sinne）
 ……………………………… 261
　広義の――（Anweisung im weiteren Sinne）
 ……………………………… 261
指図意思 ……………………… 117
指図関係 ……………………… 73
指図給付 ……………………… 78
指図証券（titres à ordre）………… 185
指図証書（Anweisungsurkunde）…… 124
指図の素描（ébauche d'une délégation）
 ……………………………… 223
「指図はつねに更改をともなう
　（In delegatione semper inest novatio）」
 ……………………………… 19
指図引受（Annahme der Anweisung）
 …………………… 103, 123, 258
指図問答契約（Delegationsstipulation）
 …………………… 40, 140, 258
三角関係（Dreiecksverhältnis）……… 47
三者間法的取引（opération juridique à trois
　parties）…………………… 202
三者の協力（concours）…………… 161
資金関係（Deckungsverhältnis）……… 15
自己の利益のための委任（mandatum in rem
　suam）………………… 59, 68, 257
自己の利益のための代理人（procurator in
　rem suam）………………… 68
指定指図（titulierte Delegation）…… 43, 139
指定問答契約（titulierte Stipulation）
 …………………………… 43, 139
支配権（Prokura）…………………… 86
支払委託書（rescription）……… 54, 164, 209
支払委任（Zahlungsmandat）…… 59, 75, 218
支払指図（Zahlungsanweisung; delegatio
　solvendi）………… 30, 32, 36, 37, 69, 256
支払授権（iussum solvendi）………… 68

支払人 ………………………… 129
支払不能 ……………………… 163
支払不能状態 ………………… 184
支払約束（Zahlungsversprechen）…… 115
授権（Ermächtigung）………………… 47
授権（iussus）………………………… 31
授権者（iubens）…………………… 107
出捐関係（Valuta- oder Zuwendungsverhältnis）
 ……………………………… 15
受動指図（Passivdelegation）… 39, 171, 189
受領委任 ……………………… 201
受領可能性 …………………… 218
受領授権（iussum accipiendi）……… 68
受領代理権 …………………… 93
純粋金銭支払約束
　（reines Summenversprechen）…… 132
純粋指図（reine Delegation）…… 46, 139
純粋な委任 …………………… 224
純粋約束（reines Versprechen）…… 143
準訴権（actio utilis）………………… 41
（準）物権行為 ……………………… 41
商業委任（mandat commercial）… 209, 213
商業信用状取引 ………………… 2
商業代理権（Handlungsbevollmächtigung）
 ……………………………… 86
譲渡（Cession）……………………… 41
商人指図（kaufmännische Anweisung）
 …………………………… 98, 129
嘱託 ………………………… 2, 45
嘱託（délégation）………………… 229
処分不可能性（indisponibilité）…… 202
書面的形式（schriftliche Form）…… 132
書面的指図引受 ……………… 136
書面的引受（schriftliche Acceptation）… 130
除約（Expromissio; Expromission;
　expromission）……… 23, 45, 131, 232
資力担保義務 ……………… 239, 248
人的抗弁の個別性 ……………… 2
人的担保（sûreté personnelle）……… 241
真の民事為替手形（lettre de change civile）
 ……………………………… 181
信用委任（mandatum qualificatum）… 111
信用指図（Creditanweisung;
　Kreditanweisung）… 30, 31, 39, 64, 69, 258

信用状（lettre de crédit）............181, 213
信用状（Kreditbrief）取引................108
信用にもとづく指図（Anweisung auf Kredit）
　..33
随意干渉（intervention spontanée）........232
全部義務（obligation pour le tout）........238
相殺（compensation）........................232
相殺の抗弁....................................157
争点決定（Litiscontestation）..............41
双務契約（contrat synallagmatique）......201
贈与目的（donandi causa）..................25
遡求権（recours）............................155
訴権の指図（delegare actionem）..........41
訴訟代理人（cognitor）......................68

た行

代理関係（Repräsentationsverhältniß）...71
代理権（Vollmacht）..........................80
代理権授与行為（Bevollmächtigungsvertrag）
　..93
単一委任（einfaches Mandat）........57, 92
単一授権......................................94
段階的行為..................................212
単純指図（délégation simple）........201, 256
単純な約束（einfaches Versprechen）.....138
単なる委任..............................164, 194
"単なる"更改（simple novation）........173
単なる指示（simple indication）
　......................................55, 164, 194, 208
単なる支払の指示..........................189
担保的効果（effet de garantie）..........202
重畳的債務引受............................239
直接委任訴権（actio mandati directa）...65
直接指図......................................48
停止条件......................................202
手形（Wechsel）..............................108
手形債務......................................135
手形証書（Wechselbriefe）................129
手形呈示人（Präsentanten）..............129
手形引受（Wechselakzept）........128, 258
手形引受人（Acceptanten）................129
手形約束（Wechselversprechen）........133

撤回可能性..................................226
デレガシオン
　単なる――..................................55
　真なる――（véritable Délégation）
　..55, 156
デレガチオ
　狭義の――..................................25
　広義の――..................................26
「デレガチオは支払である（solvit, qui reum
　delegat）」............................19, 50
「デレガチオはつねに更改をともなう（In
　delegatione semper inest novatio）」......50
轉付..168
同意（consentement）......................155
取立委任（Einkassierungs- oder
　Inkassomandat）..........59, 60, 69, 75
取立授権（Erhebungsermächtigung）......115
取立授権（Inkassoermächtigung）........218

な行

二重委任（doppelter Auftrag; Doppelauftrag）
　..............................24, 59, 216, 257
二重委任説（Lehre vom Doppelmandat）
　..56, 58, 60
二重更改......................................36
二重授権（Doppelermächtigung）
　..16, 47, 89, 234
二重授権説....................................89
二重贈与......................................43
二重の委任契約............................210
二重の更改（double novation）..........162
二重無権の抗弁............................2
任意代理（freiwilligen Stellvertretung）...96
能動指図（Aktivdelegation）........39, 189

は行

破産開始......................................176
破産状態......................................185
反対委任訴権（actio mandati contraria）
　..65, 72

索引

索引

引受（Annahme） ……………………… 124
引受行為 ……………………………………… 124
引受人（Acceptant） ……………………… 130
引受約束（Annahmeversprechen）……… 142
引取（Abnahme） ………………………… 124
非商人指図 ………………………………… 144
不確実指図（délégation incertaine）
 ……………………………………… 46, 251
不完全指図（delegatio imperfecta; delegatio impropria; délégation imparfaite）
 …………… 167, 178, 182, 217, 232, 236, 256
不完全双務契約（contrat synallagmatique imparfait） …………………………… 205
不完全連帯（solidarité imparfaite） …… 238
複合行為 …………………………………… 181
物権契約 …………………………………… 66
物的担保（sûreté réelle） ……………… 241
振出通知書（Avisbrief） ………………… 132
併存的債務引受 ……………………………… 239
弁済目的（solvendi causa）……………… 25
片務契約（contrat unilatéral）………… 201
法の人格（personnalité juridique）
 ……………………………………… 202, 223
保持（rétention）………………………… 177
保証（cautionnement）………………… 185
保証人 ……………………………………… 248
補約（adpromission）………………178, 232
保留（retenue）…………………………… 177

ま行

未完成指図（delegatio inchoata）……222, 260
未完成な行為（acte incomplet）………… 222
無因行為（acte abstrait）……………193, 251
無因債権 ……………………………………… 144
無因指図（abstrakte Delegation）……… 43, 46
無因性 ……………………………………………… 3
無因的金銭支払約束
 （abstraktes Summenversprechen）… 141
無因的債務負担（engagements abstraits）
 ………………………………………………… 185
無因的指図引受 …………………………… 142
無因的指図問答契約 ……………………… 259

無因的約束（abstraktes Versprechen）… 66
無因的問答契約（abstrakte Stipulation）
 ……………………………………… 43, 139
無名契約（contrat innommé）………… 240
免責意思 …………………………………176, 256
問答契約（stipulatio） ………………… 18, 256

や・ら行

有因指図 ……………………………………… 46
有価証券 ……………………………………… 117
有償行為（acte onéreux）……………… 231
与信給付 ……………………………………… 75
与信目的（credendi causa）…………… 25
流動性預金口座 ……………………………… 5
留保（réserve）…………………………… 177
両替商（Wechsler）……………………… 50
連帯（solidarité）………………………… 238
連帯共同債務者（codébiteur solidaire）… 238
連帯債権者（Correalgläubiger）……… 131
ローマ法的な意味における委任（mandatum）
 ……………………………………………… 107

隅谷 史人（すみたに ふみと）
1985年生まれ。流通経済大学法学部講師。帝京大学法学部助教を経て現職。
慶應義塾大学大学院法学研究科後期博士課程単位取得退学。
博士（法学）（慶應義塾大学）。
専門は商法・金融法。
著書に、『民法とつながる商法総則・商行為法』（共著、商事法務、2013年）、『新・判例ハンドブック会社法』（共著、日本評論社、2014年）、『新・判例ハンドブック商法総則・商行為・手形法』（共著、日本評論社、2015年）他。

独仏指図の法理論
——資金移動取引の基礎理論

2016年8月30日　初版第1刷発行

著　者―――隅谷史人
発行者―――古屋正博
発行所―――慶應義塾大学出版会株式会社
　　　　　〒108-8346　東京都港区三田2-19-30
　　　　　ＴＥＬ〔編集部〕03-3451-0931
　　　　　　　　〔営業部〕03-3451-3584〈ご注文〉
　　　　　　　　〔　〃　〕03-3451-6926
　　　　　ＦＡＸ〔営業部〕03-3451-3122
　　　　　振替　00190-8-155497
　　　　　http://www.keio-up.co.jp/

装　丁―――鈴木　衛
組　版―――株式会社キャップス
印刷・製本――中央精版印刷株式会社
カバー印刷――株式会社太平印刷社

©2016 Fumito Sumitani
Printed in Japan ISBN978-4-7664-2358-7